中国净土宗脉络

陈探宇 著

【国学脉络丛书】
谢路军 ◎ 主编

國學

中国财富出版社

图书在版编目（CIP）数据

中国净土宗脉络／陈探宇著. —北京：中国财富出版社，2013.6

ISBN 978 - 7 - 5047 - 4541 - 5

Ⅰ. ①中… Ⅱ. ①陈… Ⅲ. ①净土宗—佛教史—中国 Ⅳ. ①B946.8

中国版本图书馆 CIP 数据核字（2013）第 029056 号

| 策划编辑 | 初景波 | 责任印制 | 方朋远 |
| 责任编辑 | 康书民 宋 宇 | 责任校对 | 梁 凡 |

出版发行	中国财富出版社（原中国物资出版社）
社 址	北京市丰台区南四环西路 188 号 5 区 20 楼 邮政编码 100070
电 话	010 - 52227568（发行部） 010 - 52227588 转 307（总编室）
	010 - 68589540（读者服务部） 010 - 52227588 转 305（质检部）
网 址	http://www.cfpress.com.cn
经 销	新华书店
印 刷	北京京都六环印刷厂
书 号	ISBN 978 - 7 - 5047 - 4541 - 5/B · 0348
开 本	710mm×1000mm 1/16 版 次 2013 年 6 月第 1 版
印 张	18 印 次 2013 年 6 月第 1 次印刷
字 数	218 千字 定 价 38.00 元

编者按

"这是最好的时代，这是最坏的时代……"对于图书行业而言，我们面临的境况仿佛恰好可以印证狄更斯的这段前后矛盾却又并行不悖的话，一方面是图书出版的空前繁荣，另一方面是阅读耐心的大幅下滑。现在的读者朋友们既急于了解中国古代优秀传统文化的知识，又没有那么多的时间去阅读学术专著和经典古籍。怎样才能够避免各种因臆说、戏说造成的流俗谬见，以还原历史的真实面貌，给读者朋友提供传统文化的某种真精神？怎样才能够避免高头讲章、枯涩说教带来的空洞感、困倦感，以尽量自然和灵动的笔法来书写，使读者能够在兴味盎然的阅读中获得传统文化的真知识？这是对图书策划提出的新要求、新挑战。

解决这一问题，一要靠好的立意，二要靠好的作者。我们在策划这套国学通识读本的时候，就确定了"通俗而不媚俗，生动而不歪曲"的原则。通俗生动是我们全力追求的效果，但是我们不能过度，走向为了好看好懂、为了献媚邀宠于读者而不惜胡言乱语的极端。文化有其严肃的内容，我们不能回避或者抹杀。我们经常将国学经典称作"圣贤书"，圣贤之所以为圣贤，一定是在知识、智慧、道德、境界等某些方面比我们一般大众要高出一点儿的，否则他们就不是圣贤，我们也没有阅读这些的必要了。为了获得高出的那一点儿，读者朋友需要有基本的阅读耐心和理解新知识的兴趣。有些所谓学术明星的畅销书，给读者挠痒痒，让读者看书有一种"原来圣贤与我想的一样""真是正中下怀"之感，可是如果真的已经水平一致了，我们还读它干什么呢？

因此，我们不能为了好读易懂牺牲真实的历史和原汁原味的思想文化，必须在兼顾两者的原则下寻找最佳的表达。这个原则的真正落实，需要有一个非常优秀的作者群。我想起了我的一位老师——谢路军教授，这个为了从事学术研究而放弃了原学校分配的房子、住进了哲学系资料室的老师。谢老师是山东鱼台人，典型的儒家气质，骨子里带着一种真诚、谦和与厚道；读书时专攻佛教，先后师从楼宇烈、方立天两位先生，得名家亲炙；到了中央民族大学后，又在牟钟鉴先生的鼓励下研究起了道家、道教，成果颇丰，还写了一本卖得很好的《中国道教源流》。现在，谢老师在学校和其他很多地方讲授"儒释道三教关系"，反响热烈，应邀不暇——还有比这更合适的作者吗？

于是，在编者的盛邀之下，谢路军教授担任了这套丛书的主编，并亲自撰写其中的一本。其他作者也都是谢老师组织、联络的，他们都是北京大学、中国人民大学、中央民族大学等著名高校的年轻博士和讲师，有深厚的学术功底，又具着眼时代的新意。谢老师以"脉络"为本套丛书命名，脉络就是来龙去脉，是提纲挈领，是点线成面。我们希望这套丛书能够成为关于国学的通俗的简史、扼要的说明书和生动的简笔画，成为读者了解我国优秀传统文化的入门佳作。

编　者

2013 年青年节

目　录

中国净土宗 脉络

目录

第一章

导言——佛教信仰中的极乐净土

- 佛教略说
- 中国佛教八宗中的净土宗
- 净土的含义
- 形形色色的净土
- 阿弥陀佛与西方极乐净土

《红楼梦》中"阿弥陀佛"四字时不时从林黛玉、史湘云、王夫人、刘姥姥等身份、地位迥异的人口中说出，《西游记》中众人口称"阿弥陀佛""南无阿弥陀佛"的段子也不鲜见，旧小说尤其是武侠小说中僧人、道士登场总爱大喝一声"无量寿佛"，而20世纪80年代红遍中国大江南北的电视剧《济公》的主题歌中也一遍遍唱着"南无阿弥陀佛，南无阿弥陀佛"，亲爱的读者朋友，读到、听到这些时，你们或许还没有意识到，中国佛教最重要的宗派之一——净土宗已经简明扼要地呈现在大家面前了。"阿弥陀佛"，这简简单单的四个字，既是净土宗的标志、口号，又是它的核心与灵魂。四字真言化为表示感叹的日常用语融入古人的生活

1

中，可见以前净土思想影响之大。今天的我们已经远离古人的生活环境，理解这样的用语或许有些隔膜，那我们就一起来看看"净土宗"的名目之下究竟有着怎样新鲜有趣、引人入胜的妙处吧！

佛教略说

要说净土宗，必须先简要地说说佛教。离开佛教来说净土宗，对净土宗的表述也会成为无源之水、无本之木，让读者漫无所归，理解不到净土宗这朵奇葩是在怎样的土壤中成长起来的，又究竟有着怎样与众不同的殊胜之处。

佛教与基督教、伊斯兰教并称，是著名的世界性宗教之一，发源于公元前 6 世纪至前 5 世纪的古印度。它的创始人释迦牟尼是迦毗罗卫国（今尼泊尔南境）的王子，关于他的具体生卒年月有不同说法，如南传佛教认为是公元前 624—前 544 年或公元前 623—前 543 年，北传佛教则推定为公元前 565—前 486 年，总之一般认为生于公元前 6 世纪左右。他俗姓乔达摩（旧译为瞿昙），名悉达多，"释迦牟尼"是人们对他的尊称，"释迦"是他的族名，意为"能"，"牟尼"意为"仁""儒""忍""寂"，所以释迦牟尼译成汉语有"能仁寂默"的意思，也即是"释迦族的圣人"之意。

释迦牟尼还有诸多其他称号，如佛陀、世尊、如来等，其中"佛陀"这一称号需要特别解说一番，因为佛教之名即由此而生。"佛"是梵文的音译，意思是觉悟；"佛陀"就是觉悟的人，意译觉者。所以佛陀并不是特指释迦牟尼，而是对觉悟者的通称，如净土宗推崇的西方极乐世界的阿弥陀佛也是佛陀，只是加上了特定的名。按照佛教的说法，在我们生活的婆婆世界辽阔深远的时空之中，释迦牟尼是唯一的觉悟成就者，所以很多书中提到佛陀就是专指释迦牟尼佛。

释迦牟尼的父亲是迦毗罗卫国的净饭王，母亲为摩耶夫人。摩耶夫人梦六牙白象左胁入胎，而后有孕，临分娩时途经蓝毗尼园，生下释迦牟尼佛。佛陀出生时有诸多吉祥景象，他甫一落地，周行七步，步步生莲，一手指天，一手指地，开口言道："天上天下，唯我独尊。"七日后母亲摩耶夫人逝世，释迦牟尼由其姨母摩诃波阇波提养育长大。释迦牟尼天资聪颖，从小便接受婆罗门的传统教育，展现出在兵法、武艺、骑射击剑等诸多方面的过人能力，成年后娶同族耶输陀罗为妻，生下一子名罗睺罗。

优裕无忧的贵族生活并没有阻碍释迦牟尼探索人生奥秘的脚步。他目睹世间生老病死的忧悲苦恼，感叹无论贫穷贵贱都难逃生死大患，立志求道，从无常生死的轮转中解脱出来。但他的志愿并没能得到亲友的理解与支持，几经周折，二十九岁的他毅然抛开家庭的束缚，舍弃王族的生活，夜出皇宫，开始修行之路。

离家后，释迦牟尼在尼连禅河边的林中修苦行六年，身体消瘦，形同枯木，雕塑、壁画中常见的佛陀苦行相便是描述他当时的样子。如此辛苦绝伦的修行仍然没有得到解脱，于是释迦牟尼开始反省自己的修行道路，最终放弃了苦行，在尼连禅河中洗净身体，接受牧羊女供养的乳糜，待身体恢复之后，来到伽耶城外的荜钵罗树（后称菩提树）下，静坐七日七夜，夜睹明星悟道。释迦牟尼悟的道究竟是什么呢？简而言之便是四圣谛、十二因缘、缘起性空、中道的道理，也就是后来佛教的核心思想。

3

悟道后，释迦牟尼开始了他在印度的传法之路，首先是在鹿野苑为憍陈如等五位弟子讲八正道、四谛等，这就是所谓的"初转法轮"。之后佛陀四处弘法，佛经中常出现的佛陀说法的地方有舍卫国的祇树给孤独园（又称祇园精舍或祈洹）、摩揭陀国王舍城的竹林精舍、耆阇崛山（即灵鹫山）等。佛陀随行的弟子也不断增加，常随众有千余人，佛经中常提到"千二百五十人"听佛说法，其中最有名的是"十大弟子"，指的是：头陀第一的摩诃迦叶、神通第一的摩诃目犍连、说法第一的富楼那、解空第一的须菩提、智慧第一的舍利弗、密行第一的罗睺罗、多闻第一的阿难、持戒第一的优婆离、天眼第一的阿那律、议论第一的摩诃迦旃延。佛陀讲法共四十五载，年八十时他在拘尸那迦附近的娑罗双树下入灭离世。

佛陀的一生在佛教中常用"八相成道"来归结，即降兜率、入胎、住胎、出胎、出家、成道、转法轮、入灭。（大乘与小乘的

"八相成道"略有不同，此处所列为大乘佛教的说法。）很多寺庙的壁画都以此为主题。佛陀一生并无著述传世，后来的佛经是弟子们根据回忆整理集结而成，所以佛经都以"如是我闻"开始，表明是从佛陀那里亲耳听来的教诲。

佛教的思想随着流传时间、地点的不同也出现了种种变化，大体而言，按照时代有原始佛教、部派佛教、大乘佛教、秘密佛教等几个阶段。

原始佛教的基本教义以"四谛""八正道"和"十二因缘"为核心。四谛是指苦谛、集谛、灭谛、道谛，谛是真实不虚的意思，苦谛是讲苦的状况，集谛说苦的原因，灭谛说苦的消失，道谛则说灭苦的道路，概而言之是讲述现实世界的苦难和解决苦难的方法。四谛围绕着苦展开，似乎透着一股消极悲观之气，与儒家生生不息、乐天知命的观念大异其趣，因此佛教常被贴上消极避世的标签。如何灭苦呢？八正道便是答案。八正道是指正见、正思惟、正语、正业、正命、正精进、正念、正定，总之是八种求趣涅槃的正道。十二因缘则是讲有情生命生死流转的过程，即所谓"无明缘行，行缘识，识缘名色，名色缘六入，六入缘触，触缘受，受缘爱，爱缘取，取缘有，有缘生，生缘老死"，由无明、造业、受生、老死，循环不止。此外，原始佛教又有"三法印"：诸行无常、诸法无我、涅槃寂静，作为检验佛法真伪的标准，凡是不符合这三条的都不属于正确的佛教思想。后人也从戒、定、慧三学的层面对原始佛教进行过总结，更有复杂的三十七道品等划分，此处不再细说。

部派佛教则是指佛陀逝世百年后，佛教内部分化成大众部与上座部两大根本阵营，之后两派内部又不断分化，最终分裂成二

5

十部（或说十八部）。分化的原因在于对戒律与教义的不同理解，他们之间争议的焦点有：心性是净还是不净？三世是否实有？一切万法是有是无？中阴（轮回的主体）到底是有是无？阿罗汉是否还会退转？有没有人我（灵魂）等。部派佛教属于承上启下的过渡期，上承原始佛教，下启大乘佛教。

大约公元1世纪时，大乘佛教逐渐兴起。关于大乘佛教的起源也有不同的说法，有的从大众部找渊源，有的则认为它起源于菩萨众，即以菩萨道修行为主的在家、出家僧团相结合而兴起的教派。大乘的梵文音译为"摩诃衍那"或"摩诃衍"，"乘"是运载的交通工具，大乘是指可以装载很多人渡过苦海的大工具，相对于"小乘"而言。小乘佛教是指大乘佛教兴起之前的部派佛教，以及在部派佛教基础上发展起来的流行于缅甸、越南、柬埔寨等东南亚国家的佛教。值得注意的是，"小乘"一词是从"大乘"的立场说出，带有贬斥意，现在一般从流传地域或思想渊源对佛教进行大致归类，有南传佛教、汉传佛教与藏传佛教的区分，其中南传佛教即所谓小乘佛教，又称为上座部佛教，而汉传佛教与藏传佛教属于大乘佛教。

大乘佛教在不同时期也呈现出不同的特点，先后出现了中观派与瑜伽行派两个重要派别。中观派大致形成于2世纪左右，创始人为龙树及其弟子提婆，其理论发挥了《大般若经》中般若空的思想，以为万法皆空无自性，所以中观派又被称为空宗。所谓"空"并不是指没有或不存在，而是指万事万物都由种种因缘条件聚合才得以成就，所以它们都没有自己恒常不变的本性，即所谓无自性。龙树的代表作《中论》一书中著名的"三是偈"很好地阐明了中观派的思想："众因缘生法，我说即是空，亦为是假名，亦是中道义。"依中观派的说法，只有破除对名相的执着，透过虚幻的表象看到事物无常变幻的实质，既不执着于幻有，也不执着于空无，才能证悟最高的真理——空或中道。般若空的思想是整个佛教思想的基石，无论哪宗哪派都是接受的。即使后来兴起的瑜伽行派将关注的兴趣点转移到心识上去，它的思想仍贯穿着般若空的表述。

瑜伽行派兴起于四五世纪，北印度高僧无著与其弟世亲是代表人物，主要经论有《解深密经》《瑜伽师地论》《唯识二十论》《成唯识论》等。瑜伽行派认为人所认识的一切现象都是由人们的认识主体即"识"所变现出来的，提出"万法唯识""三界唯心"，更发展出了一套烦琐的心识理论。

从 7 世纪开始，随着印度教的空前繁盛，佛教也开始吸收印度教和民间信仰而逐步密教化，到 8 世纪以后变得愈加不纯，之后在南印度和德干高原以及东印度出现了金刚乘和易行乘等。到 10 世纪时，印度的大乘佛教已经衰颓，以密教的形式存在下来。密教以高度组织化的咒术、坛场、仪轨和各种神格信仰为特征，它的仪轨极为复杂，对设坛、供养、诵咒、灌顶都有严格的规定，主张修"三密"，即手结印契（身密）、口诵真言（语密）和心作观想（意密），三密相应，即身成佛。其主要经典为《大日经》《金刚顶经》《密集经》《喜金刚经》《胜乐轮经》《时轮经》等。大乘佛教传入尼泊尔、西藏境内，和当地的苯教信仰相结合，形成了显密并重的藏传佛教。

8 世纪以后，由于印度教的兴盛，印度的佛教僧团日益衰败，内部派系纷争不已，再加上后来伊斯兰教的大规模传播，重要寺院被毁，僧徒四散，到 13 世纪初印度的佛教趋于消亡。虽然佛教在自己的诞生地风采不再，但是当年的高僧徒众已经将佛陀的智慧、觉悟的方法传播到了更远的地方。在那些地方，智慧的种子生根发芽，茁壮成长为一棵棵参天大树。

在中国，也有一棵佛教的参天大树在生长。

中国佛教八宗中的净土宗

东汉时，佛教传入中国，公认的标志性事件是东汉明帝夜梦金人，身长六尺，顶有白光，于是询问群臣，傅毅以天竺之佛对答，于是明帝派遣中郎将蔡愔、秦景等赴天竺。使者们在月氏得遇沙门迦叶摩腾、竺法兰，邀其来中土弘法，永平十年（67 年）到达洛阳，一路由白马背负佛经佛像，跋山涉水，颇为劳顿，为纪念白马驮经之功，修建了白马寺，这也是中国的第一座佛教寺院。

佛教传入中土后，经过译经、僧俗弟子的弘传、与本土儒道文化融合调整等一系列漫长复杂的适应之旅，终于在唐代蓬勃繁盛，进入黄金时期，有着鲜明特点的各种宗派不断涌现。由于在中国弘传的主要是大乘佛教的思想，创立的宗派常被概括为"大乘八宗"，分别是：律宗（或称南山宗）、华严宗（或称贤首宗）、天台宗、三论宗、法相宗（或称唯识宗、慈恩宗）、真言宗（或称密宗）、禅宗、净土宗。

同样是佛教，为什么又有这些宗派的差别呢？首先要明确，八宗既然同属大乘佛教，核心处必然相同，都以觉悟成佛、普度众生为归趣，都承认佛教缘起性空的根本理念，也接受大乘"一实相印"的印证。佛教常说"因病与药""应机说法"，由于每个人都有自己独特的因缘，面对的是不同的状况，解决的办法也因人而异，佛说八万四千法门就是为了应对种种不同的状况。宗派的创立也是同样的道理，基于不同状况的人从不同的角度来阐释自己理解的佛教，展示自己探索出来的解脱之道，或许能给有类似问题的后来者以启发。道路虽然不同，觉悟成佛的目的却是一致的。

在中国成长起来的大乘八宗姿态各异，充分彰显了佛教思想的丰富博大。三论宗依《中论》《百论》《十二门论》三论立宗，直宣般若空性，其理以不二实相、真俗二谛、八不中道为特色。华严宗将初祖追溯至陈隋间的杜顺大师，而实际的创立者当数唐代法藏法师，此宗依《大方广佛华严经》而立，宣扬四重法界、十玄缘起、六相圆融的奥义。天台宗以北齐的慧文禅师为初祖，而历史上最重要的天台宗祖师是隋代智颛大师（又称智者大师），此宗依《妙法莲华经》而立，其教重在空假中三谛、一心三观、十如是、十法界、心佛众生三无差别等。法相宗由唐代著名的玄奘法师创立，所依经典有"六经十一论"，通过三性、三无性、五位百法、四分、三境等一系列复杂的名相述说"万法唯识""转识成智"的道理。以上诸宗理论博大渊深，精微烦琐，由罗列的教义条目也可见一斑，历来只有极少数人能深入钻研，从中得大实益，大部分人是无意或无缘在这迷宫般的深奥佛理中摸爬滚打的，所以唐武宗会昌灭佛之后，华严、天台、唯识诸宗都一蹶不振了。律宗由唐代住于终南山的道宣律师创立，特别重视戒律的行持，在中国主要依《四分律》，近代著名高僧弘一大师便是律宗修持者。真言宗在中国一般追溯到唐代善无畏、金刚智和不空，其根本经典有《大日经》《金刚顶经》《苏悉地经》等，其教讲六大缘起、四曼不离、身口意三密相应等，现在西藏地区盛行的藏传佛教主要是密宗系统的。禅宗是最具有中国特点的宗派，它以梁武帝时来中土的菩提达摩为初祖，单传至六祖惠能后有"一花开五叶""五家七宗"的盛况，六祖"菩提本无树，明镜亦非台；本来无一物，何处惹尘埃"的偈子广为人知，"不立文字，教外别传，直指人心，见性成佛"的训示直指要害。

以上诸宗各有所重，华严宗推崇一真法界，天台宗旨在会三归一，唯识宗看重转识成智，三论宗突显诸法实相，律宗讲究持戒重律，密宗宣扬即身成佛，禅宗开示明心见性，修行道路虽个个有别，但总不外乎吾人今生在此娑婆世界历经艰苦，凭自力得究竟解脱，其中虽不乏佛力加持之类的说法，但关键仍是自己的努力修行。净土宗则别开生面，在自力之外高调宣扬佛力，在此土娑婆世界外另辟庄严美好的极乐净土，通过持名念佛的简单办法，引导众人往生得解脱。净土宗表现出更强的宗教性，简便易行的修行办法、与苦难现实世界不同的美好归宿等也吸引了无数信众，使得它成为与禅宗并驾齐驱的最重要的两宗之一。不过不要忘记，净土宗虽然表现得如此与众不同，但简单的背后有复杂深奥的佛教理论作为支持，所以骨子里仍是佛教的一部分，个中的理路渊源后文再细细道来。

以上种种铺垫基本完成了净土宗在中国佛教版图中的定位工作，我们终于可以直面净土宗本身了。

净土的含义

净土，顾名思义，指的是清净美好的国土。在佛教中，净土与秽土是相对而言的，秽土即我们生活的世界，被称为"娑婆世界"。"娑婆"是梵文音译，意思是"堪忍"，指这个世界苦难烦恼甚多，堪须忍耐。在佛教的世界观、宇宙观中，动辄提到"三千大千世界"。按佛经说法，以须弥山为中心，在同一日月照耀下的四大洲及其中的九山八海，构成一个小世界，一千个小世界构成一个"小千世界"，一千个"小千世界"构成一个"中千世界"，一千个"中千世界"构成一个"大千世界"，由于三次以千为单位叠加，故"大千世界"又称为"三千大千世界"。在如此浩瀚无涯的世界海中，我们的娑婆世界仅仅是亿万分之一，释迦牟尼佛便在这个世界化导众生。

其他的世界常被描述得光明美好，而娑婆世界似乎总是以苦难恶道横行、人民难以调伏的秽土面目示人，如在《维摩诘经·香积佛品》中，维摩诘居士就向众香菩萨仔细讲述此土众生刚强难化，以彰显释迦牟尼佛不畏艰难化导之功。这也难怪，毕竟娑婆世界才是我们实实在在生活的地方，其间的痛苦烦恼人自身是再明白不过的，佛陀当年正是感世间之苦才求解脱，成道后宣扬的"四圣谛"第一就是"苦谛"。其他的世界并不是普通人凭借眼、耳、鼻、舌等感官可以直接领受的，无关切身痛痒，描述得美好至少也不失为一种心灵的寄托。

但也正因为娑婆世界的苦痛难忍，与之相反的清净、美妙、幸福、庄严的净土才对人们产生如此大的吸引力吧。生活中存在太多的不完满、不顺心，所以人们才会向往一个完满顺心的世界，这也是人之常情。按佛教说法，六道之中天道是最幸福美好的，而人道忧喜参半，但佛都是在人道成就，因为过于顺利美满的生活会让修行之心懈怠，所以有"以苦为师"的说法。中国的名言"生于忧患，死于安乐"也正是阐述这个道理。

人们常常会产生一种疑惑：如果净土只是不同于现实世界的美好所在，只是人们想超越现实束缚的心灵的寄托，那它与其他宗教描述的天堂乐土又有什么差别呢？应该说，在作为心灵寄托的宗教功能方面，净土与天堂并没有太大的差别，但置于各自的体系中看，净土与天堂在本质上又是不同的。在基督教的世界中，人的生命只有一次，根据自己一生的行为，死后有上天堂与下地狱的差别，天堂便是归宿。而在佛教的世界中，人的生命在究竟解脱之前都是不断在三界六道中轮转的，人不但有今生，还有来世，净土可以作为今生修行的一个目标，但绝不是最终的归宿，若只是抱着逃离烦恼、追寻另一个美好世界的狭隘想法，是很难与净土相应的。往生到净土的人大都抱着修行有成后再回到娑婆世界帮助其他众生得解脱的心愿，这才符合大乘佛教"悲智双运"的主张。

形形色色的净土

净土宗单提阿弥陀佛的西方极乐净土，其实在佛典中，还有其他形形色色的净土，其中最有代表性的有：弥勒菩萨的兜率净土、东方阿閦佛的妙喜净土、东方药师琉璃光如来净土、文殊净土等。

1. 弥勒净土

弥勒菩萨在中国大名鼎鼎，也常被称为弥勒佛。因为据佛经记载，在释迦牟尼佛灭度若干劫后，他将降生娑婆世界作佛化导众生，如今他正在欲界六天的第四天——兜率天中内院兜率天宫做"补处菩萨"，即候补佛。关于弥勒的经典很多，其中最重要的是"弥勒三部经"：《弥勒下生经》《弥勒大成佛经》和《弥勒上生经》。关于弥勒兜率净土的美妙，《弥勒上生经》从大神牢度跋提的供养给予详尽的描述：

> （牢度跋提）既发愿已，额上自然出五百亿宝珠、琉璃、颇梨，一切众色，无不具足，如紫绀摩尼，表里映彻。此摩尼光回旋空中，化为四十九重微妙宝宫。一一栏楯，万亿梵摩尼宝所共合成。诸栏楯间，自然化生九亿天子、五百亿天女。一一天子手中，化生无量亿万七宝莲华，一一莲华上有无量亿光，其光明中具诸乐器，如是天乐，不鼓自鸣。此声出时，诸女自然执众乐器，竞起歌舞，所咏歌音，演说十善、四弘誓愿。诸天闻者，皆发无上道心。
>
> 时诸园中，有八色琉璃渠，一一渠有五百亿宝珠而用合

成，一一渠中有八味水，八色具足。其水上涌，游梁栋间，于四门外化生四花，水出华中，如宝花流。一一华上有二十四天女，身色微妙，如诸菩萨庄严身相；手中自然化五百亿宝器，一一器中，天诸甘露自然盈满；左肩荷佩无量璎珞，右肩复负无量乐器，如云住空，从水而出，赞叹菩萨六波罗蜜。若有往生兜率天上，自然得此天女侍御。

亦有七宝大师子座，高四由旬，阎浮檀金、无量众宝以为庄严，座四角头生四莲华，一一莲华百宝所成，一一宝出百亿光明。其光微妙，化为五百亿众宝杂花庄严宝帐。时十方面百千梵王，各各持一梵天妙宝，以为宝铃悬宝帐上。时小梵王持天众宝，以为罗网弥覆帐上。尔时百千无数天子、天女眷属，各持宝华以布座上，是诸莲花自然皆出五百亿宝女，手执白拂，侍立帐内。持宫四角有四宝柱，一一宝柱有百千楼阁，梵摩尼珠以为绞络。时诸阁间有百千天女，色妙无比，手执乐器，其乐音中演说苦、空、无常、无我、诸波罗蜜。如是天宫有百亿万无量宝色，一一诸女亦同宝色。尔时十方无量诸天命终，皆愿往生兜率天宫。

依上描述，弥勒的兜率天宫珍宝充满，处处法音宣流，得生此处自有天女侍奉，这样的生活比起缺衣少食、遭人奴役、到处碰壁、烦恼充满的现实生活实在是好得太多。如何到兜率天宫去呢？经中给出的方法是：

若有精勤修诸功德，威仪不缺，扫塔涂地，以众名香妙花供养，行众三昧，深入正受，读诵经典。如是等人，应当至心，虽不断结，如得六通，应当系念，念佛形像，称弥勒

14

名，如是等辈，若一念顷，受八戒斋，修诸净业，发弘誓愿，命终之后，譬如壮士，屈申臂顷，即得往生兜率陀天，于莲华上结加趺坐。……如是等众生，若净诸业，行六事法，必定无疑，当得生于兜率天上。

可见关键在至心修净业，念弥勒之名。又有更简单的办法：

若有得闻弥勒菩萨摩诃萨名者，闻已欢喜，恭敬礼拜，此人命终，如弹指顷，即得往生，如前无异。

这种简单的办法或许是受阿弥陀佛信仰后增加的。但是过于简单的办法在宗教实践中未必是件好事，因为几乎人人都能施行，若施行后却得不到允诺的实效，人们的信心会大打折扣，反是得不偿失。

与其他净土的佛菩萨不同，弥勒是未来娑婆世界的佛，跟他有关的净土表述除了兜率天宫，还有日后降生成佛后在娑婆世界创造的美好国土。《弥勒成佛经》中说：

其地平净如流璃镜，大适意华、悦可意华、极大香华、优昙钵花、大金叶华、七宝叶华、白银叶华，华须柔软，状如天缯。生吉祥果，香味具足，软如天绵。丛林树华，甘果美妙，极大茂盛，过于帝释欢喜之园。其树高显，高三十里。城邑次比，鸡飞相及。皆由今佛种大善根，行慈心报俱生彼国。智慧威德，五欲众具，快乐安隐。亦无寒热风火等病，无九恼苦。寿命具足八万四千岁，无有中夭。人身悉长一十六丈，日日常受极妙安乐，游深禅定以为乐器。唯有三病：一者饮食，二者便利，三者衰老。女人年五百岁，尔乃行嫁。

《弥勒下生经》中描述弥勒成佛后的阎浮提世界：

> 彼时男女之类，意欲大小便时，地自然开，事讫之后，地便还合。尔时阎浮地内自然生粳米，亦无皮裹，极为香美，食无患苦。所谓金、银、珍宝、砗磲、玛瑙、真珠、琥珀，各散在地，无人省录……

那时的世界芳草鲜美、珍宝具足，人们长寿健康，衣食无忧，幸福安定，总之与现实的娑婆世界截然不同，这也是在现实中不能实现的愿望在他时他方的一种投射。

2. 阿閦佛净土

阿閦佛是梵文音译，意译为不动佛、无嗔恚佛，他住于东方的阿比罗提世界（或作阿维罗提），意译妙喜世界、欢喜世界等。关于阿閦佛，《法华经》《悲华经》《阿閦佛国经》《大宝积经》《维摩诘经》等都有描述，但彼此的说法并不一致，此处主要依较原始、通行的支娄迦谶所译《阿閦佛国经》来说。

阿閦佛所发愿并不像《无量寿经》中阿弥陀佛本愿那样鲜明，见于《阿閦佛刹善快品》和《诸菩萨学成品》中，约有二十条：人民皆弃秽浊思想；佛刹善快，诸刹莫及；人民得天眼，见佛光明；往诣佛树，诸憋魔不能发念；诸天人于虚空中花香伎乐供养阿閦佛；光明照三千大千世界常明，盖过日月之光；无数人愿作佛道，净其佛刹；七宝佛树作悲声，无三恶道，无三病，人民无恶色，衣从树生，食随念至，有七宝池、八味水；饭食胜天人，人民无淫欲；女人无恶色，怀孕无诸苦等。

比较有意思的是，在描述阿閦佛国的美好时，衣服、饮食、容貌等强调得较多，比如经中数次提到人民的衣服是漂亮的五色衣，从树上生出，大众共用；而饮食方面，只要一念想吃，立刻有食物自然现前，由于饮食充足，这里的人们也没有贪于饮食的，这些食物并不是粗恶杂粮，而是色香味俱胜过天人美食的美味佳肴，修行的弟子们吃完饭，钵还会自然隐去；人民生活幸福，不需要从事艰苦的生产、贩卖，尽享其乐，每个人都颜色殊好，尤其是女人，德貌双全，更不会有生理方面的苦楚。这些与现实生活紧密相关的要素在其他本愿、净土思想中也出现过，但是考虑到在现存净土诸经中《阿閦佛国经》是最古老的，这些描述也显得更有参考价值。

往生阿閦佛国的方法以六度为代表："菩萨行布施度无极，积累德本，持愿无上正真道，得在阿閦佛边，菩萨摩诃萨用是行故得生彼佛刹。菩萨行诚度无极，持愿无上正真道，得在阿閦佛边，菩萨摩诃萨用是行故得生彼佛刹。菩萨行忍辱度无极，持愿无上正真道，得在阿閦佛边，菩萨摩诃萨用是行故得生彼佛刹。菩萨行精进度无极，持愿无上正真道，得在阿閦佛边，菩萨摩诃萨用是行故得生阿閦佛刹。菩萨行一心度无极，持愿无上正真道，得在阿閦佛边，菩萨摩诃萨用是行故得生彼佛刹。菩萨行智慧度无极，持愿无上正真道，得在阿閦佛边，菩萨摩诃萨用是故得生彼佛刹。"可见往生阿閦佛国并不是简单的事情，般若类的经典中虽然盛赞阿閦佛的净土，却没能因此形成往生的信仰。

3. 药师佛净土

同样在娑婆世界的东方，距离十殑伽沙（殑伽沙，旧译恒河沙）国土之外，有一个名叫净琉璃的世界，那是药师佛的净土。药师佛，又称药师琉璃光王如来，是东方净琉璃世界之教主，身边有日光遍照菩萨与月光遍照菩萨两大胁侍，三者合称"药师三尊"，又称"东方三圣"，恰似观世音菩萨与大势至菩萨侍立阿弥陀佛两侧。

据《药师琉璃光如来本愿功德经》（简称《药师经》，该经有五种汉译，此处依玄奘法师译本）载，药师佛在因地修行菩萨道时，曾发十二大愿：

第一大愿：愿我来世得阿耨多罗三藐三菩提时，自身光明炽然，照耀无量无数无边世界，以三十二大丈夫相、八十随形好，庄严其身；令一切有情，如我无异。

第二大愿：愿我来世得菩提时，身如琉璃，内外明彻，净无瑕秽，光明广大，功德巍巍，身善安住，焰网庄严过于日月；幽冥众生，悉蒙开晓，随意所趣，作诸事业。

第三大愿：愿我来世得菩提时，以无量无边智慧方便，令诸有情，皆得无尽所受用物，莫令众生有所乏少。

第四大愿：愿我来世得菩提时，若诸有情，行邪道者，悉令安住菩提道中；若行声闻、独觉乘者，皆以大乘而安立之。

第五大愿：愿我来世得菩提时，若有无量无边有情，于我法中修行梵行，一切皆令得不缺戒，具三聚戒。设有毁犯，闻我名已，还得清净，不堕恶趣。

第六大愿：愿我来世得菩提时，若诸有情，其身下劣，诸根不具，丑陋顽愚，盲聋暗哑，挛躄背偻，白癞癫狂，种种病苦。闻我名已，一切皆得端正黠慧，诸根完具，无诸疾苦。

第七大愿：愿我来世得菩提时，若诸有情，众病逼切，无救无归，无医无药，无亲无家，贫穷多苦。我之名号一经其耳，众病悉除，身心安乐，家属、资具悉皆丰足，乃至证得无上菩提。

第八大愿：愿我来世得菩提时，若有女人，为女百恶之所逼恼，极生厌离，愿舍女身。闻我名已，一切皆得转女成男，具丈夫相，乃至证得无上菩提。

第九大愿：愿我来世得菩提时，令诸有情，出魔罥网，解脱一切外道缠缚。若堕种种恶见稠林，皆当引摄置于正见，渐令修习诸菩萨行，速证无上正等菩提。

第十大愿：愿我来世得菩提时，若诸有情，王法所录，绳缚鞭挞，系闭牢狱，或当刑戮，及余无量灾难陵辱，悲愁煎逼，身心受苦。若闻我名，以我福德威神力故，皆得解脱一切忧苦。

第十一大愿：愿我来世得菩提时，若诸有情，饥渴所恼，为求食故，造诸恶业。得闻我名，专念受持，我当先以上妙饮食饱足其身，后以法味毕竟安乐而建立之。

第十二大愿：愿我来世得菩提时，若诸有情，贫无衣服，蚊虻寒热，昼夜逼恼。若闻我名，专念受持，如其所好，即得种种上妙衣服，亦得一切宝庄严具、华鬘、涂香、鼓乐、众伎，随心所玩，皆令满足。

所以药师佛也被称为十二愿王。以此本愿为基建立的药师琉璃光净土也是无限庄严美妙的。

彼佛土一向清净，无有女人，亦无恶趣及苦音声。琉璃为地，

19

金绳界道，城阙、宫阁、轩窗、罗网皆七宝成。亦如西方极乐世界功德庄严，等无差别。

药师佛的净土同样美好，经中也劝善男子、善女人发愿生彼世界，但具体如何得生，并没有明文教导，经中只说闻佛名号能从恶趣得度，持经中咒可保消灾延寿，供养药师佛可得诸多现实利益。

4. 文殊净土

文殊菩萨是大乘佛教四大菩萨之一，为智慧的化身，所以又称大智文殊菩萨，被视为十方诸佛之母，一切菩萨之师。在中国，一般认为四大名山之一的五台山是其弘化的道场。佛经中文殊菩萨出现的频率极高，而相关的文殊净土的表述主要集中在《文殊师利佛土严净经》《悲华经》《大宝积经》等经典中。

《大宝积经·文殊师利授会记》中文殊菩萨发本愿，包括十余条内容，如：劝所见佛刹如来发菩提心，以恒河沙诸佛世界为一庄严佛刹，刹中有大菩提树，刹中无女人名，所有众生皆为化生，动念便有百味美食充满钵中，随意能生种种宝衣供养诸佛，刹中远离八难及不善法，刹中集积无量妙宝，诸菩萨等均自放光明，刹中无寒暑及老病死，无有涅槃，空中作乐演说法音，诸菩萨于法有疑，如立佛前，顷刻得解。这些本愿略显散乱，但内容很丰富，中间还提到阿弥陀佛极乐净土的众生以法喜为食，可见它吸收了阿弥陀佛本愿的内容。

在《文殊师利佛土净严经》卷下也有类似的愿，尤其强调衣食无忧，随念自生，无有八难及众苦恼，无尊无卑无富无贫，皆同一伦。这些愿透露出更明显的想要从现实苦难世界中解脱的心意。

《文殊师利佛土净严经》还有一段很有意思的表述：

> 欲知西方安养世界无量寿佛功勋严净，比于文殊师利，难以喻哉！假譬言之，如取一毛破为百分，以一毛分取海水一滴，无量寿佛如一毛分水一滴耳。文殊师利成佛，汪洋如海，巍巍荡荡，不可思议。

向来广受赞誉的阿弥陀佛在这里和文殊师利菩萨一比，似乎功德庄严还远不如后者，这恰恰显示出阿弥陀佛影响力之大，才被拿来做比较的对象。这也说明文殊净土是在阿弥陀佛净土有了广泛深远的影响之后才产生的。

通过对以上净土的一番巡礼，我们不难发现，无论怎样的净土都展现出现实世界不具备的美好特质，而其他净土在宣扬自己的殊胜之处时，总是有意无意与西方极乐净土做比较，或者从极乐净土信仰中提取资源收归己用，这就不禁让人好奇起来：同为净土，为什么极乐净土能有其他净土无可比拟的影响力？极乐净土独特的魅力究竟何在？让我们走进本书的主角——阿弥陀佛和他的西方极乐净土探个究竟吧！

阿弥陀佛与西方极乐净土

阿弥陀佛，又作阿弥多佛、阿弭跢佛、阿弭嚲佛，略称弥陀。阿弥陀是梵文音译，意译为无量光、无量寿，所以阿弥陀佛又称无量光佛、无量寿佛，是西方极乐世界的教主。

阿弥陀佛的成道本缘在《无量寿经》（依曹魏康僧铠译本）中

21

是这样记载的：过去久远劫世自在王佛住世时，有一国王发无上道心，舍王位出家，名为法藏比丘，于世自在王佛处修行。他发无上正觉之心，欲摄取佛国清净庄严无量妙土，佛为其广说二百一十亿诸佛刹土善恶粗妙状况，并悉令睹见庄严。法藏比丘摄取二百一十亿诸佛妙土清净之行，具足五劫，复诣世自在王如来，于大众中发下四十八大愿，每愿皆以"设我得佛"开始，描述他心中的清净佛土景象。经无量劫，终于入佛位，号阿弥陀，成就西方极乐世界，说法利生，已历十劫。

在阿弥陀佛身侧，有观世音菩萨与大势至菩萨侍立，三者合称"西方三圣"。观世音菩萨又称观音菩萨，在中国几乎是家喻户晓，大慈大悲、救苦救难，拥有无数的信众，《妙法莲华经·观世音菩萨普门品》讲述了他的得名因缘以及三十二应身救度众生的事迹，《大佛顶首楞严经》也有三十二应入国土身的描述。由于观音菩萨的誓愿表现为在现世的寻声救苦，直接解决当下的问题，在民间，观世音菩萨的影响不亚于甚至超过阿弥陀佛，形成"观音信仰"。而大势至菩萨的名声则没有前者响亮，他又称为得大势菩萨或大精进菩萨，简称势至。《观无量寿经》说："以智慧力，拔三涂苦，得无上乐，故名大势至。"关于他的事迹在《悲华经》《观无量寿经》《大佛顶首楞严经》等中都有提到，他与观世音菩萨同行同愿，经过无量劫以来，彼此不相违背远离，乃至庄严净土，先后次第成佛，其所修行的功德也都相等。

极乐，又常被译为安养、安乐、清泰等，梵文音译须摩提。关于极乐世界，有种种称谓，诸如安乐刹、安乐国土、西方净土、阿弥陀佛净土等。据《阿弥陀经》的说法，极乐世界在此娑婆世界西方过去十万亿佛土之外，那里的众生"无有众苦，但受诸

22

乐"，所以称为"极乐"。极乐世界具体的美好之处，在《阿弥陀经》《无量寿经》等经中有详尽的描述，例如宝华宝树林立，七宝池、八功德水充满，亭台楼阁庄严，天乐恒常作起，妙鸟宣布法音，人民寿量无边，香花供养诸佛等。

这些美妙的描述并不比其他净土更让人向往，极乐净土真正吸引人的地方在于，它不仅描绘出一幅幸福生活的蓝图供人瞻仰，而且给出了详尽可行的到达净土的方法，那就是念佛名号，得佛接引，往生净土。《无量寿经》中法藏比丘四十八大愿中，第十八愿道：

> 设我得佛，十方众生至心信乐，欲生我国，乃至十念，若不生者，不取正觉。唯除五逆、毁谤正法。

该愿被称为"根本愿"，表达"十念必生"之意，也是往生净土最核心的圣言量。第十九愿被总结为"临终接引"：

> 设我得佛，十方众生，发菩提心，修诸功德，至心发愿，欲生我国。临寿终时，假令不与大众围绕现其人前者，不取正觉。

第二十愿为"欲生果遂"：

> 设我得佛，十方众生闻我名号，系念我国，植众德本，至心回向，欲生我国，不果遂者，不取正觉。

再加上《阿弥陀经》中有一段：

> 若有善男子、善女人，闻说阿弥陀佛，执持名号，若一

日、若二日、若三日、若四日、若五日、若六日、若七日，一心不乱，其人临命终时，阿弥陀佛与诸圣众，现在其前。是人终时，心不颠倒，即得往生阿弥陀佛极乐国土。

这四段引文基本勾勒出了往生西方净土的全过程：首先要对阿弥陀佛极乐净土生起信仰钦慕之心，发愿往生；其次是念阿弥陀佛名号，在此阿弥陀佛给出了保证，只要至心求往，必定会往生，即使区区十念也不例外；最后是临终之时，阿弥陀佛与诸菩萨众会前来迎接，同往极乐净土。往生净土的方法具体就落实在"念佛名号"上，所以净土宗也被称为"念佛宗"。

念佛一举，人人能行，但行中又有信心的强弱、坚持与不坚持、一心与散心等诸多差别，依据个人具体的行持，往生也会有品位高低之别。所以念佛看似简单，细细推究却包含着复杂深刻的内涵。净土宗给出的不是廉价的虚幻承诺，而是可以让信仰者毕其一生仍觉得未尽其旨、边走边学、趣味无穷的真正的修行之路，所以才吸引了一代又一代的高僧、大德、居士、学者来学习经典、修净土法门、研究探讨、著书立说等，也才有了净土宗漫长的历史，才需要专门用一本书的篇幅来介绍净土宗的脉络。

第二章

源天竺净土奠基
（传公元前5世纪—公元3世纪）

- 净土思想渊源的要素
- 龙树菩萨与极乐净土
- 诸经所赞，尽在弥陀

　　佛陀当年在印度开始宣扬自己的教法时，占正统地位的婆罗门教正接受来自各方的挑战，日趋衰落。佛教正是挑战者之一。婆罗门的教义常被归纳成三大纲领：吠陀天启，祭祀万能，婆罗门至上。在婆罗门的世界中存在着形形色色、数量庞大的神，神能直接对现实的人产生影响；而在佛陀的教法中，控制权从神手中夺回来还给了人，自己的思想行为决定自己的命运，所以佛教是以无神宗教的面目出现的。但看净土宗的思想，阿弥陀佛似乎有成神的嫌疑，其中到底有怎样的说法？净土宗这一枝又是如何在佛教的大树上生长起来的呢？

净土思想渊源的要素

简单说来，净土宗讲述的是：法藏比丘发本愿，建成极乐佛土，众人睹净土美妙，心向往之，发愿前往，念佛得生。中间的核心要素有本愿的力量、新的佛土可以成就、念佛是往生的方法，这三条在早期佛教思想中就已经现出端倪。

1. 本生与本愿

净土思想常被认为是从本生故事演化而来。在原始佛教中，佛虽然有超人的神通，但肉体、寿命与凡人一样是有限的，所以佛是人而不是神。但经过部派佛教的分裂之后，在大众部那里，佛的生平也逐渐被神化。相传佛在此世成佛之前，在漫长的无数前世中曾修菩萨行，经历过无数的轮转，做过国王、婆罗门、妇女、大象、猴子、鹿等，每一世都行善积德，精勤求法，留下许多故事，这就是"本生故事"。本愿思想就是从本身故事渐次发展产生的，中间的发展大略可分三个阶段。

第一个阶段是南传佛教巴利语系所传《小部尼伽耶》中的《本生经》，共有本生故事 547 个（或说 546 个）。该书成于公元前 3 世纪，没有完整的汉译本。书中的故事很多是由民间寓言改成，也记载了菩萨在大事发生时发出祈愿，有着不可思议的功效，但还不能算真正的本愿思想。第二阶段是北传佛教梵语所传的《菩萨本生鬘经》，经中已经有了起称三宝功德缘起，叙说念佛持名之功德，可以算本愿思想的先驱。第三阶段则是汉译弘传的《六度集经》，该经中本愿的思想已经相当成熟，尤其是四弘誓愿随处可见。六度是指布施、持戒、忍辱、精进、禅定、智慧六种修行到彼岸的方法，是大乘菩萨道的重要功课。在初期大乘经典《八千颂般若》《道行般若》等中，六度、本愿与净土的结合更加顺理成章，以行六度的功德立本愿，成就净土，净土的美好也与六度有着某种相应，如从持戒、忍辱到净土之中无恶行，从禅定法喜到净土衣食充足等。

在《小品般若经》中，结合六度确立了六愿的思想。此后，愿望的数目逐渐增长，有十二愿、十八愿、二十四愿、三十愿、三十六愿、四十二愿、四十八愿等。《大品般若经》中对本愿思想的述说更加详细，其五十八《梦行品》显然是受了《小品般若经》中六度六愿影响。总之，净土的设立与本愿精神之间的关系是值得注意的，本愿描述出净土的蓝图，而净土可以视为本愿的具体化。

2. 大乘佛教的十方佛土

在原始佛教和部派佛教时期，净土思想尚处于萌芽阶段，随着本生、本愿思想的发展，到了大乘佛教时，一佛转变为了多佛，一佛一土，于是出现了十方佛土。有了十方国土，各处佛的净土也有了安立处。

在早期的般若类经典中，佛土还只是一种粗略的说法，如在《般若经·愿行品》中说："有菩萨摩诃萨修行布施波罗密多……作是愿言：我当精勤不顾身命，修行布施波罗密多，成熟有情严净佛土。"而《华严经》对十方世界十方佛的描述可谓细致精微，它所说的莲花藏世界无比广大，分成二十层，每一层又有不可说微尘数世界，我们生活的娑婆世界处于第十三层，围绕着华藏庄严

27

世界海还有十个同样广阔无穷的世界海，如此广大之境界确实超乎想象。《华严经》中还列出了诸多世界名和佛号，比般若经中所说详尽得多。当然，华藏世界与印度本有的史诗《摩诃婆罗多》中天地开辟的说法颇为类似，应该是承接毗湿奴开辟天地之说发展而来的。

虽然诸佛清净，所住国土、佛刹也并不都以净土相称，如娑婆世界有释迦牟尼佛居住，却常被称为秽土，《维摩诘经·佛国品》中就有个故事：释迦牟尼佛宣说"随其心净，则佛土净"，舍利弗由是产生怀疑，认为世尊清净，为什么生活的世界却是丘陵、坑坎、荆棘、沙砾、土石等诸秽恶充满？世尊知其心之所念，以足指按地，三千大千世界顿时珍宝严饰，庄严无比。十方佛土，有净有秽，但仍是净土居多；净土虽多，由此而发展出往生信仰的却也不多见。

3. 念佛与生天

念佛与生天的思想也可视为净土思想的渊源之一。天属于六道之一，按照三千大千世界的体系说，欲界有四天王天、忉利天、夜摩天、兜率天、乐变化天、他化自在天六层，被称为"六欲天"，色界、无色界还各有等级。天界的众生显然是不同于人道众生的，与人的生活相比，天界的生活更加幸福快乐，没有苦难的折磨，因此对人也更有吸引力。《大智度论》中说："声闻法中说念欲界天，摩诃衍中说念一切三界天。行者未得道时，或心着人间五欲，以是故佛说念天，若能断淫欲，则生上二界天众，若不能断淫欲，即生六欲天中。"可见，生天也是佛陀的教法中求得解脱的一条途径，只是后来的大乘佛教更多地强调成佛、强调净土，生天似乎成了不足取的方法。

佛教依"苦""空"立教，认为"一切皆苦"，原始佛教四圣谛便是围绕苦和苦的解脱展开的，在这样的背景下萌生生天的想法也是自然而然的。佛陀最初讲三念，即念佛、念法、念僧，后又加上念戒、念施、念天，称为六念处，在六念处中，念佛与生天的元素都已经具备。生天的思想演变成往生思想，又与念佛结合，逐渐形成念佛往生的思想。在原始佛教教义中还没有出现十方世界十方佛的说法，释迦牟尼佛是此世唯一的佛，而弥勒佛（常被称为慈氏）是经过授记认证的下生佛，正在兜率天宫内院候补，等释迦牟尼佛灭度若干劫后，他将降生此世界作佛，这是在阿含经典中反复宣说的，较早出现的弥勒净土就位于六欲天中的兜率天上，而不像其他净土位于三界之外，或可以佐证念佛、生天与往生净土之间的联系。

念佛作为一种修行方法，除了上文提到的六念处外，其他经典中也有提及，如鸠摩罗什译《坐禅三昧经》、昙摩蜜多译《五门禅经要用法》等中五门禅也含"念佛观"，《般舟三昧经》中提出"般舟三昧"更是影响了后世的净土宗，《华严经》中善财童子参访功德云比丘时也提到念佛三昧和见佛："此普门光明观察正念诸佛三昧……悉能睹见一切诸佛及其眷属，严净佛刹。"可见早期的念佛主要是一种观想，由此入三昧，能感受到诸多神奇境界，他方世界的景象也属于能感受到的境界之一，所以当念佛与弥陀净土信仰结合起来之后，念佛也逐渐被视为往生的方法。到了净土宗发展后期，念佛被解读得更加宽泛，持名念佛盖过了原本最重要的观想念佛成为主流，中国净土宗也呈现出了自己独特的面貌。

龙树菩萨与极乐净土

龙树菩萨是印度大乘佛教的集大成者，活跃于公元150—250年间，被称为"第二代释迦"，也是中国大乘八宗共尊的祖师。他的思想以中观学说为代表，著述有《中论》《大智度论》《十住毗婆沙论》等。

在龙树生活的时代，净土思想已有弘传，最常见的弥勒净土、阿閦佛妙喜净土、阿弥陀佛极乐净土都已流行于世。其中，龙树与极乐净土的关系最为紧密。

后世净土宗在进行判教时，通常会引用龙树在《十住毗婆沙论·易行品》中的说法：

> 佛法有无量门，如世间道，有难有易，陆道步行则苦，

中国净土宗
脉络

水路乘船则易。菩萨道亦如是，或有勤行精进，或有以信方便易行，疾至阿维越至者。

这段话将佛法修行做了难易二分，由信而行的属于易行道，信方便也是说借助对佛的信心、得佛加持而成就，更具体而言："若菩萨欲于此身得至阿惟越致地成就阿耨多罗三藐三菩提者，应当念是十方诸佛，称其名号。"称佛名号是对十方诸佛而言，并有偈颂：

> 东方善德佛，南栴檀德佛，西无量明佛，北方相德佛，东南无忧德，西南宝施佛，西北华德佛，东北三行佛，下方明德佛，上方广众德，如是诸世尊，今现在十方，若人疾欲至，不退转地者，应以恭敬心，执持称名号。

十方佛各有名号，也不是泛泛而指，于是有人提问：除了这十方佛，还有其他佛名可以念吗？这时候龙树才提到了阿弥陀佛："阿弥陀等佛，及诸大菩萨，称名一心念，亦得不退转。"其后又列举了诸多佛名。大体而言，易行道以忆念、恭敬礼拜、称念十方众多佛名为主。但龙树本身并不看重易行道："若有易行道疾，得至阿惟越致地者，是乃怯弱下劣之言，非是大人志干之说。汝若必欲闻此方便，今当说之。"后世净土宗祖师以难易二分为契机，有二道二力等说法，确实是创造性的发挥。此外，《十住毗婆沙论》第二十品《念佛品》至第二十五品《助念佛三昧品》这六品中，也有不少值得净土研学者们注意的地方。

龙树常被视为车离子童子的转世，与极乐净土联系在一起，如《大法鼓经》中说："举世见而生喜之离车子童子，于大师灭度后，人寿八十岁，教法衰微时，转生为名含大师德号之比丘，广弘圣教，满百岁后往生极乐世界。"此外，《入楞伽经》中说："大慧汝谛听，有人持我法。于南大国中，有大德比丘，名龙树菩萨，能破有无见。为人说我法，大乘无上法，证得欢喜地，往生安乐国。"《文殊根本续》中说："于吾灭度后，四百年之时，比丘龙出世，于教信且利，证得欢喜地，住世六百年。彼圣者修成，孔雀佛母咒，且通诸经论，无实甚深义。弃身离世后，往生极乐刹。最终决定得，正等觉果位。"文中提到的"比丘龙"一般认为就是指龙树。

诸经所赞，尽在弥陀

十方佛国净土中，真正吸引众生修行往生的只有寥寥数个，其中又以西方极乐净土影响最深广。除了净土宗所宗"三经一论"（或者"五经一论"）外，佛教经论中提及西方极乐世界（或名安养国等）、阿弥陀佛的不在少数，更有"诸经所赞，尽在弥陀"的说法，如《乐邦文类》中就列出了与净土相关的经、论、咒等六十余处。本节将列举除净土"五经一论"之外的一些有代表性的经论关于阿弥陀佛和极乐净土的说法，以为示例。

《妙法莲华经·化城喻品》中说阿弥陀佛的本生故事：

> 三千尘点劫之昔，有佛名大通智胜。其佛未出家时有十六王子，长名智积，闻父成佛，十六王子皆以童子出家为沙弥，求等正觉。佛听之，于四众中说《法华经》。说经已，入静室住于禅定，八万四千载。此时，十六菩萨沙弥，各升法

座为四众复讲此经。一一度数百万亿那由他恒河沙众生。尔时佛由三昧起，普对四众印可十六沙弥，使之欢迎供养。今十六沙弥皆成正觉，于十方国土现身说法：其二沙弥于东方作佛，一名阿閦在欢喜国，二名须弥灯。……西方二佛，一名阿弥陀，二名度一切世间苦恼。……第十六为释迦牟尼，于娑婆国土成等正觉。

《妙法莲华经·药王菩萨本事品》许诺往生安乐世界：

> 若如来灭后，后五百岁中，若有女人闻是经典，如说修行，于此命终，即往安乐世界。阿弥陀佛、大菩萨众围绕住处，生莲华中宝座之上，不复为贪欲所恼，亦复不为嗔恚、愚痴所恼，亦复不为骄慢、嫉妒诸垢所恼，得菩萨神通，无生法忍。

《悲华经》卷二中有另一个版本的弥陀本生故事：往昔过恒河沙阿僧祇劫，有世界名删提岚，劫名善持。其时，有转轮王名无诤念王，有一大臣名宝海，有子名宝藏，其后出家成等正觉，遂号宝藏如来。宝藏如来为转轮王广说正法，王与千子供养圣众过二百五十岁。佛为王授记："汝见西方过百千万亿佛土，有世界名尊善无垢，彼界有佛名尊音王如来……彼佛世界所有功德清净庄严，悉如大王所愿。无量种种庄严佛之世界等无差别，悉已摄取无量无边调伏众生。今改汝字为无量清净。……如是诸佛悉灭度已，复过一恒河沙等阿僧祇劫，入第二恒河沙等阿僧祇劫，是时世界转名安乐，汝于是时当得作佛，号无量寿如来。"宝藏如来又

33

为王长子不晌命名观世音，授记佛号遍出一切光明功德山王如来，为次子尼摩取名大势至，授记佛号善住珍宝山王如来。

《鼓音王经》提到阿弥陀佛之国及其父母弟子等：

> 西方安乐世界，今现有佛，号阿弥陀。若有四众，能正受持彼佛名号，以此功德，临欲终时，阿弥陀佛即与大众，往此人所，令其得见。见已，寻生庆悦，倍增功德。以是因缘，所生之处，永离胞胎秽欲之形，纯处鲜妙宝莲华中，自然化生，具大神通，光明赫奕。……其国号曰清泰，圣王所住，其城纵广十千由旬，于中充满刹利之种。阿弥陀佛如来应正遍知，父名月上转轮圣王，其母名曰殊胜妙颜，子名月明，奉事弟子名无垢称，智慧弟子名曰贤光，神足精进名曰大化。尔时魔主名曰无胜，有提婆达多名曰寂静……

《入楞伽经》中有关于龙树菩萨往生极乐世界的说法，此外卷九中也提到：

> 报相佛实体，及所化佛相，众生及菩萨，并十方国土，习气法化佛，及作于化佛，是皆一切从，阿弥陀国出。

《大宝积经》卷九十二中，弥勒请佛说发十种心往生极乐世界：

> 弥勒白佛言："如佛所说阿弥陀佛极乐世界功德利益，若有众生，发十种心，随一一心，专向于佛，是人命终，当得往生。世尊，何等名为十种心？"佛告弥勒："如是十心，非诸凡愚、不善丈夫、具烦恼者之所能发。何等为十？一者于

诸众生，起于大慈，无损害心。二者于诸众生，起于大悲，无逼恼心。三者于佛正法，不惜身命，乐守护心。四者于一切法，发生胜忍，无执着心。五者不贪利养，恭敬尊重，净意乐心。六者求佛种智，于一切时，无忘失心。七者于诸众生，尊重恭敬，无下劣心。八者不着世论，于菩提分，生决定心。九者种诸善根，无有杂染，清净之心。十者于诸如来，舍离诸相，起随念心。是名菩萨发十种心。由是心故，当得往生。若人于此十心，随成一心，乐欲往生彼佛世界，若不得生。无有是处。"

《不空羂索神变真言经》卷十八列一字真言"唵"：

> 如是真言，大悲心观观世音，如法受持，应修行十种善业。……如是修治此真言者，能害过现诸恶重罪，一切垢障尽皆消灭，当得一切诸佛菩萨天仙龙神悉皆欢喜。观世音菩萨摩诃萨与诸证愿，当舍命后往于西方极乐国土，住极喜地，莲华化生。

《大乘起信论》讲完一心、二门、三大、四信、五行之后，又为初学者进言：

> 众生初学是法，欲求正信，其心怯弱。以住于此娑婆世界，自畏不能常值诸佛，亲承供养。惧谓信心难可成就，意欲退者，当知如来有胜方便，摄护信心。谓以专意念佛因缘，随愿得生他方佛土，常见于佛，永离恶道。如修多罗说，若人专念西方极乐世界阿弥陀佛，所修善根回向愿求生彼世界，即得往生。常见佛故，终无有退。若观彼佛真如法身，常勤

修习，毕竟得生住正定故。

《大智度论》卷三十八中有问："菩萨法应度众生，何以但至清净无量寿佛世界中？"论中的回答是："菩萨有二种：一者，有慈悲心，多为众生；二者，多集诸佛功德。乐多集诸佛功德者，至一乘清净无量寿世界；好多为众生者，至无佛法众处，赞叹三宝之音，如后章说。"卷三十二中还辨析佛土净秽："当知释迦文佛，更有清净世界如阿弥陀国；阿弥陀佛，亦有严净、不严净世界，如释迦文佛国。"

由上文列举的经论示例可见，阿弥陀佛及其极乐净土在显密经论中都有论说，往生极乐净土也确实是诸多经论中推荐的修行方法。当然，这些经论大多只是略微提及极乐世界的相关内容，净土思想的真正重头戏还在几部净土宗经论中，下一章再细细解说。

第三章

传经典始播中华
（公元 2 世纪—4 世纪）

- 《般舟三昧经》
- 净土三经一论
- 其他经典

孔子有名言："言之无文，行而不远。"任何思想言论要想流传下去，影响后世子孙，单凭口头言语是不行的，必须借助文字的形式保存。试想佛陀当年的言教，若不是凭借弟子们回忆结集，今天的我们恐怕就无缘读到了。任何宗教都重视圣言量，佛教也不例外，很多佛教宗派总是依据某本或某些特定的经典而成立，要想传播它的思想，就需要传播这些根本经典。所以佛教传入中国之后，首先开展的就是如火如荼的译经活动。此处单表净土宗典籍的传译。

《般舟三昧经》

东汉灵帝光和二年（公元 179 年），支娄迦谶译出《般舟三昧经》，被视为净土宗东传之嚆矢。该经有四种译本，此处主要依支娄迦谶所译一卷八品本。

《般舟三昧经》在早期大乘佛教中占有重要地位，龙树在《大智度论》《十住毗婆沙论》等重要经典中常常引用它的思想，而《佛说法灭尽经》更有一段："五十二岁，《首楞严经》《般舟三昧》先化灭去，十二部经寻后复灭，尽不复现，不见文字，沙门袈裟自然变白。"意思是佛法的衰败以《首楞严经》《般舟三昧经》的消失为先兆，按佛教的说法，大凡首先消逝的经典都具有某种殊胜之处。

对净土宗而言，《般舟三昧经》尤为重要，因为经中提出了"般舟三昧"（又译"佛立三昧"），它将大乘般若思想、禅观与念佛结合在一起，以七日或九日为一期，日夜经行，不可坐卧，专念诸佛，能于空中感十方诸佛，特别是无量寿佛在三昧中立于眼前。

"般舟"为梵文音译，原意是现前、现在，依经修行，可使一切诸佛皆现在前，所以般舟三昧又称为诸佛现前三昧、般舟定、佛立三昧、见佛定等。经一开始，颰陀和菩萨一口气提出众多疑问向佛求教，佛说："有三昧名十方诸佛悉在前立，能行是法，汝之所问悉可得也。"指示完具体的行法，佛又说按此修行可得三昧，现在诸佛悉在前立。可知行般舟三昧所感，得见十方佛，而不仅限一佛。但该经的《行品》又进一步确指西方阿弥陀佛：

其有比丘、比丘尼、优婆塞、优婆夷，如法行持戒完具，独一处止念西方阿弥陀佛今现在，随所闻当念，去此千亿万佛刹，其国名须摩提，一心念之。一日一夜，若七日七夜，过七日已后见之。

一心念阿弥陀佛，经七日七夜可得见，这只涉及念佛见佛的部分，经中还更进一层谈到往生弥陀国土：

佛言：菩萨于此间国土念阿弥陀佛，专念故得见之。即问：持何法得生此国？阿弥陀佛报言：欲来生者当念我名，莫有休息则得来生。佛言：专念故得往生……

念佛可见佛、可得往生弥陀国土，应该说净土宗的要素在此经中都已出现。值得注意的是，此经中开示的念佛之法与后世净土宗持名念佛并不相同，它强调"一心念""专念"，更体现出禅观的特点。《般舟三昧经》中更有"我所念即见，心作佛，心自见，心是佛心，佛心是我身"的说法，与后来译出的《观无量寿经》中"是心作佛，是心是佛"的名言异曲同工。

此外，般舟三昧的修行方法以九十天不眠常行为特点，而《般舟三昧经》中没有这种严格的规定，只是在《四事品》中佛开示有四种能"疾得三昧"之法门，其一便是九十天不眠常行。这确实是其他净土经典中不曾提到的修法，历代祖师都很重视，虽然有苦行的性质，但也传沿至今。

后代净土宗的祖师们对《般舟三昧经》也关注有加。东晋庐山慧远大师曾作《念佛三昧诗集序》，在与鸠摩罗什的书信中还就《般舟三昧经》中梦喻见佛意进行探讨。隋代智者大师《摩诃止观》一书中立四种三昧，第二种是"常行三昧"，修行时"身开遮，口说默，意止观"，并指出此法出于《般舟三昧经》。唐代善导大师作《般舟赞》，每段赞文开始都书"般舟三昧乐……愿往生"，文中还解释"般舟"意，"七日、九十日身行无间，总名三业无间"。唐代慧日慈愍三藏重视修持般舟三昧，著有《般舟三昧赞》。时至今日，般舟三昧仍不乏修行者，可见此经影响之深远。

净土三经一论

继《般舟三昧经》之后，其他净土经典也陆续被翻译过来在汉地传播，其中最重要的自然要数净土宗依据的根本经典，即常说的"净土三经一论"：《阿弥陀经》《无量寿经》《观无量寿经》与《往生论》。

1.《阿弥陀经》

在净土三经中，《阿弥陀经》常被称为"小经"，从字数篇幅来看，确实是名副其实，全经只有一卷。这部经有三种译本：第一种是姚秦三藏法师鸠摩罗什所译《佛说阿弥陀经》，也是后世的通行版本；第二种是刘宋元嘉年中天竺僧人求那跋陀罗所译《小无量寿经》，该本现缺；第三种是唐代玄奘法师永徽六年所译《佛说称赞净土佛摄受经》一卷，不通行。所以一般说《阿弥陀经》就是指鸠摩罗什的译本。

《阿弥陀经》的内容比较浅显易懂：一日，释迦牟尼佛在舍卫国祇树给孤独园为声闻、菩萨、诸天大众等开口说法，以舍利弗为对话之主。佛说离此世界十万亿佛土之外的西方有个叫极乐的国土，那里有佛叫阿弥陀。为什么叫极乐呢？无有众苦，但受诸乐，故名极乐；七重严饰，四宝合成，故名极乐。极乐世界究竟是怎样一番景象呢？从环境看，有七宝池，八功德水，四宝阶道，七宝楼阁，四色莲花；从人们的生活看，常作天乐，常处金地，六时雨华，清旦供佛，还国经行；此外还有鸟众宣佛法，宝树出妙音。为什么那里的佛叫阿弥陀呢？因为他智体光照十方，即无量光，又德用远及亿劫，即无量寿，故名阿弥陀。阿弥陀佛成佛已久，有无数罗汉与菩萨围绕。听得佛说如此胜妙的景象，听众们自然想知道怎样到达那个地方，于是佛继续说，听到说法的众生应该发愿往生到极乐世界，具体说来就是"若有善男子、善女人，闻说阿弥陀佛，执持名号，若一日、若二日、若三日、若四日、若五日、若六日、若七日，一心不乱，其人临命终时，阿弥陀佛与诸圣众，现在其前。是人终时，心不颠倒，即得往生阿弥陀佛极乐国土。"佛劝众发愿往生，六方诸佛出广长舌相赞佛不可思议功德，在此五浊恶世宣讲"一切世间难信之法"，稀有难得。

《阿弥陀经》虽然短小，但流传之广、注疏之多，或许只有《心经》《金刚经》等少数佛典堪与其匹敌。《阿弥陀经》有一些特殊之处：首先，它是佛"无问自说"的经典。佛经的常见格式是：如是我闻，一时佛在某地对若干众生说法，某人从大众中起，向佛提某问，佛予以解答，最后大众闻法，欢喜奉行。如《金刚经》中长老须菩提提问"应如何住、如何降伏其心"，《楞伽经》有大慧菩萨提出百八问，《楞严经》中有阿难七处征心，《维摩诘经》中有长者子宝积问诸菩萨净土之行。而《阿弥陀经》却无请法之人，乃是释迦牟尼佛主动对舍利弗及大众所说，这在佛经中也属于特例，这一与众不同的行为也暗示此经非比寻常。为什么佛要无问而说呢？按宗教家们的解释，净土法门实在是太不可思议，没人能就此提问，故佛自说；佛单拣净土法门而不说别的，是因为知道此法门应众生之机，能让众生受益。

《阿弥陀经》第二个特殊之处是虽为净土宗经典，却不拘一家信奉，净土宗的早晚课诵中包含此经自不待言，而传统禅宗在晚课时也会诵读《阿弥陀经》，这或许是宋明禅净合流之后的产物。被列为寺院每日念诵的课本，《阿弥陀经》影响广泛就不足为怪了。此外，元明以来诸家注释本后都附有"拔一切业障根本陀罗尼"，即常说的"往生咒"。

从对净土宗的理论贡献来说，《阿弥陀经》涵括了信、愿、行三部分，其中行的要点又在"持名一心"四字上，尤其是"一心不乱"的说法给后世留下了一个争议的焦点。持名虽然简单，但是要通过持名达到一心不乱却不是简单的事。净土法门以简便易行为特点，若说须一心不乱才能往生成就，不免打击信众的信心，所以后世有散心也能成就的说法。不管一心还是散心，关键是信仰者必须行动起来，开始念佛的修行，才有成就的可能。

另外，《阿弥陀经》中强调净土法门是"一切世间难信之法"，这也点在了要害处。"信"在佛教的理论与修持中有举足轻重的地位，被称为"经中之王"的《华严经》有言："信为道元功德母，长养一切诸善根，断除疑网出爱流，开示涅槃无上道。"唐译本《华严经》八十卷即是按信、解、行、证的层次展开的，于十住、十行、十回向、十地前列十信，表明以信为首。《大智度论》也说道，"信为能入，智为能度"，指出要想渡烦恼之河，达生死彼岸，"信"是入手处。而中国大乘佛教八大宗派中，最重视"信"的莫过于净土宗，而最难让人生信的也是净土宗。其他宗派的修行要么艰苦卓绝，动辄三大阿僧祇劫才能成就，符合人们最朴素的"付出才有回报"的想法；要么强调自己的力量，每一步都在日常生活可以感知的范围之内，没有他方世界的神奇力量介入，自然能信。而净土法门在修行的付出上似乎远不如其他法门要求的严格，而得到的回报之多却是其他法门望尘莫及的，更有甚者，超越人的感官世界的他方国土和佛菩萨的介入使它更像一个神话故事。对净土宗的传播者而言，如何让人们对净土法门生起信心是最重要也是最难的，因此后代净土典籍中"决疑"是一个不断重复的主题，这在佛教其他宗派中是比较罕见的。

《阿弥陀经》在点出此法难信时，其实也是在给出一个让人生信的依据，通过佛亲口所宣的圣言量确立净土法门不可置疑的地位，又通过渲染佛力不可思议，将有限的人类思维拒之在外。恰如庄子所说"六合之外，圣人存而不论；六合之内，圣人论而不议"，对于净土这样超越六合的存在，任何质疑都是徒劳，最终只能是信者自信，疑者自疑。那信者的信究竟如何生起又免于迷信呢？还是要从人们可以具体感知的现实世界入手，而感知的基础在于心与佛、宇宙等的关系，《阿弥陀经》中没有进一步涉及这些问题，《观无量寿经》则已经在"心"上着墨了。

2. 《无量寿经》

被称为"大经"的《无量寿经》篇幅更长，译本众多，有"五存七缺"，还有五个会本（或称会集本）。现存最早的译本也由后汉支娄迦谶所译，名为《佛说无量清净平等觉经》，共四卷；其次是孙吴支谦所译两卷本《佛说阿弥陀三耶三佛萨楼佛檀过度人道经》；后有曹魏天竺僧人康僧铠所译两卷本《佛说无量寿经》，这也是后世通行的版本，简称《无量寿经》；再有唐代菩提流支所译两卷本《大宝积经无量寿如来会》；最后有北宋法贤所译三卷本《佛说大乘无量寿庄严经》。

以上五译所依据的底本不尽相同，所以在内容上也有差异，后人为了弥补缺憾，使其尽善尽美，便有了"会本"的出现。会译本汇集诸本之长，力求无有遗漏，南宋王日休（即王龙舒）会译两卷本《佛说阿弥陀经》，清朝乾隆年间彭际清会集两卷本《佛说无量寿经》，清朝咸丰年间魏源会集一卷本《无量寿经》，清朝同治年间王耕心会集一卷本《摩诃阿弥陀经》，近代夏莲居居士会集《佛说大乘无量寿庄严清净平等觉经》。王耕心的会本比较完善，而夏莲居居士的会本在今天仍被广泛地翻印流传。本章关注的是早期净土经典的传译，故下文仍以康僧铠的译本为主。

据《无量寿经》，佛在王舍城耆阇崛山中，面对四众弟子，显出殊妙的光容，于是阿难询问光容殊妙的原因，佛赞叹阿难善于提问，进而大众讲阿弥陀佛成佛缘由：过去无量劫世自在王如来在世时，有国王弃位出家，名叫法藏。法藏比丘请世自在王如来说诸佛净土庄严之行，如来广说二百一十亿佛刹，并悉令睹见，于是法藏比丘发下大愿，摄取所见佛土庄严之行，历经五劫，终有所成，又回世自在王如来之所，在大众前四十八大愿，说愿望已，一向庄严净土，成就诸愿。又经无量劫，法藏比丘佛果得成，号无量寿佛，住于离此十万亿佛土外的西方安乐世界。

释迦牟尼佛详说彼国佛身、佛土的庄严，又说了十方众生往生彼国的因行果德，继而对弥勒赞叹彼国之乐、说此土之苦，劝大众往生。佛也指出，在此土修五善以消五恶，胜过在彼国修善。佛令阿难礼拜无量寿佛，感得无量寿佛放大光明，令此土众生见到西方极乐世界。其后，佛为弥勒与阿难开示化生与胎生的优劣差别，并授记此土及十方世界有无数菩萨得往生西方净土。佛嘱托大众护念此经，众人得益，皆大欢喜。

《无量寿经》涉及的内容很广泛，其中最受关注的莫过于"四十八大愿"。不同的译本中大愿的数目不同，次序也有差别，但康僧铠译本"四十八大愿"的提法是最深入人心的，后人还为每一愿用四字做了总结：

第一愿——国无恶道：设我得佛，国有地狱饿鬼畜生者，不取正觉。

第二愿——不更恶道：设我得佛，国中天人寿终之后，复更三恶道者，不取正觉。

第三愿——身真金色：设我得佛，国中天人不悉真金色者，不取正觉。

第四愿——形色相同：设我得佛，国中天人形色不同有

45

好丑者，不取正觉。

第五愿——宿命智通：设我得佛，国中天人不识宿命，下至知百千亿那由他诸劫事者，不取正觉。

第六愿——天眼普见：设我得佛，国中天人不得天眼，下至见百千亿那由他诸佛国者，不取正觉。

第七愿——天耳普闻：设我得佛，国中天人不得天耳，下至闻百千亿那由他诸佛所说，不悉受持者，不取正觉。

第八愿——他心悉知：设我得佛，国中天人不得见他心智，下至知百千亿那由他诸佛国中众生心念者，不取正觉。

第九愿——神足无碍：设我得佛，国中天人不得神足，于一念顷，下至不能超过百千亿那由他诸佛国者，不取正觉。

第十愿——不贪计身：设我得佛，国中天人若起想念贪计身者，不取正觉。

第十一愿——住定证灭：设我得佛，国中天人不住定聚必至灭度者，不取正觉。

第十二愿——光明无量：设我得佛，光明有能限量，下至不照百千亿那由他诸佛国者，不取正觉。

第十三愿——寿命无量：设我得佛，寿命有能限量，下至百千亿那由他劫者，不取正觉。

第十四愿——声闻无数：设我得佛，国中声闻有能计量，乃至三千大千世界众生悉成缘觉，于百千劫悉共计校，知其数者，不取正觉。

第十五愿——随愿修短：设我得佛，国中天人寿命，无能限量，除其本愿修短自在。若不尔者，不取正觉。

第十六愿——不闻恶名：设我得佛，国中天人，乃至闻有不善名者，不取正觉。

第十七愿——诸佛称叹：设我得佛，十方世界无量诸佛，不悉咨嗟称我名者，不取正觉。

第十八愿——十念必生：设我得佛，十方众生，至心信乐，欲生我国，乃至十念，若不生者，不取正觉。唯除五逆，诽谤正法。

第十九愿——临终接引：设我得佛，十方众生，发菩提心，修诸功德，至心发愿，欲生我国。临寿终时，假令不与大众围绕现其人前者，不取正觉。

第二十愿——欲生果遂：设我得佛，众生闻我名号，系念我国，植众德本。至心回向，欲生我国。不果遂者，不取正觉。

第二十一愿——三十二相：设我得佛，国中天人，不悉成满三十二大人相者，不取正觉。

第二十二愿—— 一生补处：设我得佛，他方佛土诸菩萨众，来生我国，究竟必至一生补处。除其本愿自在所化，为众生故，被弘誓铠，积累德本，度脱一切。游诸佛国，修菩萨行，供养十方诸佛如来，开化恒沙无量众生，使立无上正真之道，超出常伦诸地之行，现前修习普贤之德。若不尔者，不取正觉。

第二十三愿——供养诸佛：设我得佛，国中菩萨，承佛神力，供养诸佛。一食之顷，不能遍至无量无数亿那由他诸佛国者，不取正觉。

第二十四愿——供具随意：设我得佛，国中菩萨，在诸佛前，现其德本。诸所求欲供养之具，若不如意者，不取正觉。

第二十五愿——演说妙智：设我得佛，国中菩萨，不能演说一切智者，不取正觉。

第二十六愿——那罗延身：设我得佛，国中菩萨，不得金刚那罗延身者，不取正觉。

第二十七愿—— 一切严净：设我得佛，国中天人，一切万物，严净光丽，形色殊特，穷微极妙，无能称量。其诸众生，乃至逮得天眼，有能明了辨其名数者，不取正觉。

第二十八愿——道树高显：设我得佛，国中菩萨，乃至少功德者，不能知见其道场树无量光色高四百万里者，不取正觉。

第二十九愿——诵经得慧：设我得佛，国中菩萨，若受读经法，讽诵持说，而不得辩才智慧者，不取正觉。

第三十愿——慧辩无限：设我得佛，国中菩萨，智慧辩才，若可限量者，不取正觉。

第三十一愿——照见十方：设我得佛，国土清净，皆悉照见十方一切无量无数不可思议诸佛世界，犹如明镜，睹其面像。若不尔者，不取正觉。

第三十二愿——宝香妙严：设我得佛，自地已上，至于虚空，宫殿楼观，池流华树，国中所有一切万物，皆以无量杂宝，百千种香，而共合成。严饰奇妙，超诸天人。其香普熏十方世界，菩萨闻者，皆修佛行。若不尔者，不取正觉。

第三十三愿——蒙光柔软：设我得佛，十方无量不可思议诸佛世界众生之类，蒙我光明触其体者，身心柔软，超过天人。若不尔者，不取正觉。

第三十四愿——闻名得忍：设我得佛，十方无量不可思议诸佛世界众生之类，闻我名字，不得菩萨无生法忍，诸深总持者，不取正觉。

第三十五愿——脱离女身：设我得佛，十方无量不可思议诸佛世界，其有女人闻我名字，欢喜信乐，发菩提心，厌恶女身。寿终之后，复为女像者，不取正觉。

第三十六愿——常修梵行：设我得佛，十方无量不可思议诸佛世界诸菩萨众，闻我名字，寿终之后，常修梵行，至成佛道。若不尔者，不取正觉。

第三十七愿——天人致敬：设我得佛，十方无量不可思议诸佛世界诸天人民，闻我名字，五体投地，稽首作礼，欢喜信乐，修菩萨行。诸天世人，莫不致敬。若不尔者，不取正觉。

第三十八愿——衣服随念：设我得佛，国中天人，欲得衣服，随念即至。如佛所赞应法妙服，自然在身。若有裁缝染治浣濯者，不取正觉。

第三十九愿——乐如漏尽：设我得佛，国中天人所受快乐，不如漏尽比丘者，不取正觉。

第四十愿——树中现刹：设我得佛，国中菩萨，随意欲见十方无量严净佛土，应时如意，于宝树中，皆悉照见。犹如明镜，睹其面像。若不尔者，不取正觉。

第四十一愿——诸根无缺：设我得佛，他方国土诸菩萨众，闻我名字，至于得佛，诸根缺漏不具足者，不取正觉。

第四十二愿——清净解脱：设我得佛，他方国土诸菩萨众，闻我名字，皆悉逮得清净解脱三昧。住是三昧，一发意

49

顷，供养无量不可思议诸佛世尊，而不失定意。若不尔者，不取正觉。

第四十三愿——闻名得福：设我得佛，他方国土诸菩萨众，闻我名字，寿终之后，生尊贵家。若不尔者，不取正觉。

第四十四愿——修行具德：设我得佛，他方国土诸菩萨众，闻我名字，欢喜踊跃，修菩萨行，具足德本。若不尔者，不取正觉。

第四十五愿——普等三昧：设我得佛，他方国土诸菩萨众，闻我名字，皆悉逮得普等三昧。住是三昧，至于成佛，常见无量不可思议一切如来。若不尔者，不取正觉。

第四十六愿——随愿闻法：设我得佛，国中菩萨，随其志愿所欲闻法，自然得闻。若不尔者，不取正觉。

第四十七愿——闻名不退：设我得佛，他方国土诸菩萨众，闻我名字，不即得至不退转者，不取正觉。

第四十八愿——得三法忍：设我得佛，他方国土诸菩萨众，闻我名字，不即得至第一第二第三法忍，于诸佛法，不能即得不退转者，不取正觉。

确实如偈语所赞"四十八愿度众生"。后人也常试图为四十八愿分类，如隋代慧远从法身、净土、众生三方面分，不管如何划分，最引人注意的还是导言章已经提到的第十八、十九、二十愿，因为它们与净土法门的修行直接相关。

《无量寿经》第二个值得关注的地方是提到了观世音与大势至两大菩萨。大藏经中提到观音菩萨的经典不胜枚举，提到大势至菩萨的则不那么常见，且一般作为西方三圣之一的形象出现。本经中还只是粗略提到两大菩萨，在《观无量寿经》中有更细致的描绘。

其次，《无量寿经》中关于"五恶"与"五善"不吝笔墨的述说也是很有意思的地方。经中的"五恶"仍是以杀生、偷盗、邪淫、妄语、饮酒为核心，对行五恶的人们具体而又极富文学色彩的刻画给人留下深刻印象。在净土宗信仰中，我们生活的世界常被称为"五浊恶世"，但关于"五浊恶世"具体形象的描绘大多显得很刻板，说法也很概略，本经中关于五恶的描写段落可以当成对"五浊恶世"的形象的诠释来解读。经中佛还指出，在这样的世界中"修善十日十夜，胜于他方诸佛国土中为善千岁"，为什么呢？其他世界大多庄严美好，人心向善，行善积德也是自然之事；而在我们的世界中，周围恶行恶心不止，能逆着大潮流独善其身都不是简单的事情，修善十日十夜自然是更难了，所得功德也更大。

此外，《无量寿经》中还提到了关于胎生的问题。按净土教义，人往生后，生于莲花之中，花开之后，可见阿弥陀佛，听闻说法，但依各自修行程度，花开的时间有长有短。但《无量寿经》中特别指出，"以疑惑心修诸功德"的众生往生之后，虽然住在七宝宫殿中受诸快乐，但是五百岁不得见佛与菩萨圣众，不能听闻经法，这就是所谓的胎生。胎生众生所处的地方就是常说的"边地疑城"。特意辟出一块边地疑城就是为了让修行者增长信心，后世的劝修净土的书中也常会说，即使是生到边地疑城也比在娑婆世界要好，疑心断除后总还是能见到佛，这种说法透露出的信息是：修行总比不修好，即使是带着疑心修。

3.《观无量寿经》

《观无量寿经》的翻译在西晋时便已有了，可惜未能流传下来，现存译本仅有刘宋畺良耶舍译《佛说观无量寿经》一卷本，简称《观无量寿经》。

《观无量寿经》的开始颇具故事性：王舍城太子阿阇世囚禁父王频婆娑罗，国太夫人韦提希秘密前往探望，却被阿阇世发现，囚禁在深宫。愁苦的韦提希遥向耆阇崛山的世尊祈祷，世尊知其心之所念，现身王宫。韦提希表示厌恶这个恶浊的世界，佛为她遍照十方诸佛净妙国土，于诸国土中，韦提希愿往生西方阿弥陀佛的极乐世界。佛为她说净业三福，韦提希又为后世众生请问得见阿弥陀佛极乐净土的修法，佛做"十六观"的开示，大众欢喜。"净业三福"与"十六观"是此经的核心。

"净业三福"可以说是净土宗修行的基础，或者说是修后面"十六观"的资粮。具体而言是指："一者孝养父母，奉事师长，慈心不杀，修十善业；二者受持三皈，具足众戒，不犯威仪；三者发菩提心，深信因果，读诵大乘，劝进行者。"三福难度递增，第一福侧重人天善法，第二福侧重戒律，而第三福则讲发大乘菩提心。至于"孝养父母，奉事师长"之类的提法在佛经中并不常见，佛教以"苦""空"立教，个人虽自己所作之业轮转，父母亲人也只是不尽的轮回中短暂的伴侣，所以佛教刚传入中国之时就因出家与儒家传统孝道相背离而遭排斥。《观无量寿经》中出现孝养父母的说法对于争取普通信众是大有益处的。

从《观无量寿经》的经名就可以看出"十六观"的重要性。十六观属于具体的修行方法，进而言之，是具体的观法。佛教修行中常将"止"与"观"并提，止强调止息妄念，禅定静虑，观则强调观照觉知，一般认为止为定，观为慧。十六观依次递进，各有特点（见表1）：

表1

序号	名称	内容
1	日想观	正坐西向，谛观于日，令心坚住，专想不移。见日欲没，状如悬鼓，既见日已，开目闭目，皆令明了
2	水想观	初见西方一切，皆是大水，见水澄清，再起冰想，见冰映彻，作琉璃想
3	地想观	水想成就净土琉璃观后，名为粗见极乐国土，得三昧，见彼国土，了了分明，不可据说
4	树想观	观极乐国土有七重行树，七宝花叶无不具足，一一花叶作异宝色，一一树上有七重网，皆具无上庄严
5	宝池观	观想极乐有八功德水，一一水中有六十亿七宝莲花，摩尼水流注其间，演说妙法。又有金色光明化百宝色鸟，常赞念佛、念法、念僧
6	宝楼观	观想极乐一一界上有五百亿宝楼，楼阁之中，无量诸天作众伎乐，又有乐器，悬处虚空，不鼓自鸣，说念三宝
7	华座观	七宝地上，其莲花想，摩尼放光，宝珠映饰，为佛与二菩萨所坐华座
8	像想观	观想一阎浮檀金色佛像坐彼花上，又观音、势至二菩萨像侍于其左右，各放金光
9	真身观	观无量寿佛身相光明，白毫宛转五须弥，绀目澄清四大海，光中化佛无数亿，化菩萨众亦无边
10	观音观	观观世音菩萨身相庄严，由身长、顶上圆光、天冠至面相、手臂、璎珞、足下千辐轮相等
11	势至观	观大势至菩萨身相庄严，包括身量、圆光、天冠、肉髻、行坐时十方世界震动等
12	普观	观自生于极乐，于莲花中结跏趺坐。莲花开时，有五百色光来照身，乃至佛菩萨满虚空
13	杂想观	观丈六佛像在池水上，或现大身满虚空。即杂观真佛、化佛、大身、小身等
14	上辈观	观上品上生、上品中生、上品下生
15	中辈观	观中品上生、中品中生、中品下生
16	下辈观	观下品上生、下品中生、下品下生

前六观都是对具体事物形象的观想，第七至第十三观为净土佛菩萨观想，后三观就是著名的"三辈九品往生"说（见表2）。同样是往生极乐世界，根据个人修行努力程度的不同，有上品上生、上品中生、上品下生、中品上生、中品中生、中品下生、下品上生、下品中生、下品下生九品差别。上品上生与下品下生需要付出的努力有天壤之别，前者要求发至诚心、深心、回向发愿心，读大乘经典，修行六念等，而后者是五逆十恶之人，往生时有差别也就不足为怪：前者有阿弥陀佛、观音、势至等菩萨众迎接，弹指顷得往生，闻佛法得道；后者仅见金莲花，于莲花中经十二劫才得见佛。

表2

三辈九品		生因	生相	既生
上辈	上品上生	具三种心，或复慈心不杀，具诸戒行，乃至读诵大乘方等经典，修行六念，回向发愿，具此功德，愿生彼国	阿弥陀佛、观世音、大势至、无数化佛菩萨、比丘声闻、诸天大众，现七宝宫殿，执金刚台，放大光明，授手迎接	如弹指顷，往生彼国。霎时见佛闻法，即悟无生法忍。须臾遍事十方诸佛，次第受记，得无量百千陀罗尼门
	上品中生	善解义趣，于第一义，心不惊动，深信因果，不谤大乘，以此功德，回向愿生	临命终时，阿弥陀佛，与观音势至，无量大众，持紫金台，授手迎接	如一念顷，即生彼国。经宿花开，见佛闻法，七日得不退转，遍事十方诸佛，经一小劫，得无生忍，现前授记
	上品下生	亦信因果，不谤大乘，发无上道心，以此功德，回向愿生	临命终时，彼佛二菩萨等，持金莲华，化五百化佛来迎	往生宝池，一日花开，七日见佛，三七日乃闻妙法，然后遍事诸佛，经三小劫，住欢喜地

三辈九品		生因	生相	既生
中辈	中品上生	受持五八诸戒，不造五逆，无众过患，以此善根，回向愿生	临命终时，阿弥陀佛，与诸比丘众，放光说法，赞叹出家，华台迎往	未举头顷，即得往生，莲华寻开，闻四谛法，即得阿罗汉道，三明六通，具八解脱
	中品中生	一日一夜，持八戒斋，或沙弥戒，或具足戒，威仪无缺，以此功德，回向愿生	临命终时，阿弥陀佛，与诸眷属，放光持华来迎	生彼宝池，七日花开，见佛闻法，得须陀洹，经半劫已，成阿罗汉
	中品下生	孝养父母，行世仁慈，临终闻净土事，及彼佛本愿	命终即生彼土	生经七日，遇观音势至，闻法欢喜，经一小劫，成阿罗汉
下辈	下品上生	造众恶业，无有惭愧，临终闻赞十二部经首题名字，又遇智者，教念阿弥陀佛	临终，彼佛遣化佛化观音势至来迎	经七七日花开，观音势至放光为说十二部经，经十小劫，得入初地
	下品中生	毁犯诸戒，应堕地狱，临命终时，地狱众火俱至，遇善知识，为说阿弥陀佛威德光明等	于是狱火化为凉风，吹诸天华，华上有化佛菩萨来迎	生经六劫，莲华乃开，观音势至，为说经法，应时即发无上道心
	下品下生	造诸恶业，应堕恶道，临终苦逼；善友告令具足十念称南无阿弥陀佛	命终见金莲华，犹如日轮，霎时往生	生满十二大劫，莲华方开，观音势至，为说妙法，及灭罪法，应时即发菩提之心

　　九品往生的设置是很妙的，一方面回报与付出是紧密相关的，杜绝了不劳而获、少劳多获的懒人思想，也保证了勤修者的积极性；另一方面，即使是最恶最差的人都未被排斥在外，为每一个众生都留下了修行往生的希望，即使对某些众生而言那希望实在

太微茫。

　　以上三经基本涵括了净土宗的核心论题，都涉及信、愿、行，但又各有所重，《阿弥陀经》借佛口启人生信，《无量寿经》宣讲法藏比丘大愿，《观无量寿经》则切实引导观之行。这三部经被后人反复解读，核心论题也被一遍遍拿出来讨论、发挥。

　　4.《往生论》

　　《往生论》，全名《无量寿经优婆提舍愿生偈》，署名婆薮盘头菩萨造，元魏菩提流支翻译。婆薮盘头即世亲（或译天亲），于佛逝世九百年后生于北印度的婆罗门家，其兄为著名的无著菩萨。《往生论》由偈颂和长行两部分组成，内容包括几个重要方面：五念门、三种二十九句庄严功德、远离三种菩提门相违法、五种门等。

五念门就是五种念佛的方法：

若善男子、善女人，修五念门行成就，毕竟得生安乐国土，见彼阿弥陀佛。

何等五念门？一者礼拜门，二者赞叹门，三者作愿门，四者观察门，五者回向门。

具体而言：

云何礼拜？身业礼拜阿弥陀如来应正遍知，为生彼国意故。

云何赞叹？口业赞叹，称彼如来名，如彼如来光明智相，如彼名义，欲如实修行相应故。

云何作愿？心常作愿，一心专念，毕竟往生安乐国土，欲如实修行奢摩他故。

云何观察？智慧观察，正念观彼，欲如实修行毗婆舍那故。彼观察有三种。何等三种？一者观察彼佛国土庄严功德，二者观察阿弥陀佛庄严功德，三者观察彼诸菩萨庄严功德。

云何回向？不舍一切苦恼众生，心常作愿回向为首，得成就大悲心故。

五念门涵摄了后面的几个条目。通过礼拜，增长恭敬心；通过赞叹，增长善言；通过作愿，增长精进心；通过观察，增长智慧；通过回向，增长慈悲心。念佛不是单纯的口念，除了身、口、意的清净业，还需要智慧与慈悲的摄受。

其他经典

　　"三经一论"是净土宗的根本经典，后代在此基础上有所增上，清代咸丰年间魏源将《华严经·普贤行愿品》附于三经之后，成为"四经一论"；清末民初时印光法师又将《楞严经·大势至菩萨念佛圆通章》纳入，构成"五经一论"。后纳入的这两经都只是某部大经的节选，并不是一部完整的经，尤其《大势至菩萨念佛圆通章》只是《楞严经》中一段简短的话。虽然《华严经》的通行本迟至唐朝才被翻译出来，但其他异译东晋时即已开始，故在此一并介绍。

　　《华严经》是华严宗的根本经典，有六十华严、八十华严、四十华严三种汉译本，其中最早的是六十华严，由东晋佛驮跋陀罗译出，称为"旧华严"；八十华严由唐代实叉难陀翻译，全称《大方广佛华严经》，又叫"新华严"，也是最通行的版本；四十华严由唐代般若译出，内容只是八十华严中的《入法界品》，作为净土经典的《普贤行愿品》就是该本的最后一卷。由于八十华严文意未尽，后人将四十华严中的《普贤行愿品》续于八十华严之后，作为第八十一卷。《普贤行愿品》似乎很早就单独流通了，有不少异译，西晋聂道真译的《三曼陀跋陀罗菩萨经》或属其一。它从四十华严译本中独立出来流通大约始于唐朝，华严祖师澄观著华严经疏十卷，又述《普贤行愿品别行疏》一卷，从此时起本品就别行了。

　　《普贤行愿品》全名《入不思议解脱境界普贤行愿品》，内容上接续《入法界品》，讲述善财童子五十三参，最后得见普贤菩萨，得闻妙法，修行圆满，"得普贤菩萨诸行愿海，与普贤等，与诸佛等，一身充满一切世界刹等，行等，正觉等，神通等，法轮等，辩才等，言辞等，音声等，力无畏等，佛所住等，大慈悲等，不可思议解脱自在悉皆同等"。普贤菩萨随即赞佛功德，之后说十种广大行愿："一者礼敬诸佛，二者称赞如来，三者广修供养，四者忏悔业障，五者随喜功德，六者请转法轮，七者请佛住世，八者常随佛学，九者恒顺众生，十者普皆回向。"善财童子与在场圣众闻后欢喜信受。"十大愿王"实际上对大乘修行者们指出了十个用功的方面，汉文的忏仪也普遍应用普贤十愿。

《普贤行愿品》被净土宗重视是因为普贤菩萨说完十大愿王后，有导归极乐的言辞：

> 唯此愿王，不相舍离，于一切时，引导其前。一刹那中，即得往生极乐世界。到已即见阿弥陀佛、文殊师利菩萨、普贤菩萨、观自在菩萨、弥勒菩萨等。此诸菩萨，色相端严，功德具足，所共围绕。其人自见生莲华中，蒙佛授记。得授记已，经于无数百千万亿那由他劫，普于十方不可说不可说世界，以智慧力，随众生心而为利益。不久当坐菩提道场，降服魔军，成等正觉，转妙法轮。能令佛刹极微尘数世界众生，发菩提心，随其根性，教化成熟，乃至尽于未来劫海，广能利益一切众生。

又说偈颂：

> 愿我临欲命终时，尽除一切诸障碍，面见彼佛阿弥陀，即得往生安乐刹。
>
> 我既往生彼国已，现前成就此大愿，一切圆满尽无余，利乐一切众生界。

彼佛众会咸清净，我时于胜莲华生，亲睹如来无量光，现前授我菩提记。

蒙彼如来授记已，化身无数百俱胝，智力广大遍十方，普利一切众生界。

十大愿王可以引导众生于一刹那往生极乐世界。考虑一下《华严经》的重要性就可以理解为什么净土宗要把《普贤行愿品》列为自己的根本经典。《华严经》号称"经中之王"，据称是佛悟道后首先对诸天大菩萨们讲得最完备的法，人间的众生还无缘得闻，后由龙树菩萨从龙宫取回后才开始流传。而《普贤行愿品》被视为"华严关键，修行枢机，文约义丰，功高益广，能简能易，唯远唯深"；《普贤行愿品》以十大愿王为核心，而十大愿王又以导向西方极乐为归趣，净土法门的地位重要性也就不言而喻了。

另一本《楞严经》则颇受争议，也是到唐朝时才由般刺密谛传译至中国。《楞严经》一直广受推崇，更有"自从一读楞严后，不看人间糟粕书"的说法。净土宗选取的《大势至菩萨念佛圆通章》原是《楞严经》卷五中的一段，文中佛让众中大菩萨、大罗汉讲述自己入三摩地的圆通法门，于是有二十五菩萨依次讲述色、香、味、触、法等二十五种圆通法门，所以这一段也被称为"二十五圆通"。其中第二十四位是大势至菩萨，他讲的是"念佛圆通"：

譬如有人，一专为忆，一人专忘，如是二人，若逢不逢，或见非见。二人相忆，二忆念深，如是乃至，从生至生，同于形影，不相乖异。十方如来，怜念众生，如母忆子。若子逃逝，虽忆何为？子若忆母，如母忆时，母子历生，不相违远。若众生心，忆佛念佛，现前当来，必定见佛。去佛不远，不假方便，自得心开。如染香人，身有香气，此则名日，香光庄严。我本因地，以念佛心，入无生忍。今于此界，摄念佛人，归于净土。佛问圆通，我无选择，都摄六根，净念相继，得三摩地，斯为第一。

母子相忆的典故是净土典籍中常用的，表明众生心须与佛心相应才能往生；而这一段的重点又落在"都摄六根，净念相继"八个字上，这是具体的修行方法。由不太常见的大势至菩萨出面专讲念佛法门，引导进入净土，所以这一段也被选为净土根本经典。

除了以上介绍的"五经一论"的根本经典，还有一些经典也是值得关注的。一是梁时所译《鼓音声王经》，译者之名已佚。此经短小，只有千余字，讲述释迦牟尼佛在瞻波大城伽伽灵池，为众生说西方安乐世界有阿弥陀佛，其父名月上转轮圣王，其母名殊胜妙严，子名月明。若持佛名号与鼓音声王大陀罗尼十日十夜，可得相见，障重之人少时不得见，可求往生，临终有阿弥陀佛与大众相迎。接着佛为大众说鼓音声王大陀罗尼及诵持法，劝众求往生。与以上经论不同，此经加入了密教陀罗尼的因素，取期十日十夜，又给出了斋戒供养的法则。经中阿弥陀佛的出身也不同，是有父母子弟的人。

西晋竺法护译《观世音大势至受决经》，惜已不传。该经还有两种异译，一是刘宋元嘉末年昙无竭译《观世音菩萨受记经》一卷（即《观世音菩萨得大势菩萨受记经》），二是北宋太平兴国五年施护等译《佛说如幻三摩地无量印法门经》三卷。该经讲佛为华德藏（或译生化藏）讲说西方有安乐（或译极乐）世界，有阿弥陀如来（无量光佛）与观世音、得大势菩萨（或译大势至菩萨）的如幻三摩地，佛又以神通力请二菩萨来此土现神力；后佛为大众讲两位菩萨的本生因缘：金光师子游戏如来时，华中生二童子宝意（或译宝严）与宝上，二人皆于佛所发菩提心，宝意童子即观世音菩萨，宝上童子即大势至菩萨，二人经无量劫修行，待无量光如来涅槃后，二人均得成佛，观世音菩萨号普光功德山王如来（或译普明高显吉祥峰如来），大势至菩萨号善住功德宝海王如来（或译善住功德宝峰王如来），闻二如来之名可得不退菩提。此经中值得注意的是提到阿弥陀佛的涅槃、二菩萨成佛的受记以及极乐世界过去、现在与未来三期的不同。

此外，《悲华经》《宝积经》以及诸多大乘经论都提到了阿弥陀佛与极乐世界，但大多比较零散，涉及的内容基本在上面介绍的诸经论范围之内，就不一一细说了。

纵览以上与净土宗有关的经典，翻译时间从东汉绵延至北宋，最重要的几部在两晋南北朝时期都已被译出。从时间上看，大部分经典的翻译都晚于净土宗初祖庐山慧远生活的年代，但经典翻译是思想传播、开宗立派的基础，出于文章整体结构的考虑，净土宗相关经典集中在本章之内先行介绍，下一章再开始述说早期净土宗修行者与初祖慧远大师的故事。

第四章

结莲社慧远初祖
（公元 4 世纪—5 世纪）

- 早期的净土信仰者
- 初祖庐山慧远大师
- 庐山慧远的净土思想
- 白莲社与十八高贤
- 东晋的净土行者

随着弥陀净土思想的传入、相关经典的翻译，净土法门的修行者也逐渐增加，以至于出现了后来阵容壮观的净土宗。与其他宗派一样，净土宗也有自己的祖师谱系，但净土宗传承又不同于其他宗派的师徒付嘱、代代相承，而是后世徒众根据大师们思想行业、修行成就等推选出来的。最早的净土宗祖师谱系当数南宋宗晓（1151—1214 年）所辑《乐邦文类》中的六祖说，以东晋庐山慧远为始祖，唐代善导、法照、少康、省常、宗颐为五位继祖；后来南宋志磐撰《佛祖统记》，增删为七祖：慧远、善导、承远、法照、少康、延寿、省常；后代又不断增加，但祖师名单并没有定论，比较有代表性的是清朝道光年间悟开的《莲宗九祖传略》中又加上了莲池、省庵；民国印光法师的《印光法师文钞续编》中有《莲宗十二祖赞颂》，在九祖的基础上又加上了藕益、行策、彻悟。印光法师圆寂之后被推为十三祖，自此"净土宗十三祖"说基本确立下来。祖师通常为一个时代最有代表性的净土宗修行者与思想者，以祖师为纲，可以帮助我们理清净土宗发展的基本脉络。

初祖庐山慧远是东晋时人，从弥陀净土思想传入中国到慧远大师生活的时代相距近两百年，其间已有净土行者的踪迹。

早期的净土信仰者

在现有的资料中，关于净土宗信仰修行者的最早记录见于《法苑珠林》卷四十二《受请篇·感应缘》，文中记载了阙公则与卫士度的事迹：

> 晋阙公则，赵人也，恬放萧然，唯勤法事。晋武之世，死于洛阳。道俗同志，为设会于白马寺中。其夕转经，宵分闻空中有唱赞声，仰见一人，形器壮伟，仪服整丽，乃言曰："我是阙公则，今生西方安乐世界，与诸菩萨共来听经。"合堂惊跃，皆得睹见。

> 时复有汲郡卫士度，亦苦行居士也，师于则公。其母又甚信向，诵经长斋，家常饭僧。时日将中，母出斋堂，与诸尼僧逍遥眺望。忽见空中有一物下，正落母前，乃则钵也，有饭盈焉，馨气充勃。阖堂萧然，一时礼敬。母自分行，斋

人食之，皆七日不饥，此钵犹云尚存北土。度善有文辞，作《八关忏文》，晋末斋者尚用之。晋永昌中死，亦见灵异。有造像者，作《圣贤传》具载其事，云度亦生西方。

这是两则以灵验神异的方式表现出来的净土信仰者的故事。阙公则是西晋时人，一向精勤求法，死于洛阳，同修们为他在白马寺设会诵经追悼，晚上众人听到空中有唱诵赞叹之声，抬头看见一个器宇轩昂、衣着华贵庄严的人。此人对大众说："我是阙公则，现在已经往生西方极乐世界，与诸位菩萨一起前来听经。"在场的众人都目睹了这一神异的景象，觉得惊诧。这与后世常见的往生故事差不多，只是记录得太简略，阙公则的生平事迹也没有更详细的描述，但文辞中也透露出一些时代背景的信息，阙公则的净土修行并不是孤立的，他有自己的"道俗同志"，另外当时的寺庙已经有为亡者举办法会的仪式。

卫士度是阙公则的弟子，生活在一个有佛教信仰的家庭，他的母亲吃斋诵经，还时常供养僧人。某天中午，卫母出了斋堂，突然从空中落下一个钵在她跟前，钵中装满了饭食，香气扑鼻，见到此景，在场的人们都礼敬不止。卫母将钵中的饭分给大众食用，吃过的人七天都不觉得饥饿。卫士度善于写文章，曾经作了一篇《八关忏文》，直到晋朝末人们行八关斋戒时还在用。据《圣贤传》记载，卫士度也往生西方了。除了师事阙公则与后人往生西方的说法，我们从记录中很难看到卫士度生前信仰弥陀净土的行迹，具体修行的状况就不得而知了。

晋代名僧支遁（314—366 年）也怀抱着对弥陀净土的无限钦慕，传记见于《高僧传》卷四。支遁本姓关，陈留人（今河南开封市东南陈留市），或说是河东林虑人，年少时便聪明秀彻，得到王濛、殷融等人的赏识。支遁也生于信佛之家，二十五岁时出家，善说佛理，与谢安、王洽、殷浩、郗超等当代名流都有相交。支遁热心玄学，对老庄有独到见解，对《庄子·逍遥游》的解读让王羲之赞叹不已，他更是两晋般若学"六家七宗"中即色宗的代表，作了《即色游玄论》等。支遁一生栖止于各处山林寺庙，说法修行不辍，五十三岁时逝于余姚坞中。《广弘明集》中收录了他撰写的《阿弥陀佛赞》，介绍了西方安养国的美妙，并说"非无待者，不能游其疆；非不疾者，焉能致其速"，更认为在五浊末世，奉行佛教的戒律，讽诵《阿弥陀经》，发愿往生极乐世界，诚心不改，可以往生见佛。该文序言中他说"遁生末踪，黍厕残迹，驰心神国，非敢所望"，流露钦慕之情。支遁对弥陀净土的理解充满了般若玄学的味道，"玄冥""无待"的境界便是弥陀净土，往生还有待于对空的悟解。

竺法旷（327—402 年）也常被视为净土宗的先驱，其事迹见于《高僧传》卷五：竺法旷，本姓皋，下邳人（今江苏睢宁县内），以孝事后母，待母逝世后即出家，师从竺昙印。他也曾被疾病所苦，诚心礼拜忏悔七天七夜，感得满室光明，宛如有人手按其顶，不久病愈。后来他拜别师父远游，住在潜青山石室，对《法华经》"会三归一"与《无量寿经》的净土之行情有独钟，经常吟咏这两部经，并为众人讲说。沙门竺道邻造了无量寿佛像，竺法旷与僧俗有缘人为之建了大殿。竺法旷还善于咒术等，名闻朝野。

《高僧传》卷十一中记载了竺僧显的故事：竺僧显，本姓傅，西晋时人，原本就斋戒、诵经、坐禅，常独处山林，禅坐数日。

后来因晋末动荡，游历到南边，不料身染疾病，久久不愈，因而心想西方，愿求恳切，得见阿弥陀佛降临，放大光明照耀其身，便觉得所有疾苦顿消，病也痊愈了。当晚他便起来沐浴更衣，向同住和侍奉他的人讲自己亲眼所见的胜境，并一再陈说因果的道理，第二天早上他就往生了，所住室内留有特殊的香味，十余天才消散。

　　从以上这些零星的记录，我们可以略窥早期弥陀净土信仰与修行状况的只鳞片爪，可知庐山慧远大师之前已经有了弥陀净土的修行者，也有了造弥陀像的行为。

初祖庐山慧远大师

　　慧远大师生于东晋成帝咸和九年（334 年），俗姓贾，雁门郡楼烦县人。十三岁时，他跟随舅父到许昌、洛阳一带游访参学，因精通六经、老庄，得众名流赏识。二十一岁时，慧远大师欲南下拜大学问家范宁为师，因时局动乱，未能成行；又闻得佛门大德释道安在太行恒山弘扬佛法，便与时年十八岁的胞弟北上，于受都寺跟随道安法师学习。道安法师是中国佛教史上具有划时代意义的重要人物，他勤修般若，重视翻译，制定了僧尼轨范，并提出僧人出家后应舍弃俗姓，改姓"释"，有"弥天释道安"的称法。慧远大师听道安法师讲解《般若经》之后感叹："儒道九流，皆糠秕耳。"于是兄弟二人同时于道安法师座下出家，其弟法号慧持。慧远大师精勤修学，见识深远，常得师父赞赏，认为日后大兴佛法的非慧远莫属。

　　晋孝武帝太元三年（378 年）动乱之际，为避乱兵，道安法师安排弟子们各自疏散，临行前个个叮咛嘱咐，唯独对慧远大师没有赠言。于是慧远大师上前问原因，师父答道："对你，我没有可忧虑的。"可见道安法师对他厚爱之深。离别之后，几经周转，太元九年（384年）路过浔阳时，见庐山幽静秀丽，适合修行，又恰与慧永相逢。当时陶范在庐山为慧永建西林寺，慧永力邀大师同在此处修道，大师应允了。

随着前来听法修学的人数增加，小小的西林寺已经容纳不下，于是慧永请求前来礼拜的江州刺史桓伊出谋划策，终得建成东林寺，大师时年五十三岁。东林寺内造了西方三圣像，又开水池，植莲华，水面还造立了随波而转的莲华钟，吸引了一批只求西方的僧俗道友，于是有了著名的"白莲社"，这也是后世净土集社的滥觞。

大师在庐山居住了三十二年，也留下了众多传奇典故。他从未出山，送客也以虎溪为界，一日送陶渊明、陆静修下山，因相谈甚欢，不觉已过虎溪，于是三人相视大笑，留下了"虎溪三笑"的典故，并有反映儒、释、道三家调和的名画"虎溪三笑图"传世。大师法相庄严，有意前来挑衅的僧人慧义闻大师讲《法华经》，竟汗流浃背，不能发问，于是叹服。荆州刺史殷仲堪拜访大师，于庐山北涧迎客松下赞叹其智慧深明，大师则赞叹他辩才如泉，于是此地被称为"聪明泉"。桓玄拜访慧远大师之后，也感慨是生平所未见的人物。成帝幼年，庾冰辅政，认为出家人也应该置于朝廷管理之下，需要依俗礼礼敬帝王，后来桓玄也有此意，致信大师。大师得知消息后，著《沙门不敬王者论》五篇，认为在家佛弟子应该遵从国法，敬君孝亲，但出家人是方外之人，不应以世法为准则，袈裟也不是朝拜之服，不应礼敬国主，后桓玄只得作罢。大师也曾与翻译大家鸠摩罗什书信往来，探讨法性、涅槃、般若等深义，被鸠摩罗什赞为东方护法菩萨。

义熙十二年（416年）七月，慧远大师出定时见阿弥陀佛与观音、势至等诸圣众光中现身，如《观无量寿经》中描述的一般，阿弥陀佛又道七日后他将往生西方。于是大师对弟子说明先前已有三次见佛的经历，此次必往西方无疑，继而卧床示疾，七日后入灭，时年八十三岁。

纵览慧远大师的一生，不乏传奇色彩，有的灵异处或许是后人增补的，但他无疑是定慧双修、以身作则的法门龙象。

庐山慧远的净土思想

慧远大师既是优秀的佛教领袖、精进的佛法行者，又是辛勤著述的佛理钻研者。据《高僧传》的说法，他著述十卷，五十余篇，尤以《沙门不敬王者论》《大乘大义章》等为代表。《沙门不敬王者论》由《在家》《出家》《求宗不顺化》《体极不兼应》和《形尽神不灭》五篇组成，其中《形尽神不灭》探讨的是形神关系这个永恒的哲学话题。《大乘大义章》又名《慧远问大乘中深义十八科并罗什答》，是慧远与鸠摩罗什探讨佛法义理时书信往来的汇编。

慧远大师的净土法门究竟得自何处，并没有定论，《宝王论》认为是得自佛驮跋陀罗，《净土晨钟》认为出于道安之师佛图澄，更有人以为是得自鸠摩罗什。考究其实，慧远大师所用的法门是道安系的教义与禅法合成的结果。他关于净土与念佛的思想反映在《念佛三昧诗集序》与《大乘大义章》中。慧远大师也念佛，但他的念不同于后世的持名口念，而是以观想念佛为主的念佛三昧：

> 又诸三昧，其名甚众，功高易进，念佛为先。何者？穷玄极寂，尊号如来，体神合变，应不以方。故令入斯定者，昧然忘知，即所缘以成鉴，鉴明则内照交映，而万象生焉。非耳目之所暨，而闻见行焉。于是睹夫渊凝虚镜之体，则悟灵相湛一，清明自然。察夫玄音以叩心听，则尘累每消，滞情融朗。非天下之至妙，孰能与于此哉？①

念佛三昧的着重点在"三昧"，念佛只是导入三昧的方法之一，不过它比别的方法更有效而已。文中描述的境界也是禅定中才能感知到的妙境，刘程之的传记中就说："入远公莲社，共修净土，坐禅注想，半载即于定中见佛。"

慧远大师还曾与鸠摩罗什探讨禅定所见之佛是真佛还是幻想，他认为如果将禅定所见喻为梦境，所见佛也成了个人的幻想，因此梦喻不太合宜：

> 《般舟经》云：有三事得定，一谓持戒无犯，二谓大功德，三谓佛威神。问：佛威神，为是定中之佛，外来之佛？若是定中之佛，则是我想之所立，还出于我了。若是定外之佛，则是梦表之圣人。然而神会之来，不专在内，不得令同于梦明矣。②

由上可知慧远大师宣扬的念佛法门结合了观想念佛、禅定与

① 见《乐邦文类》。
② 见《鸠摩罗什法师大意》（即《大乘大义章》）。

悟解佛理，并不是适合所有人修行的简易法门，这与后世净土宗宣扬的称名念佛的净土法门大异其趣。

白莲社中所依佛经也不是后来流行的净土三经，而是《般舟三昧经》，此外便是《法华经》，慧远大师还曾为《法华经》作过序言。刘程之的传记中就记载焚香礼佛祷祝词："我以释迦遗教，故知有阿弥陀佛，此香先当供养释迦牟尼如来，次供阿弥陀佛，复次供《妙法华经》，所以得生净土，有此经功德，愿令一切有情俱生净土。"后世多有依法华入净土门的高僧大德。

了解慧远大师的生平，读他的著作，我们可以明显地感觉到与通常所说的净土宗的差异，他被追认为净土宗初祖最重要的原因当数倡立白莲社，而白莲社的真伪又颇受质疑，如此看来，庐山慧远作为净土宗初祖的象征性意义或许要大于其实质。在日本净土宗的谱系中，慧远就被排除在外。日本净土宗祖师源空在《选择集》中将中国净土宗分为三流，其一便是东晋庐山慧远，该流的特点是侧重观想念佛及实相念佛，但它只是旁流，正宗还是善导流。

白莲社与十八高贤

白莲社的成立是中国佛教史尤其是净土宗历史上标志性的事件，也是慧远大师被后世推选为净土宗初祖的重要原因。净土宗又被称为"莲宗""白莲宗"，即源于此。但莲社一事的真伪颇受质疑。

按照净土宗广为流传的说法，元兴元年（402年），慧远大师在庐山邀集僧俗十八人成立白莲社，共期往生西方净土。这十八人是：慧远、慧永、慧持、道生、昙顺、慧叡、昙恒、道昺、昙诜、道敬、佛陀耶舍、佛驮跋陀罗、刘遗民、张野、周续之、张诠、宗炳、雷次宗，他们被称为"东林十八高贤"。同时入社的有一百二十三人，不入社的三人，《佛祖统纪》中列出三十七人之名。

慧远大师与百余僧俗弟子同修念佛三昧、共期西方是有文献可考的，但结莲社与十八高贤的说法直至宋朝才有完整的说法。北宋赞宁（919—1001年）在《结社法集文》中提到慧远大师等人"结白莲华社，求愿往生安养国，谓之莲社，社之名始于此也"，见于《乐邦文类》卷二。至于十八贤的说法始见于宋代陈舜俞《庐山记》中，经他加工成《十八高贤传》，现在常见的是经南宋志磐补治后载于《佛祖统纪》中的版本。经后代学者们考证，列入十八贤的人有的当时不在庐山，有的尚未到达，有的过于年幼，总之十八贤的说法是不可信的，多半为后人伪托。但虽是伪托，在净土宗信众中却也深入人心，视之为传奇故事，也可姑妄听之。

莲社之事虽然存疑，念佛求生西方的举动却不假。《出三藏记集》《高僧传》卷六的慧远传记中是这样写的：

> 彭城刘遗民、豫章雷次宗、雁门周续之、新蔡毕颖之、南阳宗炳、张莱民、张季硕等，并弃世遗荣，依远游止。远乃于精舍无量寿像前，建斋立誓，共期西方。

除了慧远，文中还提到了刘遗民、雷次宗、周续之、毕颖之、宗炳、张莱民、张季硕七人之名，除毕颖之外，其他六人都名列十八贤内。显而易见，他们都是当时的净土信仰者。传记内还录下了刘遗民撰写的发愿文，讲述了集会因缘与求生心愿：

　　惟岁在摄提（格），秋七月戊辰朔，二十八日乙未，法师释慧远，贞感幽奥，宿怀特发，乃延命同志息心贞信之士百有二十三人，集于庐山之阴般若台精舍阿弥陀像前，率以香华敬廌而誓焉。惟斯一会之众。夫缘化之理既明，则三世之传显矣。迁感之数既符，则善恶之报必矣。推交臂之潜沦，悟无常之期切。审三报之相催，知险趣之难拔。此其同志诸贤，所以夕惕宵勤，仰思攸济者也。

　　盖神者可以感涉，而不可以迹求，必感之有物，则幽路咫尺。苟求之无主，则眇茫河津。今幸以不谋，而金心西境，叩篇开信，亮情天发。乃机象通于寝梦，欣欢百于子来。于是云图表晖，影侔神造。功由理谐，事非人运。兹实天启其诚，冥运来萃者矣。可不克心重精叠思以凝其虑哉！

　　然其景绩参差，功德不一。虽晨祈云同，夕归攸隔。即我师友之眷，良可悲矣。是以慨焉。胥命整衿法堂，等施一心，亭怀幽极。誓兹同人，俱游绝域。其有惊出绝伦，首登神界，则无独善于云峤，忘兼全于幽谷。先进之与后升，勉思策征之道。然复妙觐大仪，启心贞照。识以悟新，形由化革。藉芙蓉于中流，荫琼柯以咏言。飘云衣于八极，泛香风以穷年。体忘安而弥穆，心超乐以自怡。临三涂而缅谢，傲天宫而长辞。绍众灵以继轨，指太息以为期。究兹道也，岂不弘哉！[①]

_____

① 见《高僧传》卷六。

　　从中可以得到的信息是：大众一百二十三人受慧远大师感召，于元兴元年（402 年）在庐山般若台精舍阿弥陀像前共同起誓，感于三世轮回、因果报应，发愿精勤修道，又幸得西方净土法门，立志于此，为免功德不一带来师友相隔的悲哀，故集合起誓，互相督促，以期众友同生净土为伴侣。后人为此次集会增加了不少细节的描写，甚至演绎出了莲社与十八贤的版本，虽不足为信，但也反映出慧远大师影响力之大，以及后人追慕古风的心意。

东晋的净土行者

　　跟随慧远大师一起发愿同期西方的这群人都是东晋时的净土

修行者，有关他们的资料较之西晋的先行者也更详细，我们可以据此来了解一下东晋时净土信仰的大致状况。

慧永是当年力邀慧远大师在庐山行化的西林寺僧人。他俗姓潘，河内人，十二岁时出家，拜竺昙现为师，后又服膺道安法师。因陶范相留，栖止与庐山西林寺，后邀得慧远大师同住庐山。他为人朴素自然，言语和蔼，善于讲经，又在山顶另建茅屋专供禅思，到过那里的人都说屋里有奇特的香味。慧永大师身边有一虎相伴，每当有客人来时，就把虎遣上山，等客人走后，老虎又温顺地回来。镇南将军何无忌在虎溪邀请慧永与慧远，慧远大师有从者数百人，容颜举动皆可观，而慧永独身前往，衲衣草履，执杖提钵，神气自若，恰如孔子赞子路"衣敝缊袍，与衣狐貉者立而不耻者"，更得人敬重。慧永也是西方净土的信仰者，义熙十年（414 年）染得重病在床，仍精勤不懈，颜色怡悦，后突然整肃衣裳，合掌欲起身，众人问缘故，他说佛来了，说完就离世了，终年八十三岁，山上的僧俗众人都闻到奇异香味，七天才消散。

僧济于晋太元中到庐山跟随慧远大师学习，深知法要，善于讲说，被慧远大师称赞是可以共同弘扬佛法的人。后来僧济在山中染得疾病，并至诚想念西方净土，想象阿弥陀佛。慧远大师送给他蜡烛，嘱咐他以西方为念，克期取证，以此因缘，他停下妄想，心下宁静，又请来众僧为他转《无量寿经》；至五更天，他将蜡烛转交同修僧人，自己稍事休息，做得一梦，梦见自己拿着一支蜡烛，于虚空中行，又看见阿弥陀佛接过此烛于掌中，顿时光照十方，醒来后为身边的人说梦中状况，自觉身体的疾病也已痊愈。第二天晚上，僧济站起来，目视天空，后又卧下，颜色欢悦，对众人说："我要走了。"侧身之际即已离世。

慧虔俗姓皇甫，少小出家，曾在庐山居住十年，义熙初年（405年）迁居嘉祥寺，修学刻苦，为众人的表率，后来生病卧床，一心专想极乐世界，祈求观世音菩萨。山阴北寺比丘尼净严梦中见观音菩萨从西郭门入城，询问得知是去嘉祥寺迎接慧虔。同一日，慧虔见到圣相，不久安然往生，被众人传为佳话。

僧叡是魏郡长乐人，十八岁时依止僧贤法师为师，博通经论，前秦建元十五年（379年）于长安得遇道安法师，跟随学习直至道安法师逝世，后又得事随鸠摩罗什，参加过译经，被视为罗什门下杰出的四大弟子之一。僧叡精通般若学，又坚决维护涅槃佛性说，也是净土的信仰者，可谓三学同修。关于他的净土信仰，《高僧传》卷六的传记中这样写道：

> 初叡善摄威仪，弘赞经法，常回此诸善，愿生安养，每行住坐卧，不敢正背西方。后自知命尽，忽集僧告别，乃谓众曰："生平誓愿，愿生西方，如叡所见，或当得往，未知定免，狐疑定不。但身口意业，或相违犯，愿施以大慈，为永劫法朋也。"于是入房沐浴，烧香礼拜，还穿床向西方合掌而卒。是日同寺咸见五色香烟，从叡房出。

由以上几例可以看出，东晋时不乏净土修行者，而现存记录中的修行者们都或多或少与庐山有着牵连。此外，后世的叙述往往爱强调或添加一些超日常的神秘因素，以增强修行者的信心，读者可以自行鉴别。

第五章

持名号善导立宗

（公元5世纪—7世纪）

- 昙鸾
- 隋朝的大师们
- 道绰
- 善导
- 净土称"宗"

　　按十三祖的谱系，唐代善导是继庐山慧远之后的二祖，两人之间相差近三百年，跨越了东晋、南北朝、隋、唐几个朝代。这段时间正是净土宗思想不断发展成熟的关键期，期间大师辈出，经典著述不断，直到善导集其大成，奠定了后世净土宗的根基。

昙　鸾

　　第一位要提到的大师是昙鸾，但在中国净土宗他并没有受到应有的重视。庐山慧远大师虽被尊为中国净土宗初祖，但真正奠定净土宗理论框架基石的是昙鸾。在日本，无论是净土宗还是净土真宗都将他奉为初祖，其重要性可见一斑。

1. 昙鸾的一生

昙鸾（476—542年），又作昙峦，自号玄简大士，生活于南北朝时的北魏和东魏。北魏太武帝于446年发起中国历史上第一次灭佛运动，历时七年，被压抑的宗教情感在太武帝被杀、文成帝即位后卷土重来，表现得越发炽烈，之后开凿石窟、兴建寺庙、组织"义邑"（民间一族一村的佛教组织），北魏境内的佛教活动异常活跃。在思想领域，佛教与道家、儒家既相互竞争，又各取所长，生机蓬勃，昙鸾恰恰生活在这样一个融合、酝酿的时代，得风气之先。

昙鸾是雁门人（今山西代县），出生于高族，一直对作为文殊菩萨道场的五台山充满向往之心，十四岁时，他登山访圣，结草为庐，祈望能看到真实圣境，后来如愿见到诸位圣贤，于是出家。另一个版本是他在五台山金刚窟见到神奇的征兆所以落发为僧。昙鸾出家后，潜心研习内外典籍，对中观、瑜伽行和佛性学说等都很有研究，当时正被热烈讨论的佛性"当有"还是"现有"的问题自不例外；此外诸子百家他无不涉猎，尤其喜好道家，对《庄子》和《抱朴子》等更是深谙熟知。

昙鸾在读北凉昙无谶所译《大集经》时，感觉此经词义深密，难以一时悟解，便想为它作注解，但是进行到一半时却感得气疾，只好停下来，四处寻医治疗。他到秦陵故城（即汉、魏、晋时的大陵县，今山西文水县北武陵村）时，在城东门仰望，忽然看见"天门洞开"，六欲天内天人生死轮转，或上而享天福，或下而降六道，都历历在目。有了这番神奇的体验，昙鸾的病也奇迹般地痊愈了，于是他想继续尚未完成的注解工作，但转念一想，人的生命短暂易逝，说不定何时就会命逝人亡，注经的心愿也不能完成，《神农本草经》等经籍中已经讲了服药可得长生甚至成仙，不如先修长生，再求佛法。主意已定，昙鸾便计划到江南拜访著名的道士陶弘景（456—536 年）学神仙方术，于是在梁朝大通（527—528 年）年间南游。

　　由于南北分峙，往来不便，昙鸾甚至被当成北朝派过来的间谍。当时梁朝在位的是极度崇信佛法的梁武帝萧衍（464—549 年），他断定来人不是图谋他的王位国土，又得知是北朝的僧人，便下令在重云殿召见昙鸾，由千迷道引入。梁武帝早早地坐在殿角的绳床上，身披袈裟，头戴衲帽，扮为僧人，昙鸾入殿后，四下看去，没有其他人，殿中摆着一张高座，几席拂尘，再无其他座位，于是直接升座，开讲佛性理论，三次问梁武帝："大檀越，佛性的道理很深奥，我已经粗略地讲述了，有什么疑问就请赐教。"梁武帝脱下帽子，提出自己的疑问，昙鸾进行解答，如此几番往复问答，天色已晚，于是梁武帝约定明日再见。昙鸾起身径直出殿，沿原路返回，途中二十几道门曲折回旋，他没有一次走错，梁武帝非常惊讶地说："这个千迷道，即使是在宫中多年的侍者都不免迷路，只走过一次的人竟然能不迷失。"第二天，梁武帝在太极殿正式接见昙鸾，并询问他南下的缘由，得知昙鸾的来意后，梁武帝告诉他，陶弘景是傲世隐遁的高人，多次征召都不肯前来，并允许昙鸾前往访问。昙鸾在建康给陶弘景写信，表明想学仙术的心意，得对方热情的回信后，前往拜访，得授仙经十卷。

　　昙鸾携经回北魏都城洛阳，准备修习疗养，恰遇北印度来的高僧菩提流支，于是向他询问佛法之中是否也有类似中土仙经所说的长生不死的方法。菩提流支对道教的长生术嗤之以鼻，认为道教所说的长生虽能延长一时的寿命，终免不了在三界中轮回，不可与佛教的法门相提并论，于是将《观无量寿经》授予昙鸾，并说："这是大仙方，按照经中所说修行，必定可以解脱生死。"昙鸾顶礼接受《观无量寿经》，并将从陶弘景处得到的仙经付之一炬，接受了弥陀净土信仰，从此中国佛教史上多了一位净土宗高僧。

此后的昙鸾精修净业，自行化他，影响很广，被孝静帝尊称为"神鸾"，并为他建"并州大寺"。晚年时，他移住汾州北山石壁玄中寺（今山西交城县西北），玄中寺也成了净土宗的祖庭之一，直到唐代仍是传扬弥陀净土的中心。昙鸾曾在介山（即绵山，近山西介休县内）之阴聚众讲学，传教之处被称为"鸾公岩"，可见受人爱戴。魏兴和四年，昙鸾于平遥山寺圆寂，时年六十七岁，临终之日，"幡花幢盖高映院宇，香气蓬勃，音声繁闹"。

昙鸾留下的主要著作有《往生论注》两卷、《略论安乐净土义》一卷、《赞阿弥陀佛偈》，其中《往生论注》最完整地表达了昙鸾的净土思想，后人研习净土宗、学习《往生论》，都绕不开这本重要的注解。

2. 二道二力说

昙鸾提出的"二道二力"说一直是净土宗判教的基本框架。"二道二力"，简而言之就是靠自力的难行道与靠他力（常说的佛力）的易行道，净土宗便属于后者。

纵览佛教各宗各派的修行解脱之道，大多强调跳出生死轮回得解脱不是容易的事情，不但耗时久远，更是艰苦卓绝。不要说今生今世，即使来生来世恐怕都难有消息，动辄恒河沙数阿僧祇劫，修行的辛苦更是常人难以承受的，"不经一番寒彻骨，哪得梅花扑鼻香"便是悟道后的禅僧的感叹。净土宗却不按这样的修行模式走，而是另辟蹊径，名为"易行道"，与其他"难行道"相区别。

易行与难行的区分在龙树菩萨《十住毗婆沙论》卷五《易行品》中已经出现：

> 佛法有无量门，如世间道，有难有易，陆道步行则苦，水路乘船则易。菩萨道亦如是，或有勤行精进，或有以信方便易行，疾至阿维越至者。

阿维越至，又译为阿毗跋致，意思是不退转。龙树认为求阿维越至分难行、易行二道，其中易行是通过"信方便"来成就的，具体而言是以恭敬心称念"十方诸佛"，并非专对弥陀净土而言。昙鸾将龙树的二道说进一步丰富扩展，形成了自己的"二道二力说"。在《往生论注》卷上中他指出：

> 谨案龙树菩萨《十住毗婆沙》云：菩萨求阿毗跋致，有二种道：一者难行道，二者易行道。难行道者，谓于五浊之世，于无佛时，求阿毗跋致为难。此难乃有多途，粗言五三，以示义意：一者外道相善，乱菩萨法；二者声闻自利，障大慈悲；三者无赖恶人，破他胜德；四者颠倒善果，能坏梵行；五者唯是自力，无他力持。如斯等事，触目皆是。譬如陆路，步行则苦。易行道者，谓但以信佛因缘，愿生净土，乘佛愿

力，便得往生彼清净土。佛力住持，即入大乘正定之聚，正
定即是阿毗跋致。譬如水路，乘船则乐。

难行道如陆路步行，易行道如水路乘船，这与龙树是一样的
说法，但昙鸾的易行道不是浮泛地念十方诸佛，而是在区分净土
和秽土的前提下，提倡专念阿弥陀佛，宣扬西方极乐净土。难行
道之所以难，因为全凭自力；易行道则不然，有佛力加持，自然
事半功倍。于是最关键的问题就落在：佛力是否真实可信？

昙鸾的回答是肯定的。他依据《无量寿经》四十八愿中第十
一、十八、二十愿，认为依佛愿力，必可往生，否则四十八愿都
成徒设，因此对他力即佛的本愿力应具信心。对于他力，昙鸾在
《往生论注》卷下中也做了精彩的比喻：

又如劣夫跨驴不上，从转轮王行，便乘虚空游四天下，
无所障碍。如是等名为他力。愚哉！后之学者。闻他力可乘，
当生信心，勿自局分也。

他力就像更便捷快速的交通工具，一旦乘上，费力极小，功
效却胜于自费苦力。他力这种快捷工具的存在是因为诸佛有本愿
力，就弥陀净土而言，是因为阿弥陀佛成佛之前有四十八大愿，
"愿以成力，力以就愿"，愿力合一，故称本愿力。至于本愿力是
有是无，属于诸佛不可思议之神通，只能靠信仰来解决，所以净
土三资粮"信、愿、行"中以信为先导。

二道二力说虽然借鉴了龙树的二道说，但如此成功地嫁接成
净土宗的判教理论，实在是昙鸾创造性的发挥，因此说昙鸾才是
净土宗真正的理论奠基人。

3. 往生即无生

提倡西方净土便免不了要面对来自传统佛教理论方面的质疑，佛以"苦"和"空"立教，说"诸行无常、诸法无我、涅槃寂静"，当下的"我"是空，"我"生活的世界也是空，净土宗却要大张旗鼓地讲西方极乐净土的美妙，引导人们将在现实世界不能满足的心愿推迟到死后的世界去实现，提出"往生"的说法。万法本空，无生无灭，又哪里来的往生呢？昙鸾面对这样的质疑，给出了"往生即无生"的解答。

昙鸾先对无生如虚空的含义进行辨析，第一种是凡夫的见解，以为生死是实有，无生便是实无，就如同乌龟没有长毛，虚空一无所有，这种观点执着于实有实无，既是无生，便不能说往生；第二种是从诸法因缘所生的角度来解释无生与空，万事万物都因缘和合生起，缘散则灭，没有一物等脱离其他条件而存在，所以说万法无自性，任何事物都没有属于自己的恒常不变的属性，所以说"空"，性空就是无自性。说空并不是否认事物现象上的假有，而是在承认现象假有的同时，认清它在本质上是各种因缘条件聚合才呈现的，性空是当体空，而不需要等缘散物灭后再说空。昙鸾正是从第二种理解出发提出"往生即无生"的说法。

往生既是性空，也是假有，既是无生，也是生。这样的说法听起来过于玄妙，换成类比的说法可能更好理解：普通人以为生死、万物都是实有，而按佛教的说法，这些是空、无生；而往生净土，不管是真的生到十万亿佛土之外的西方极乐世界去，还是仅从心的层面来说，都符合佛教的因缘法，所以往生是无生。但一般人头脑中的往生还是有具体形象的，实有一物从实有的此土生到实有的彼土，即往生不能是像龟毛兔角之类无中生有的幻想，它即使是空、是假有，也必须具有我们生活的世界一样程度的实在性，在这样的基础上才说它的空和假有。这种程度上的往生能否成立呢？这个问题一直争论不休。此外，昙鸾还指出弥陀净土是"无生之生"，它法性清净，不同于三界虚妄的生，所以往生弥陀净土即是往生于无生界。

4. 称名念佛

昙鸾的另一贡献是对称名念佛的重视。念佛作为一种修行的方法在《阿含经》中就已经出现了，具体而言，念佛又有实相念佛、观想念佛和称名念佛的区别。在昙鸾的著述中，这三种念佛的方法都有论及。

首先说实相念佛。实相是大乘佛教的核心概念，与虚妄相相对，指的是宇宙万物的真实本相，它离言绝想，离诸心行，不易把捉。无相之实相又如何念呢？昙鸾提出"广略相入"，将《往生论》中的二十九句分成两类，其中国土庄严十七句、如来庄严八句、菩萨庄严四句为广，入一法句为略，又创造了"法性法身"和"方便法身"的说法，方便法身是"广"，法性法身是"略"，后者即是实相。广略相入的提法试图引导人们从净土的相中去忆念实相，但具体修行起来颇为不易。

再说观想念佛。庐山慧远的念佛三昧就属于此类，《观无量寿经》中的十三观描绘得更细致深入。观想念佛涉及一个问题：观中所见之佛是客观真佛，还是主观想象之佛？这也众说纷纭。昙鸾则引用《观无量寿经》原文的说法："诸佛如来是法界身，入一切众生心想中。是如汝等心想佛时，是心即三十二相、八十随形好。是心作佛，是心是佛"，主张观想之佛既由心生，又是阿弥陀佛法界身的显现，如水清则色相现，二者不可分离，心如水，阿弥陀佛相好身如色相，二者不一不异。这也是一种圆融的解决办法。落实到实修中，观想念佛之难也是可以想见的。

最后说称名念佛。称名念佛也叫持名念佛，即出声或不出声念阿弥陀佛的名号，这也是后世净土宗最具代表性的法门，一提念佛，人们下意识想到的便是称名念佛，念的内容一般是"阿弥陀佛""南无阿弥陀佛"等。昙鸾在其著述中并没有明确地列出三种念佛的方法，而只是做了"口念"与"心念"的区分，口念自然是指称名念佛，心念佛名也涵括在称名念佛之内，而实相念佛、观想念佛都只属于心念的部分，可见在昙鸾这里，原本只是作为念佛三昧附属物的称名念佛逐渐独立出来，变得重要。从实行的难易程度看，称名念佛确实比其他两种方法更容易让人接受、修行，要想化导更多的信众，提倡称名念佛自然是明智之举。

关于念佛，昙鸾还对"十念"有过解说。"十念"在弥陀经典中时常出现，究竟如何算是十念呢？是指一生念十次，还是十口气念、十时念？昙鸾以为十念并非专就数或时间而言，而是求"业事成办"，需多念。在《略论安乐净土义》中，他说"如是不杂心，名为十念相续"，不是光多念就行，还需要有为生死所迫的真切心，专心无杂想地念，可见"十念"说来简单，行来不易。后世解释"十念"多依昙鸾的思路。

5. 弥陀为咒

昙鸾还首次提出"阿弥陀佛"四字是咒语的说法。咒语之类在大乘经典中屡见不鲜，密教中更是强调咒语的神奇功效，但是汉地佛教的关注点较少落在咒语上。密宗供奉"五方佛"，西方极乐世界阿弥陀佛便是其一，而观音菩萨也是密部四大菩萨之一，在这样的背景下说"阿弥陀佛"是咒语自然没有疑义。但是换到汉地净土宗的背景之下，这样的说法倒是显得很独特。

昙鸾在《往生论注》卷下中举了四个例子证明咒语有神奇功效，一是《禁仲辞》中的消肿咒，二是《抱朴子》中的九字咒，三是他亲身经历过的呼木瓜名治愈转筋，四是《楞严经》中涂药灭鼓的比喻，这些例子反映出昙鸾确实对道教有研究。"阿弥陀佛"四字就如这些例子中咒语一样，有它的神奇，只是世间的咒语主要用来祈福消灾，密宗念阿弥陀佛为了即身成佛或禳灾祈福，净土宗念阿弥陀佛则为了依佛本愿力往生净土。虽说念佛也有一些现世的功效与灵验，但这并不是净土宗念佛人最关心的，佛经中允诺的念佛的最大功效死后方可印证，因此"阿弥陀佛"四字是咒也罢，不是咒也罢，并不妨碍现实的修行，只管念去便好。

隋朝的大师们

自 581 年隋文帝杨坚创国至 618 年唐高祖李渊篡隋称帝，短命的隋朝只存活了三十余年，因此本节介绍的大师们都经历过至少一次的改朝换代，由于他们都在隋朝佛教的历史舞台上活跃过，在此一并介绍。

1. 净影慧远

净土宗历史上有两个著名的慧远，一是初祖东晋庐山慧远，二便是隋朝净影慧远。净影慧远（523—592 年）俗姓李，敦煌人，为区别于庐山慧远大师，被称为隋慧远、隋远等，因后来居住于净影寺，又称净影寺慧远、净影慧远。

净影慧远十三岁随僧思禅师出家，博涉大小经论，擅长说法，是有名的义学僧人，曾与废佛的北周武帝辩论过佛教废存的问题。隋朝建国后，文帝杨坚邀请他主持长安的净影寺，事业声望如日中天，他于开皇十二年（592 年）辞世。

净影慧远博览群宗，勤于著述，据《续高僧传》的说法，"所流章疏五十余卷，二千三百余纸，纸别九百四十五言"，所以被称为"疏王""释义高祖"，是当时名副其实的佛教集大成者。他的著述有《大乘义章》二十六卷、《十地经论义记》十四卷、《华严经疏》七卷、《大般涅槃经义记》二十卷、《法华经疏》七卷、《维摩经义记》四卷、《胜鬘经义记》三卷、《无量寿经义疏》一卷、《观无量寿经义疏》一卷等，其中《大乘义章》最负盛名。净影慧远是一位百科全书式的佛学义僧，对地论学派南道系、涅槃佛性说等都有深入的研究，据《续高僧传·灵干传》载，他信仰弥勒净土，上生兜率天宫。但在弥陀净土信仰的历史上，他也是一位举足轻重的人物，《大乘义章·净土义》一章精细地论说了弥陀净土，《无量寿经义疏》更是此经最早的注疏本，《观无量寿经义疏》也广为流传。

净影慧远的三身三土说是他对净土宗理论的重要贡献。佛的三身说在《摄大乘论》《金光明最胜王经》等经中已有明文，名为自性身（法身）、受用身（应身）和便化身（化身），而《地经论》中则说"三佛"——法身佛、报身佛、应身佛，净影慧远在《观无量寿经义疏》中则说真身（包括法身和报身）、应身（八相现成）和化身（随机现起），从体、相、用来说三身，也讲《金光明经》和《地经论》中不同说法会通起来。一佛一净土，三身佛也有三净土与之对应，这便是净影慧远的三土说。

三种净土即事净土、相净土和真净土。事净土是凡夫所居之土，又有求有漏善业所得净土与求无漏善业所得净土两种差别，三界诸天所居所前者，安乐国、《维摩诘经》中的香积国等属于后者，事净土属于化身之土。相净土是声闻、缘觉及菩萨所居之土，其中二乘自利与菩萨化他所居也有差别，相净土对应应身之土。真净土则是初地以上及诸佛所居之土，实性缘起，妙净离染，常恒不变，真净土有离妄之真与纯净之真两种，前者菩萨所居，仍与妄合，后者佛如来所居，纯真无杂。真净土又可以分成法性土、实报土（此二者合称真土）、圆应土（又称应土、应化土），佛以三身分别依三土：法性之身依法性土，实报之身依实报土，应化之身依应土。如此细致地划分净土的层级，可以表明不同的业因所感国土优劣有别。具体到西方极乐净土，按照净影慧远的区分，也只是凡夫所感的事净土；就佛而言，只是阿弥陀佛随机化导众生的应化之土。阿弥陀佛的真土另有所在，对于这个结论，持有不同意见者大有人在，相关辩论后世不时涌现。

2. 智顗

智顗（538—597 年）是佛教天台宗实际的开宗之祖，在天台宗的祖师谱系中被列为四祖。他俗姓陈，祖籍颍川（今河南许昌市），后迁荆州华容（今湖北监利县西北），十八岁时出家，后随慧思参学。隋开皇十一年（592 年）受时为晋王的杨广邀请至扬州，为其授菩萨戒，得赐"智者"之号，故后世都称他为"智者大师"，开皇十五年（597 年）辞世。智者大师生前造寺度僧，传业不辍，著作等身，其中《法华经玄义》《法华经文句》《摩诃止观》世称"天台三大部"，《观音玄义》《观音义疏》《金光明经玄义》《金光明经文句》《观无量寿经疏》被称为"天台五小部"。

史传智者大师深信弥陀，恒修般舟常行三昧，据《智者大师别传》记载，他临终时右胁西向而卧，专称弥陀、般若、观音，最后唱《法华》《无量寿》两部经。听完《无量寿经》，他赞叹道："四十八愿庄严净土，华池宝树，易往无人，火车相现，能改悔者，尚复往生，况戒慧熏修耶？行道力故，实不唐捐，梵音声相，实不诳人。"又说："吾诸师友，侍从观音，皆来迎我。"在弘扬弥陀净土方面，署名智者大师的著述有《观无量寿佛经疏》《阿弥陀经义记》《净土十疑论》《五方便念佛门》等，其中《净土十疑论》影响深远，被明代藕益智旭列为《净土十要》之一。但几部书是否为智者大师所作也颇受怀疑，此处暂依传世之说，将之归于智者大师名下。

在佛教诸宗中，净土法门至为简便易行，允诺的功效却远胜过其他历尽千辛万苦的修行方法，因此它也最容易招人质疑问诘，只要能去疑生信，净土修行中最关键的一步就算完成了。《净土十疑论》恰恰是看准了这一点，提炼出针对净土宗的十个常见的疑问进行解答，破而立之。这些问题直到今天仍是很有代表性的：

第一疑：诸佛菩萨以大悲为业，若欲救度众生，只应愿生三界，于五浊三涂中，救苦众生。因何求生净土自安其身，舍离众生则是无大慈悲，专为自利障菩提道？

第二疑：诸法体空，本来无生，平等寂灭。今乃舍此，求彼生西方弥陀净土，岂不乖理哉？又经云："若求净土，先净其心，心净故即佛土净。"此云何通？

第三疑：十方诸佛，一切净土，法性平等，功德亦等。行者普念一切功德，生一切净土。今乃偏求一佛净土，与平等性乖。云何生净土？

第四疑：等是念求生一佛净土，何不十方佛土中，随念一佛净土随得往生，何须偏念西方弥陀佛耶？

第五疑：具缚凡夫，恶业厚重，一切烦恼，一毫未断，西方净土，出过三界，具缚凡夫，云何得生？

第六疑：设令具缚凡夫，得生彼国，邪见三毒得常起，云何得生彼国，即得不退，超过三界？

第七疑：弥勒菩萨，一生补处，即得成佛；上品十善，得生彼处，见弥勒菩萨，随从下生，三会之中，自然而得圣果，何须求生西方净土耶？

第八疑：众生无始以来，造无量业，今生一形不逢善知识，又复作一切罪业，无恶不造，云何临终十念成就，即得往生，出过三界结业之事。云何可通？

第九疑：西方去此十万亿佛刹，凡夫劣弱，云何可到？又《往生论》云："女人及根缺，二乘种不生。"既有此教，当知女人及根缺者，必定不得往生？

第十疑：今欲决定求生西方，未知作何行业？以何为种子，得生彼国？又凡夫俗人，皆有妻子，未知不断淫欲，得生彼否？

这些问题个个一针见血，直切要害，书中给出解答也不含糊，用二道二力说来回答往生西方的真实可行性，批判十念往生为别时意的说法，更用"一念三千"的观点说明"动念即是生净土时"。《净土十疑论》也为后世解答类似的疑问提供了一个可用的理论框架。

《观无量寿佛经疏》中有四土之说，即凡圣同居土、方便有余土、实报庄严土和常寂光土，智者大师的《维摩经疏略》也提到了四种净土的说法。凡圣同居土是六凡四圣的众生所居，有秽土和净土之别，相当于净影慧远所说事净土；方便有余土是二乘与地前菩萨所居，相当于慧远所说相净土；实报庄严土是菩萨所居，相当于真净土中的离妄真净土；常寂光土是佛之依处，相当于真净土中的纯净真净土。凡夫往生极乐世界所到便是凡圣同居土，其他三土并无缘进入。四土的说法虽脱胎于净影慧远的三土说，却显得更为简洁明了。

3. 吉藏

吉藏（549—623 年）是佛教三论宗的再兴之祖，俗姓安，祖上为安息人，因避世仇迁至金陵，所以他又被称为安吉藏、胡吉藏。吉藏七岁时随法朗出家，后居于浙江会稽（今浙江绍兴市）嘉祥寺说法著书，故世称"嘉祥大师"。又受隋炀帝敕命，移住扬州慧日寺、长安日严寺。唐初，吉藏被征为高祖所设统领僧众的十大德之一，备受唐王室敬重。晚年住延兴寺，唐武德六年（623 年）圆寂，寿七十五。他的代表作有《中论疏》《十二门疏》《三论玄义》《大乘玄义》《二谛义》等，更著《无量寿经义疏》《观无量寿经义疏》各一卷，用三论学来阐释净土思想。

吉藏对佛三身、四土说比较关注。关于佛的三身，他用的是"正法佛""修成佛"和"应化佛"的说法。在他看来，阿弥陀佛与释迦牟尼佛都属于应化佛，而不是修成佛，即否认他们是报身佛。阿弥陀佛意为无量寿佛，寿命无有限量，吉藏却认为阿弥陀佛寿命也有定限，也将灭度，因为观世音与大势至都是补处菩萨，将依次递补在极乐世界成佛。这种说法虽然合理，却不利于争取信众。吉藏也说四土，依次命名凡圣同居土、大小同住土、独菩萨所住土、诸佛独居土，以弥陀净土为凡圣同居土；另外，他还从净不净的角区分五种土：净土、不净土、不净净土、净不净土、杂土。按照吉藏的划分，弥陀净土远不像后世宣扬的那样殊妙绝伦，而仍是三界之中较为初级的净土，才有进入的简便阶梯。

说到净土宗具体的修行方法，吉藏重视的是观想念佛，念的内容从念佛法身到念佛生身，念佛生身又有只念佛与通念的差别，通念有五种，念佛、徒众、国土、时节、教门等，称为通念佛三昧，只念佛则称为别念佛三昧。要往生极乐净土，除了修念佛三昧，十六观与三福也是重要的净土因。《观无量寿经》中所说净业三福被吉藏依次解读为三善——旧善、佛客善、大乘善，十六观与三福是往生净土的正因正果，而"十念"的提法关键在发菩提心。

吉藏的净土思想显然不同于昙鸾，也不同于后世主流的净土宗，称名念佛的方法在他这里并没有受到重视。

以上三位祖师在各自修学的领域都有大成就，并不是净土宗的专研专修者，但是当我们沿着净土宗发展的脉络审视时，目光却又不可避免地要在他们身上停留片刻。三人的故事和思想都极其丰富精彩，但在本次净土宗主题之下就只能遗憾地从略介绍了。

道绰

　　道绰（562—645 年）是一位承上启下的净土宗大德，虽未被列入中国净土宗十三祖的序列，但在日本佛教谱系中却占有一席之地，被日本净土宗与净土真宗同尊为中国净土宗的二祖。

　　道绰俗姓卫，并州汶水（今山西文水）人，十四岁出家，对《大涅槃经》深有研究，并对众讲过二十四遍。后从瓒禅师学习禅法，颇有声名。隋大业五年（609 年）年，四十八岁的道绰来到山西汶水玄中寺，这也是当年昙鸾法师晚年居住的寺庙，寺中存有介绍昙鸾弘扬净土行迹的石碑，道绰读后颇受触动，也开始修行净业。此后道绰多次目睹西方灵相，由此也声名远扬，从者云集。道绰常讲《无量寿经》，多达两百遍，又喜欢以事为喻，讲得深入浅出，让听者各有所得。每次散席时听法众人掐着念珠，异口同声高念佛号，声音响彻林谷，可见声势之盛。也有不服气存心来挑衅的，但一见到道绰庄严和善之相，顿时为之折服，默然归向。

　　贞观二年（628 年）年四月初八，道绰自觉不久于人世，告知大众，闻讯而来的人将山寺挤得水泄不通。众人都亲身闻见昙鸾法师在七宝船上对道绰说："你的净土堂已经成就，但在世间的业报尚未完了，还需要在此间住持。"此时，空中有化佛散花，其花薄滑可爱，男女大众用裙襟承受，有人将所获莲花插在干地之上，七日才枯萎凋谢，此类神奇灵验的事还有不少。此后已经年过七十的道绰竟然如孩童般换了新牙，神清气爽，容光焕发，说起法来更是理味奔流。

　　道绰喜欢劝人念阿弥陀佛的名号，用麻豆之类记数，每念一声就数一粒，念得多的积豆八十至九十石，中等的得五十石，最少的也有三十石，如此积计数百万斛，这被称为"小豆念佛"。道绰还教人穿木槵子（又名木栾子）作数珠以便念佛记数，他也常自己制作念珠赠送给信众，后世戴念珠念佛记数便是从他传下去的。道绰常向西而坐，每日闲暇之时都用来念佛，以七万声为限。贞观十九年（645年），道绰自知时至，四月二十四日与道俗众人道别，三日后往生。

道绰不仅身体力行，在大众中传播净土法门，更著有《安乐集》两卷，引经据典阐发净土教义。他上承昙鸾，下启善导，是净土宗历史上的重要人物。

1. 圣道门与净土门

昙鸾继承龙树的思想，区分了易行道与难行道，易行道指净土法门，难行道指其他的法门，道绰则改称圣道门与净土门，二分的实质不变，但提法变得更为准确，净土的地位也凸显了出来。道绰将二门与末法思想结合起来，使净土法门变得更有说服力，也有更强的宗教色彩。

佛教认为，释迦牟尼佛离世之后，世间的佛教将经历正法、像法和末法三个阶段。正法离佛灭不远，有教有行，众人障轻，容易成就；像法时人心已不古，有教有行，证果的却是十里挑一；末法时去佛日远，世间浊恶，法已衰微，有教而无行，亿万人中也难有一个成就者。关于三个时代的长短有不同的说法，最通行的观点是正法五百年，像法一千年，末法一万年。若以公元544年为佛陀涅槃之年，道绰所处的时代尚未进入末法。《阿弥陀经》中又说"五浊恶世"，指劫浊、见浊、烦恼浊、众生浊、命浊，于是道绰将五浊恶世与末法时代联系起来，称为"末法五浊"。

既是末法，众人的根器自然比不得古人，多是机解浮浅暗钝，加上浊恶世界碍缘多，助缘少，想要成就更是难上加难。佛经中虽然开示了各种殊胜的法门，但大多不应末法众生之机，一念便能消除八十亿劫生死之罪的净土法门成了最佳之选。道绰引用《俱舍论》难行道、易行道的说法，也引用昙鸾《往生论注》中二道二力说，他的高明之处在于强调教与时、机相应，而不仅仅突出净土法门的易行。

由二道上升为二门也独具匠心。在《安乐集》卷上中，道绰是这样说的：

> 何者为二？一者圣道，二谓往生净土。其圣道一种，今时难证。一由去圣遥远，二由理深解微。是故《大集月藏经》云：我末法时中，亿亿众生起行修道，未有一人得者。当今末法，现是五浊恶世，唯有净土一门，可通入路。

往生净土的一法竟能以一敌百，与其他所有的法门相提并论。更重要的是，按照道绰的末法说，难行几乎等于不行，难行道也就形同虚设了，往生净土成为唯一可行的解脱方法。道绰一方面宣扬净土法门的殊胜，劝导众人信仰；另一方面又积极护教，防止对净土法门的诽谤，在《安乐集》卷下中更痛陈诽谤净土的恶果。

2. 净土为报

阿弥陀佛是报身还是化身？极乐净土是报土还是化土？这类问题隋代慧远、吉藏、智者大师等都已经讨论过，道绰对此也极为关注，表达了不同的见解。

道绰认为净土中成佛的都是报身，秽土中成佛的都是化身，阿弥陀佛是报身佛。虽然《鼓音声经》中说阿弥陀佛的父亲名月上，母亲名殊胜妙颜，但道绰认为这里的阿弥陀佛是化身佛，不同于极乐净土的阿弥陀佛。至于《观音授记经》所说阿弥陀佛灭度，并非是真的涅槃，而是阿弥陀佛的报身现隐没相；阿弥陀佛的寿量也无限。

道绰对报土和化土也进行了区分。在他看来，从真垂报的是报土，"真"即法性、真如，化土则有"无而忽有"之化土与"隐秽显净"之化土两种，报土可以长时存在，而化土只是一时变现，不能持续。报土又有性土和相土两种，性土指法性净土，体性平等，无生无灭；相土指楼阁宝树等庄严之相。弥陀净土既是性土，又是相土，上辈依真谛修行往生性土，中下依俗谛修行往生相土，凡圣通往。

这里涉及一个重要的问题，即净土与心的关系，大乘佛教说"心外无法""诸法空寂"，那净土究竟如何安立呢？道绰引入真俗二谛的说法，真谛离言绝相，为圣智所见的真实理性；俗谛则为因缘法中的世间事相：若摄缘从本，即是心外无法；若分二谛明义，净土无妨是心外法也。

这个回答圆融而明了。从根本上看，万法都是心内法，极乐净土如此，我们的娑婆世界也不例外；但若从真俗二谛看，不妨认为极乐净土是心外法，如娑婆世界虽说不出一心，但对身处其中的众生而言，总是认为世界有形有相，外于我身、我心而在，极乐净土也如此，只是它不能凭凡夫的感官加以确认。这就是后世时常讨论的唯心净土与西方净土的问题，谈禅的大多不喜欢设西方净土，而净土宗的祖师们则愿意留着一个有具体形象、方位的西方世界供信众们歆慕追求。

此外，常有人认为追求净土也是着相的表现，与佛教基本教义相违，道绰认为：

凡相有二种：一者，于五尘欲境，妄爱贪染，随境执着，此等是相，名之为缚；二者，爱佛功德，愿生净土，虽言是相，名为解脱。

相与相也是有差别的，执着于某些相会让人增长贪爱之心，这些相应该远离；而爱佛功德、愿生净土不属此类，这就是《涅槃经》中说的善爱与不善爱，愚者追求不善爱，菩萨追求善爱。如果一棒子将所有的相都打死，修行解脱也就无从谈起了，所以道绰也说，中下辈的人不能破相，要依信佛因缘求生净土，居于相土。

3. 极乐殊胜

道绰笔下的极乐净土无比殊胜，非其他国土可比。极乐净土远胜于秽土，我们生活的娑婆世界就属于秽土，这里苦难充满，灾难横行，三毒炽盛，实为可厌；相比之下，极乐净土中，"行则金莲捧足，坐则宝座承躯。出则帝释在前，入则梵王从后。一切圣众与我亲朋，阿弥陀佛为我大师。宝树宝林之下任意翊翔，八德池中游神濯足。形则身同金色，寿则命与佛齐。学则众门并进，止则二谛虚融。十方济众则乘大神通，宴坐暂时则坐三空门。游则入八正之路，至则到大涅槃"，净土的快乐除了身心上的轻松愉悦，更重要的是与诸佛圣众同行同修得解脱的出世之乐。厌恶秽土，钦慕净土，并不是自私者的行为，而是自利后利他的智慧之举。如有人溺水，不会游泳的人贸然跳下去，非但救不了人，还让自己处于不必要的险境，给后来的救援者增加负担。所以先求往生净土，有了能力之后再来救度众生才是合宜的举动。

极乐净土胜过秽土，这是一目了然的，但是极乐净土是否就比兜率天的弥勒净土更殊胜呢？这是见仁见智的问题，道绰给出了肯定的回答。首先，兜率天仍属于欲界之内，往生的人还是有可能耽于欲乐，闻法不信，还是会退转，回到三界六道中轮转。其次，兜率天众生寿命有限，约四千岁，命终还退。最后，兜率天中的音乐仍属于五欲之乐，无益于修行。

十方净土无量无边，为什么单提西方极乐净土呢？因为从修行者看，所谓"多则惑，少则得"，若遍赞十方，难免让学者无所依止，在选择中耗费过多的精力，以至于不能专心致志地修行，加上阿弥陀佛与此土有缘，诸经中多有赞叹，所以选择极乐净土作为凝注众人的关键点。

极乐净土的选定不是随意的，道绰依据《华严经·寿量品》中的描述："此娑婆世界释迦牟尼佛一劫，于极乐世界阿弥陀佛刹为一日一夜……"认为极乐净土是净土之初门，容易得生，所以诸佛多劝往生。另外，从空间上看，斯诃为秽土之始，娑婆世界为秽土之中，极乐净土则为净土之始。极乐净土离娑婆世界最近，所以是最合适的往生之地。由此看来，道绰笔下的极乐净土并不是十方净土中最殊胜的，仅是净土初门；但它与此土最有缘，也最容易往生。从这个角度看，它确实比十方净土更殊胜。

4. 称名为正

道绰的往生方法以念佛三昧为重，强调称名念佛，兼及其他。

中国净土宗

脉络

只要是能归于净土门的方法，不论是实相念佛，还是普通的善行，道绰都提倡鼓励，他坚持的要点在于净土门不排斥自力，但是反对全仗自力、不知他力的圣道门。关于自力与他力，道绰的说明也很明确：

诸大乘经所为一切行法，皆有自力他力、自摄他摄……在此起心立行，愿生净土，此是自力。临命终时，阿弥陀如来光台迎接，遂得往生，即为他力。

弥陀来迎的他力属于增上缘，往生净土也需要修行者自身起心立行，因此净土宗虽讲他力，却不全依他力。

在各种方法中，最利于往生的莫过于念佛三昧，道绰比较了念佛与诸善二行优劣，认为诸善为劣而废之，念佛为胜而立之，即"二行废立"。有的三昧则只能除三毒之一或只能于一时一世发挥作用，念佛三昧则不然，它能除三世一切诸障。另外，念佛三昧还能使人延年益寿，带来现世的利益，而不仅仅是保障死后的往生。念佛三昧还涵摄了一切六度四摄，能感召无上菩提。

道绰所说的念佛三昧仍是笼统的称法，包含实相念佛、观想念佛和称名念佛，其中又以观想念佛为主要内容。道绰将念佛三昧分为两种：一是一相三昧，二是一行三昧。前者主要指观想念佛，又被道绰称为"观佛三昧"；而后者是附属于三昧的称名念佛。一行三昧具体行法是："在空间处，舍诸乱意，随佛方所，端身正向，不取相貌，系心一佛，专称名字，念无休息，即是念中能见过、现、未来三世诸佛。"道绰虽然重视观想念佛，但末世凡夫智浅根陋，观佛形相与国土等也属不易，所以他强调称名念佛。

道绰将修行方法分成"正学"和"兼学"，正学是修行的主要功课，兼学则是辅助的方法。在佛涅槃后的一千年中，学定、慧为正，称名为兼；而在此后则是称名为正，其他为兼，这也是结合了末法、根器、应机的说法。将称名念佛提到正学的位置，这是道绰的创举，为后世广泛传播的净土宗打下了基础。《阿弥陀经》中指出念佛到"一心不乱"得往生，那散心念佛能否有同样的功效呢？隋慧远等前贤们都认为散心念佛力量微薄，不能往生，道绰却说："若人散心念佛，乃至毕苦，其福不尽。"虽然没有直接阐明散心可得生，却已经为下层信仰者们保留了希望。

道绰身体力行，是弥陀净土坚定的宣扬者，与净土法门相关的重要问题他都有所论述，尤其倡导称名念佛是正学，对后世净土宗走向民间影响巨大。

善　导

善导是继庐山慧远之后的第二位净土宗祖师，继承和发扬了昙鸾、道绰的思想，是净土宗历史上的一位集大成者，也被认为是净土宗的实际创始人。

善导（613—681 年），俗姓朱，临淄（今山东省淄博市人，一说泗州人，泗州今属安徽），十岁时在密州（今属山东）明胜法师门下出家。他开始学习三论宗，后经常读《法华经》《维摩诘经》等。有一次在大藏经前，他默默祝祷，随手从中取得一本，是《观无量寿佛经》，于是专修十六妙观，以西方为志。

善导追慕庐山慧远之行迹，专程到庐山东林寺瞻礼，之后在终南山悟真寺隐居。隐居修行时在定中目睹西方胜境，信心更为坚固，此后开始游历参访。得知道绰法师在西河弘传净土，善导决定前往修学，于唐太宗贞观十五年（641 年）到达玄中寺，道绰法师将《观无量寿经》的奥义教授予他。善导跟随道绰法师学习方等忏法和净土九品法门等，精勤修学，用功不辍，又于定中见净土胜境，七天七夜不起于座。当时已年过八十的道绰法师见他得念佛三昧，便询问自己命终时能否往生，善导让师父采一茎莲花供于佛前，行道七日，如果花不凋萎，证明可以往生。道绰法师依言而行，果然花开不萎，大为赞叹，于是又请善导入定看自己此刻是否能往生，善导从定中出来后告知他有三事需要忏悔。忏悔完毕后，善导告诉师父罪业已灭，当得往生，后佛诞日时道绰于众前往生。

道绰入寂后，时年三十三岁的善导也告别了玄中寺，来到京城长安。他先住在悟真寺，后移到香积寺，常在光明寺说法，晚年时住过实际寺，弘扬净土法门。善导持戒精严，一心念佛，除澡浴外，不脱三衣，三十年中，不别定寝处，不举目视女子，也不接受沙门礼拜，远离名闻利养，不好美衣美食，喜好独行，唯恐同行说话妨碍净业，所得供养都用来修寺建塔。善导修行精苦，昼夜礼诵，每次入室念佛，非到力竭不停止。这也激励了他的弟子们，他们有的诵《阿弥陀经》十万至五十万遍，有的一日念佛上万至十万声。善导曾刻写《阿弥陀经》数万卷，散发给僧众。

善导还是一位多才多艺的文学家、艺术家，他画了净土变相三百余壁，唐高宗时监造洛阳龙门石窟的大卢舍那佛像，调露元年（679年）还奉敕在造像之南建造奉先寺。善导有一首著名的劝世偈：

> 渐渐鸡皮鹤发，看看行步龙钟。假饶金玉满堂，岂免衰残病苦？任汝千般快乐，无常终是到来。惟有径路修行，但

念阿弥陀佛。①

　　唐高宗永隆二年（681 年）三月十四，善导染疾长逝，弟子们将其葬于终南山麓神禾原，并为之建寺立塔，即今香积寺和崇灵塔。传言善导口念阿弥陀佛，每念一声，口出光明一道，唐高宗得知后，赐寺额光明寺，所以后世也称善导为光明大师。

　　善导著述现存五部九卷：《观无量寿佛经疏》四卷、《转经行道愿往生净土法事赞》二卷、《往生礼赞偈》一卷、《般舟三昧赞》一卷、《观念法门》一卷，还和道镜合写过《念佛镜》。其中《观无量寿佛经疏》影响深远，又称《观经四帖疏》《四帖疏》，善导意欲以此经疏楷定古今，所以又称《楷定疏》，日本净土宗即是依此疏创立。

　　1. 善恶凡夫同沾九品

　　《观无量寿经》最后三观讲述了三辈九品往生的条件、临终状

_____

① 见《乐邦文类》。

况等具体细节，但是不同的人对九品的理解也不同，如隋慧远、智者大师等都将往生者局定在圣人、菩萨之内，说到凡夫，也是修行大乘的向道之人。善导却将往生者的范围大大扩充了，圣人、菩萨的往生毋庸置疑，此外不仅是修道向善的凡夫，即使五逆谤法的恶人也可往生。

善导认为九品往生针对的不是圣人、菩萨，而是五浊凡夫，因为菩萨、圣人等已离苦海，无须救度，而阿弥陀佛设净土恰是为了救度苦难众生，又怎么会不让凡夫往生呢？所以善导对九品往生进行了细分：上品上生者为修学上善凡夫，上品中生者为大乘次善凡夫，上品下生者为大乘下善凡夫；中品上生者为小乘根性上善凡夫，中品中生者为小乘下善凡夫，中品下生者位世善上福凡夫；下品上生者为造十恶轻罪凡夫，下品中生者为破戒次罪凡夫，下品下生者为具造五逆等重罪凡夫。往生变成了凡夫可以参与实现的目标，极乐净土也不是那么遥不可及了，这对净土法门的普及大有裨益。

关于善恶凡夫同沾九品的说法，比较有争议的是五逆、谤法的人能否往生，《观无量寿经》下品下生中指出五逆得生，但谤法不得生，善导认为这是方便说法，防止众生造此恶业，实际上还是可以往生的，只是生在宫胎更长时间而已，这就是常说的"带业往生"。另外，对于诸根不全的人、女人等，善导也打开了方便之门，承认他们都可以往生。

往生要以"信"为先，如果连往生的资格都没有，信净土、求往生又从何谈起呢？善导将平时多被排斥在外的恶凡夫等都加入可往生的行列，可谓用心良苦。也许最后真正往生的凤毛麟角，但这种可能性仍给人无限的希望。

2. 净土与往生

弥陀净土是报是化的争论已经持续了近百年，善导接受道绰的观点，认为弥陀净土是报非化，并引用《大乘同性论》《无量寿经》和《观无量寿经》三处文字来加以论证。同样，善导也必须回答一个问题：报身无生灭，为何阿弥陀佛有涅槃？不同于道绰的报身隐没相的解释，善导从大乘般若学提出解决的方案：

诸法平等，非声闻作，非辟支佛作，非诸菩萨摩诃萨作，非诸佛作。有佛无佛，诸法性常空，性空即是涅槃。

若从体性是空来看，有佛无佛、是报是化都变得无足轻重了。关于报身，善导认为应身即是报身，应身从应得菩提讲，报身则从以果应因讲，二者名异实同。诸佛皆具足法身、报身（应身）和化身，所以说阿弥陀佛为报身也无妨。

作为报土的极乐净土显得高妙，一般凡夫能够往生吗？善导通过引入佛力解答这个问题。他将大乘判为声闻、菩萨二藏以及渐、顿二教，净土是菩萨藏所收，顿教摄，可仰仗佛力加持入报土这种判教与昙鸾、道绰一脉相承。

关于往生之行，善导分正行与杂行：正行指依经所说而行，具体指一心专念弥陀名号，念念不舍，另有礼诵等为助业；杂行指正助二行之外的其他善行。善导认为必须行愿具足才能往生，而称佛名号便已具足行愿。因为《观无量寿经》中说十声称佛，即有十愿十行具足，"南无"意为归命，含发愿往生之意，"阿弥陀佛"即是行，所以称佛名号可得往生。从此，净土宗的修行也以称名为主，到后世，称名念佛几乎成了净土宗的代名词。

3. 定善与散善

善导以定善与散善为净土要门，定是息虑以凝心，散是废恶以修善，回此二行，求愿往生。具体而言，定善是指《观无量寿经》中前十三观，散善则指三福九品。定散善的区分也是从修行者的根器考虑，《观无量寿经》所描述的观想念佛并不容易做到，很多散动根机的人很难入定修三昧，而散善一般人都行得，如此净土之门对每位众生都是开放的。

定善的十三观都是以西方极乐世界的具体形象作为观想的对象，如日、水、宝楼、华座、阿弥陀佛真身等，指定西方，并设立具体的形相，也即常说的"指方立相"。为什么要这样做呢？善导也是从末法众生根器陋劣的角度解释的，实相、无相说起来高明，但末世众生连心住一处都难以做到，又谈什么离相求法呢？倒不如确立具体的方位和形相，使他们心有可依之处。那么观想所见之佛到底是心中所造之物，还是外物入于心？善导认为是心佛感应所致，众生愿见佛，佛以无碍智现众生心中，但"离此心外，更无异佛"。

散善的修行不需要通过禅定，包括三福和九品。三福是指：第一，孝养父母、奉事师长，慈心不杀，修十善业；第二，受持三皈，具足众戒，不犯威仪；第三，发菩提心，深信因果，读诵大乘，劝进行者。其中第一称为"世善"，强调孝敬父母；第二称为"戒善"，强调持戒，止恶作善；第三称为行善，强调发心实行。以上三福，只行一福便可往生净土。因善恶业不同，众生往生有九品的差别，善导各分十一义一一细说，与总义合为一百义。

说完定散二善，善导又将话头转到了称名念佛："上来虽说定散两门之益，望佛本愿，意在众生一向专称弥陀佛号。"并盛赞能相续念佛的人，认为是"人中好人，人中妙好人，人中上上人，人中希有人，人中最胜人"。

4. 安心、起行与作业

除了佛力加持，往生还需要愿生者的主观努力，即往生正因，在善导这里被概括为安心、起行与作业。

安心指至诚心、深心和回向心。至诚心即真实心，一切身、口、意所作业必行是真实心中所作，不虚伪奸诈，于一切时弃恶修善。深心即深信之心，相信自己是罪恶生死凡夫，久在六道轮转，无能出离，相信阿弥陀佛四十八愿度众生的宏愿，相信经中所说往生之法，相信自己依经而行，必能往生，简而言之，便是要信机、信法。发愿回向心是指以所修身、口、意诸善根回向愿生净土，回向生彼土后再到世间教化众生。善导认为，三心如果具足，无行不成，必定可以往生。

起行是指善导关于往生净土的修行方法的体系，称为二行二业说。二行指五正行与五杂行，二业指正业和助业。再细分，五正行为：读诵正行、观察正行、礼拜正行、称名正行、赞叹正行，其中称名一项又被称为正业，其余四正行为助业；五杂行与五正行相应，泛指其他诸善万行。从这个修行体系可见称名念佛的重要性，善导更明确指出了念佛所得五种增上利益因缘：灭罪增上缘、护念增上缘、见佛增上缘、摄生增上缘、证生增上缘。

作业则指依四修法策励日常修行实践。善导的四修法即恭敬修、无余修、无间修和长时修，本于《摄大乘论》，强调修行要心怀恭敬，持续无杂。

5. 地狱思想

因果报应与地狱思想一直在佛教中占有一席之地，善导的创举在于他将地狱与净土结合起来，用地狱的恐怖督促现世的人们积极修行，往生净土。

关于地狱的严酷恐怖，佛经不乏细致入微的描述，如《问地狱经》《长阿含经》《楼炭经》等。地狱也是六道之一，因此它与因果报应、六道轮回的思想紧密结合在一起。因果之说多从理上讲，加上报应、轮回就渲染上了浓厚的宗教色彩，在民众间传播的佛教多爱在报应轮回上做文章。

善导也常谈地狱之苦，如《般舟赞》中就有七言偈描写地狱受苦的情形：

> 七重铁城门门外，铁蟒举头城上出。
>
> 火炎刀轮从口出，亦皆流注罪人上。
>
> 四角铁狗身毛孔，亦雨烟火人身上。
>
> 罗刹擎叉刺心眼，皆由心眼堕泥犁。
>
> 热铁地上无穷苦，罪人或卧或行走。
>
> 大劫尽时眼中见，东门城外清林泉。
>
> 罪人一时向东走，临临欲到门还闭。
>
> 如是四门遥半劫，铁网钩身如棘林。
>
> 上有鹰鸟啄人肉，地有铜狗争来食。
>
> 地上虚空无避处，动即苦具转弥多。

这些描述极其形象，如在目前，确实如文中所说，"闻说此苦心摧碎"。众生无始以来造诸恶业，此时此刻也在持续造业中，依照因果法则，十有八九是要入地狱的。如果想避开这些让人心惊毛怖的痛苦折磨，唯有发愿往生净土一条道路。善导的地狱说带有某种原罪的味道，增加了信仰者的罪恶感、危机感和紧迫感。自善导之后，净土宗传教时增加了地狱诸苦的宣传，寺庙的墙壁上也常绘制地狱图，以警世人。

6. 净土仪轨

除了完善净土宗的教理，善导还制定了一套相应的仪轨。

《转经行道愿往生净土法事赞》，又称《法事赞》，记述了转经和行道等净土法事的具体行仪。转经即读诵经典，若遇大经，则只读初、中、后数行，或做翻页读经状；行道则指排列成行绕行礼拜。该书的上卷列举奉请偈、启白、召请、三礼、表白、赞文等，其次说明行道赞梵偈、赞文、七周行道、披心忏悔，乃至发愿等行事之次第；下卷重在转经，将《阿弥陀经》全文分成十七段，每段各加赞文，其次记载十恶忏悔、后赞、七周行道、叹佛咒愿、七敬礼及随意等轨式。本书依般舟三昧而作，激励行者厌秽求净。

《往生礼赞偈》，又称《六时礼赞》《六时忏》，主张昼夜六时都必须拜佛忏悔。六时礼忏具体指：一日没时礼，二初夜时礼，三中夜时礼，四后夜时礼，五旦起时礼，六日中时礼。六时礼毕，归命忏悔。此外，善导认为忏悔还有要、略、广三种之分，又有上、中、下三品之别。总之，忏悔是极为重要的法仪，以真心彻到为根本。

善导在《般舟三昧赞》中还说明了般舟三昧行道往生的方法，分序文、正赞、结劝三部分，其中正赞部分有七言偈三十七篇，二百八十一行半，每行上句附"愿往生"，下句附"无量乐"相唱和，劝人报佛恩、求往生。另外，在《观念法门》一书中，善导分观佛法门与念佛法门两部分叙述了阿弥陀佛之行相作法与功德。

作为净土宗实际创始人的善导阐发的一套净土理论标志着净土宗走向成熟。从昙鸾、道绰到善导，称名念佛的地位越提越高，这种简便易行的念佛方法大受民众的欢迎，也使得善导一系成为中国净土宗的正宗。

净土称"宗"

回顾完净土宗的成立史，我们要转头来回答一个看似奇怪的问题：净土宗能独立成为一个宗派吗？提出这样的问题，不是要否认净土宗的重要性，恰恰相反，正因为净土宗影响深广。往生净土不是净土宗信众的专利，而是包括其他宗派在内的佛教徒众的共行之法，单列净土宗才遭人质疑。

唐朝时中国佛教诸宗相继成立，净土宗经过善导的发展完善，有了自己的判教理论、教义、教法和仪轨等，趋于成熟，约在唐高宗时被称为净土宗。日本佛教界将净土宗称为"寓宗"或"附宗"，意思是依附其他宗派，不能独立为一宗。也有观点认为，到宋代之后，净土宗才成为一个独立的宗派。净土宗有自己信奉的阿弥陀佛，有自己的修行方法、仪轨、目标，但是缺乏一套组织和僧团系统。在净土宗中，不讲究师徒间的递代传承、口传心印，如道绰仅是见到记录昙鸾事迹的残碑就归心净土，并不妨碍他成为一代高僧。净土宗的这种特点也使得它可以较容易地与其他宗派相融合，从修行实践看，往生净土与其他修行可以并行不悖，甚至相辅相成，后世常说的禅净双修就是一个例子。

印顺法师在《净土新论》中就说："戒律与净土，不应独立成宗。这如太虚大师所说：'律为三乘共基，净为三乘共庇。'不论在家出家的学者，都离不开戒律。净土为大小乘人所共想共趋的理想，天台、贤首、唯识、三论以及禅宗，都可以修净土行，这是佛教的共同倾向，绝非一派的事情。"不将净土独列为宗，不是因为它不够重要，恰恰相反，正因为它重要得不可或缺，无处不在，因此不能局限于一门之内。汤用彤先生在《隋唐佛教史稿》中则说："至于净土，则只有志磐谓其'立教'，但中国各宗均有净土之说，且弥陀、弥勒崇拜实有不同，亦无统一之理论。又慧远结白莲社，只是唐以后之误传，日本僧人且有认净土初祖为昙鸾，并非慧远，而所谓净土七祖历史乃至南宋四明石芝宗晓所撰，并未根据（见《佛祖统纪》卷二十六）。故净土是否为一教派实有问题。"若从学理上看，没有统一教义、没有历史传承和宗派组织的净土宗，与其他七宗相比，确实宗派性不强，更接近学派的说法。自唐以后，以弥陀信仰为核心的净土宗也发展出了自己的判教理论、教义、修法等，称之为"宗"也不为过。

除了学理上的探讨，我们还应该注意净土宗的宗教性。净土法门的提出，意在为娑婆世界的苦难众生提供一条解脱的便捷之道。道虽便捷，也需要落实到行动上才能生效，即使是称名念佛这样人人可行的方法，如果不真切地开始念，也是得不到实益的，那样的话，再美好的极乐净土也只是空谈。若是深究，净土背后的义理同样丰富深厚，净土祖师们虽都精通义理，但在劝众时，多强调老实念佛，因此从净土法门出现的本意来说，净土宗是否独立、能否称宗都是见仁见智、无关要旨的问题，依着约定俗成的叫法将其视为中国佛教八大宗派之一，或许是既省力又合宜的做法。

第六章

绍前贤唐代诸祖
（公元7世纪—9世纪）

- 唐代祖师
- 唐代大德
- 融合的序幕

大唐盛世，后人津津乐道，那是一个政治昌明、思想活跃、文化融汇的时代；就佛教而言，那是一个宗派纷立、大师如云的黄金时代；就净土宗而言，唐朝涌现出了一批祖师大德，除善导外，还有迦才、怀感、飞锡、少康、慧日慈愍、承远、法照等，此外唐朝的净土宗已经开始了与其他宗派的沟通交融，后世诸宗归净土的序幕正悄然拉开。

唐代祖师

净土宗十三祖中有四位是唐朝人：二祖善导、三祖承远、四祖法照、五祖少康，其中善导已经在前一章中详细介绍过了，这

112

里依次介绍其余三位祖师。

1. 三祖承远

承远（712—802 年），汉州（今四川广汉县）绵竹县人，俗姓谢。少年时他便不喜欢乡学、礼乐之学，却能领悟尊胜真言，于是告别父母，到寺庙里安身，先是侍奉蜀郡处寂（648—734 年）一年，于佛法奥义颇有领会。后东游，于开元二十三年（735 年）谒见荆州玉泉寺兰若真和尚，并剃度出家，又按真公之示，到南岳衡山受具足戒，学习经律。后又到广州跟随慧日慈愍三藏学习。

当时慧日是名满天下的高僧，因反对狂禅，颇受争议，所以承远的访学之路也阻碍重重，幸而得见，以未尽义求教，终得心开。慧日大师告知以大乘佛教普度众生的精神，希望承远身体力行，并指导他依据《无量寿经》修念佛三昧，从此承远息却诸缘，专志念佛。唐天宝初年，承远回到衡山，在山的西南面建立精舍，号"弥陀台"，弘扬净土法门。

承远持戒精严，生活简朴，很像一个苦行僧，他起先住在衡山西南的岩石之下，有人供养吃的他就吃点，没有供养时据说就吃泥土、草木，至于衣服之类更不讲究，从四方前来求学的人路过崖边，看到这样一个衣衫褴褛、蓬头垢面背着柴薪的老头，都以为是仆役而生轻慢心，得知竟是大师本人，不免惊诧万分。

承远以念佛法门教人，信众上万人。大众们自发伐木、凿石，要为大师建造寺庙，承远听凭大众所为，后寺庙建成，唐代宗赐额"弥陀寺"，其常住道场赐名"般舟道场"。般舟道场中专修般舟三昧，九十天内不坐卧、不杂心，专念弥陀圣号。唐贞元十八年（802 年）七月十九日，承远大师结跏趺坐，安然辞世，世寿九十一，柳宗元为制《南岳弥陀和尚碑》立于寺门之右，吕温撰《南岳大师远公塔铭记并序》。承远教人专念弥陀，所以世称弥陀和尚。

与之前的祖师大德们不同，承远是典型的实修派，并没有著述传世，临终时只一句"国土空旷，各宜努力"留给门人弟子们。身教胜于言教，他用自己精勤的修行、高深的德行向众人诠释净土宗的真义，因此被后人追认为净土宗三祖。柳宗元的铭文不失为好的纪念：

> 一气回薄茫无穷，其上无初下无终。谁而为合蔽为通，始末或异今焉同。虚无混冥道乃融，圣人无迹示教功。公之率众峻以容，公之立诚放其中。服庇草木蔽穹窿，仰攀俯取食以充。形游无极交大雄，天子稽首师顺风。四方奔趋云之从，轻始寻尺成灵宫。始自蜀道至临洪，咨谋往复穷真宗。弟子传教国师公，化流美亿代所崇。奉公寓形于南峰，幼日弘愿惟孝恭。立之兹石书玄踪。①

2. 四祖法照

四祖法照的生卒年岁、俗姓、家世等都不见于史料，其籍贯为梁汉（今陕西汉中市）。唐代宗永泰元年（765年），他因仰慕庐山慧远之高风，特意到庐山修念佛三昧。据说有一次在定中，法照神游极乐，看见一个衣裳破烂的僧人立于弥陀身畔，被告知是衡山承远大师，于是法照到衡山求见，眼前的大师与定中所见

---

① 见《佛祖历代通载》。

不差，于是追随承远大师精修净业。

　　大历元年（766 年），法照创五会念佛的方法，后来才行之于文；大历九年（774 年）撰写《净土五会念佛诵经观行仪》三卷，简称《五会法事仪》；大历十二年（777 年）又撰《净土五会念佛略法事仪赞》一卷，简称《五会法事赞》。什么是五会念佛呢？简而言之就是用五种不同的声调唱念阿弥陀佛圣号：第一会平声缓念"南无阿弥陀佛"，第二会平上声缓念"南无阿弥陀佛"，第三会非缓非急念"南无阿弥陀佛"，第四会渐急念"南无阿弥陀佛"，第五会四字转急念"阿弥陀佛"。每一会声调和缓急不同，有自己的节奏和韵律，音调优美，更容易让人入佛境。五会念佛的方法是法照受《无量寿经》启发而制，经中描述极乐净土中七宝树随风作响，声音自然合于五音，皆悉念佛、念法、念僧，闻者可得深法忍，可至佛道。五会念佛是法照独创的净土法门，按他的说法，五会的念便是无念，便是坐禅，合于妙理，总之其中涵摄教、禅、戒、净。五会念佛加入音乐的元素，更容易感人心灵，但也比普通的称名念佛复杂难学，因此很快就在中土失传了，倒是当时的日本僧人将其学了过去，现在日本净土真宗本愿寺仍守持这一念佛法门。法照也因为弘扬五会念佛法门，被唐代宗尊为国师，世称"五会法师"。

　　与法照相关的另一个关键词是大圣竹林寺，这个故事充满不可思议的神异色彩，见于法照所写的《大圣竹林寺记》。法照住在衡州云峰寺时，有一天在斋堂用饭，突然见钵中现五色祥云，云中有山有寺，寺门金榜题名"大圣竹林寺"；又一天从钵中的五色云彩中看到亭台楼阁、纯金色的世界，无数菩萨自在游戏，诸佛庄严无比。法照将他所见的异象告知他人，询问方所，僧人嘉延和昙晖指出像是五台山，于是他发愿要去金色世界，礼拜瞻仰文殊菩萨，却一直未能成行。

大历四年，法照在湖东寺五会念佛道场感得祥云和佛菩萨出现，后遇见一老人，催促他起程去五台山礼拜，并预言此行一定顺利，于是法照与几位同修前往五台山，果然一路顺畅无阻。在佛光寺中，法照目睹寺南现几道白光，便循光而去，见得一山一石门，门口两位童子自称善财和难陀，将他引导入内，走了五里，见一寺庙，金榜题名"大圣竹林寺"，与梦中无异。进入寺内，见文殊、普贤两位菩萨正在说法，法照上前询问末世修行法门，文殊菩萨告知以念佛法门，并叮嘱应常念阿弥陀佛。两位菩萨伸金臂为法照摩顶授记，并授意法照在寺中各位菩萨院中巡礼。法照一一巡礼求教完毕，二位童子又将他送出寺门，作礼之际，菩萨寺院已经消失不见了。

后来法照意欲往生净土，念佛之际，却两次见一梵僧，质问他为何不将在五台山的神奇经历告诉世人，法照说是担心世人怀疑、诽谤，梵僧说："即使是像文殊菩萨这样的圣人都难免有人诽谤，你无须担心，还是说与世人听，也好让他们与文殊菩萨结缘。"于是法照依僧之说，记录下自己的神奇遭遇，流传于世。神奇的故事总是信者信之，疑者疑之，抛开真伪不论，我们要回到讲故事的人的初衷，不外乎要告诉修行者们胜境真实不虚，敦促他们努力修行，得生净土。

受这番奇遇的激励，大约贞元十四年（789年）左右，法照在五台山修建竹林寺，庄严华美，是当时的名刹。日本僧人圆仁还亲眼目睹过竹林寺的盛况，记录在《入唐求法巡礼行记》一书中。

现在，五会念佛常出现在佛教音乐集中，虽然旋律音调等未必同于当年法照大师的原本，但吟咏、唱诵、倾听，仍能够让我们感受到欢喜与清净，五会念佛的创制着实让人赞叹。

3. 五祖少康

少康（？—805 年），俗姓周，缙云仙都山（今浙江缙云县东）人。据说少康幼年一直不会说话，直到 7 岁时随母亲到灵山寺拜佛，母亲问他是否认得佛爷，他却突然开口道："此是释迦牟尼佛。"父母悲喜交集，将 7 岁的他舍入佛门出家。15 岁少康在越州（今浙江绍兴市）嘉祥寺受戒，年少的他已经广诵经论。

唐贞元初年（785 年），少康在洛阳白马寺读到善导所著《西方化导文》，觉知与净土有缘，后又到长安光明寺瞻仰善导和尚影堂，见善导遗像升入空中，劝他修行净土法门，广度众生，从此以净土为业。

少康初到新定（今浙江遂安县）传法，无人识得净土法门，于是他到市中行气，将得来的钱劝诱小孩子念佛，每念一声"阿弥陀佛"，给一个钱；一个月后，向他念佛要钱的孩子不断增加，如是改为念佛十声给一个钱；如此过了一年，凡是见到少康的男女老少都会口念阿弥陀佛，念佛之声相盈于道。多么机敏的方法啊！潜移默化间已经移风易俗了。

贞元十年（795 年），少康在乌龙山筑高坛，建净土道场，十斋日时，三千大众到场，共念佛号，蔚为壮观。据说少康每念一声佛，有人便见一尊化佛从其口中而出，十声便得十尊化佛连珠而出，少康说这些看得见化佛的人必定往生，众人欢喜踊跃。

唐贞元二十一年（805 年）七月，少康嘱咐弟子们："当于净土，起欣乐心，于阎浮提，起厌离心。"后结跏趺而逝。少康承善导之教，专修称名念佛，世传他是善导再来，后世天台德韶国师为他重修坟塔，便命名"后善导塔"。

少康重视实修，并没有多少理论著述，仅有一本署名文谂、少康共编的《往生净土瑞应删传》一卷传世，是最早的单行本往生传。或以为少康所编书为《往生净土瑞应传》，后由五代僧人道诜增删成《往生净土瑞应删传》。

杨次公有诗赞少康，生动地描述了他的净土行业："东峰坛级石嵯峨，十佛随声信不讹。后善导依前善导，今弥陀是古弥陀。一心正受超三界，孤月澄辉照万波。乘般若船游净域，度生还亦到娑婆。"

唐代大德

除了列入谱系的诸位祖师，唐朝修行净土法门的高僧大德也层出不穷。

1. 迦才

迦才生平不详，活动于唐贞观之时，曾住在长安弘法寺，本学摄论，后修净业，弘扬净土，有《净土论》三卷传世，该书堪称第一部全面论述净土宗义的著作。

《净土论》一书为问答体，迦才自托名为"净土先生"与"滞俗公子"对话，答疑解惑。该书共九章：

第一章，定土体章（三土之中是何土摄）；

第二章，定往生人（何位人得往生）；

第三章，定往生因（修何因得往生）；

第四章，出道理（依何道理得生净土）；

第五章，引圣教为证（谓引经论二教）；

第六章，引现得往生人相貌（谓引道俗得往生人示诸学者）；

第七章，将西方兜率相对校量优劣（谓何处易生）；

第八章，明教兴时节（谓今正是忏悔念佛时）；

第九章，教人欣厌劝进其心（谓令厌秽欣净）。

从目录，尤其是正标题后的夹注可以看出这本书论证严密。与净土相关的若干重要又反复探讨的问题，迦才给出了自己的解答。

净土的体性是老生常谈的话题。迦才认为净土有法身净土、报身净土和化身净土三种，报身净土又分为实报土和事用土，化身净土则分为长随化土和无而忽有化土。弥陀净土具备三种体性，随往生者得修行差别所见不同，凡圣善恶都能往生，但二乘、凡夫与地前菩萨只能生于化土。

关于往生，迦才先指出生于净土的都是阿毗跋致，不退转，具体而言，不退转有四种：一是八地以上的念不退；二是初地以上的行不退；三是十解以上的位不退；四是处不退，指的西方净土。这种分类常被后人引用。

不退转的西方净土如此殊胜，那什么人可以往生呢？迦才区分了菩萨、二乘和凡夫，认为他们各有自己的三辈九品，于是往生者变成了三种九辈二十七品。迦才虽然强调"净土宗意，本为凡夫，兼为圣人"，却也不忽略二乘与菩萨，这也是和善导法师大不一样的地方。

关于往生净土之因，迦才分通与别。通因指发菩提心，具修三福净业，十方净土都可以感通，不只限于西方极乐净土；别因则专指往生弥陀净土之因，又有上根和中下根的区别。上根的因有六条：念佛、礼拜、赞叹、发愿、观察、回向；中下根有五条：忏悔、发菩提心、专念弥陀名号、总想观察弥陀净土、回向。迦才所列的方法从《往生论》和净土诸经中来，他比较重视观想念佛，与倡导称名念佛的善导法师一系走的道路不同。

迦才还从化主、处所、往生者三方面比较了极乐和兜率的优劣：就化主而言，二者平等；就处所而言，有"世界十异"：有女人无女人异、有欲无欲异、退转不退转异、中夭不中夭异、三性心异、三受心异、六尘境界异、受生异、说法异、得果异，比较而言弥陀净土更胜一筹；就往生者而言，细说有"七种差别"：处有人天之别、因有难易之别、行有高低之别、自力他力之别、有无善知识之别、经论多少之别、信徒众寡之别，总之往生西方易，上生兜率难。极乐与兜率之争从来就没有停止过，迦才的这番总结辨析也是净土宗成熟的标志之一。

2. 怀感

关于怀感的生平，并没有足够多的材料供我们讲述一个引人入胜的传奇故事，从《宋高僧传·怀感传》简短的文字中，我们可以知道的是：怀感原本对净土法门不能尽信，后请谒善导法师，入道场念佛修行二十一天，却没有丝毫灵验感应，他自觉罪障深重，想要绝食自尽，经善导法师劝解，精勤念佛三年，终于证得念佛三昧。怀感临终时向西而卧，有化佛来迎。怀感在净土宗的历史上留名不是因为这样一个常见的修行净土得成就的故事，而主要是因为他写了七卷本的《净土群疑论》。怀感离世之时，该书尚未完成，由他的同门怀恽（640—701 年）续写修补方成。

《净土群疑论》，又叫做《释净土群疑论》《群疑论》《决疑论》，全书共7卷，116章，集合了陈隋以来摄论师、三阶教、法相唯识诸家对净土往生的疑难，堪称当时净土宗的百科全书。从这本书我们也可以看出，怀感在归心净土之前，对唯识学等是颇为精通的，所以同样的问题，他解答的视角与上文提到过的净土诸贤们略有不同。

关于净土体性，怀感认为土有三种：法性土、受用土、变化土，其中受用土又分为自受用土与他受用土，其中凡夫可以往生的是他受用土。他受用土看似无漏而实有漏，是净土又是秽土，因为依据唯识学"三自性"来说，净土是依他起性，因缘所生，似有非有。弥陀净土既是他受用土，即报土，又是化土，有愿有行可往生报净土，有愿无行则往生化土。

三阶教是隋代僧人信行（541—594年）创立的教派，从时、处、人三方面各将佛教分成三阶，时间上按正法、像法、末法分成三阶，处上有净土、秽土之分，人则按根机有最利根一乘、利根正见三乘和世间颠倒众生的差别。三阶教认为净土宗是第二阶佛法，不适应第三阶众生。针对三阶教对佛教的反对，怀感进行了驳斥，他引用《观无量寿经》《维摩诘经》等经论，证明末法时代，净土法门是对当机的佛法。关于具体修行方法，怀感指出，十六观与念佛三昧有浅有深，并不只是第二阶人的法门，他进一步将心念禅定的"念佛"解释为人人可行的口头"念佛"，更力数念佛五胜：发心胜、求生胜、本愿胜、功德胜、威力胜。念佛多少，功行不同，修行者们更应该发精进心，勤学不懈，以期净土。

怀感还比较了西方净土与弥勒净土，分析出西方修行与兜率修行的十五同八种异，宣扬弥陀极乐胜过弥勒兜率。此外，他还列举了西方净土的三十益：一、受用清净佛土益；二、得大法乐益；三、亲近佛寿益；四、游历十方供佛益；五、于诸佛所闻授记益；六、福慧资粮疾得圆满益；七、速证无上正等菩提益；八、诸大人等同集一会益；九、常无退转益；十、无量行愿念念增进益；十一、鹦鹉舍利宣扬法音益；十二、清风动树如众乐益；十三、摩尼水漩宣说苦空益；十四、诸乐音声奏众妙音益；十五、四十八愿永绝三涂益；十六、真金身色益；十七、形无丑陋益；十八、具足五通益；十九、常住定聚益；二十、无诸不善益；二十一、寿命长远益；二十二、衣食自然益；二十三、唯受众乐益；二十四、三十二相益；二十五、无实女人益；二十六、无有小乘益；二十七、离于八难益；二十八、得三法忍益；二十九、身有常光益；三十、得那罗延身益。指出这些益处对于劝导修行有较大影响。

怀感还对往生净土是否有"中有"发表了自己的意见。佛教中讲有情生命的流转一般经历四个阶段：死有、中有、生有、本有，中有是指从前世死到后世受生中间这一段，因此中有讨论的是人死后的状况。藏地的佛教对中有身非常重视，还有专门讲中阴救度的经典与法门，汉地佛教中则说得相对较少。往生净土的众生经历的是什么情况呢？也会有中有身吗？怀感主张人死之后并不会马上在净土受生，因此还是有中有身的存在，中有身穿着衣服，以香气为食。这些说法对不信教的人而言未免太荒诞不经，但对于信仰者而言，得知了死后状况的确定答案，更容易安心吧。

3. 慧日慈愍

慧日慈愍（680—748 年），俗姓辛，山东东莱人，20 岁时受具足戒。中国历史上有很多不畏艰苦到海外求法的高僧，最有名的是东晋法显（334—420年）、唐朝玄奘（602—664年）、义净（635—713年）等，慧日曾目睹义净归来时的盛况，心存仰慕，也立志西游。中宗嗣圣十九年（702年），他开始渡海求法，乘船经过昆仑（今康道尔群岛）、佛誓（今苏门答腊）、师子洲（今斯里兰卡）等地，花费三年才到达印度。慧日在印度巡礼各处佛教圣迹，寻求梵文经典，参访善知识，历时十三年。在印度时，他询问出离生死、速生佛国的方法，当地的三藏学者们都赞扬净土法门。后来到达北印度犍陀罗国时，慧日礼拜王城东北山上的观音圣像，断食祈请七天七夜，终于感得观音菩萨现紫金相摩顶开示。慧日游历了七十多个国家，历经十八年，在开元七年（719年）返回长安，呈献佛像与经典，唐玄宗赐号"慈愍三藏"。天宝七年（748年），慧日在洛阳罔极寺圆寂。

受印度净土学说的影响，慧日慈愍回国后弘扬净土法门，他的修行方法不同于慧远、善导等，自有特色，强调禅、教、律、净兼修而重视净土，被称为"慈愍流"。三祖承远就曾跟随慧日学习，承远的弟子四祖法照承师之教，他们宣扬的净土法门就属于慈愍一系。慧日慈愍的著作有《净土慈悲集》《般舟三昧赞》《愿生净土赞》《西方赞》等。

慧日慈愍的净土学说中最有特点的是对禅宗执空的批评，进而引导人们修行万善，归于净土。禅宗之教以般若中观学和涅槃佛性论为根基，喜欢谈空说无，重视诸法空寂的一面，以为无善可修、无恶可断，任何有心造作的修行方法都被视为执着加以排斥，如念佛、诵经、求生净土等。按照这样的说法，一般人开始修行时就会觉得不知所措，似乎怎么做都是错的，不知从哪里入手。所以在《净土慈悲集》中，慧日慈愍针对这个问题发表意见，认为执着空见、修空法也是佛不赞许的，凡夫的修行不应该只讲空而不断恶修善，更不应该执着于空而变得懈怠懒惰。慧日慈愍还对《金刚经》中"凡所有相皆是虚妄"之类的说法与净土法门进行会通解说。

慧日慈愍虽然不同意禅宗的一些说法，但并不排斥坐禅，他认为念佛不妨碍坐禅，甚而可以说念佛也是禅定：

> 圣教所说正禅定者，制心一处，念念相续，离于昏掉，平等持心。若睡眠覆障，即须策勤念佛诵经，礼拜行道，讲经说法，教化众生，万行无废。所修行业，回向往生西方净土。若能如是修习禅定者，是佛禅定，与圣教合。[①]

其实空与往生净土的问题也是净土宗和禅宗一直纷争不断的焦点之一，慧日慈愍很敏感地捕捉到了这个问题并加以解说，因此在他的思想中禅与净自有主次，各安其所，并不需要废此取彼。后世修行者们高唱禅净合流，追本溯源，在慧日慈愍这里就可以找到丰富的资源。五代末宋初永明延寿大师常被视为禅净合流的先驱行者，在他的著述中就引用了慧日慈愍的说法，此是后话，下章再表。

慧日慈愍的另一个特别之处是对斋戒的重视。佛教有戒、定、慧三学，戒是最基本的，佛陀离世后，修行者们更有"以戒为师"的说法。僧徒戒律中有"不食五辛"之说，五辛又被称为五荤，这也就是常说的吃素问题。吃素常被解读为不吃肉，这其实是不

---

① 见《万善同归集》。

准确的，严格说来，荤是指五辛，腥才是指肉类。汉地僧人不吃肉是自南朝梁武帝颁布《断酒肉文》之后才开始的，并不是戒律中的条款，但是符合大乘佛教慈悲心的要求。五辛是指什么呢？一直以来也颇有争议，慧日慈愍结合自己的游历指出，五辛是蒜、韭、葱、薤、兴渠，其中前四种汉地有出产，而"兴渠"并不是蔓菁，它产于于阗，汉地并没有。慧日慈愍认为，对于求生净土的人而言，不断酒肉荤腥是不相宜的。

4. 飞锡

飞锡也是一位生平不详的唐代僧人，据《宋高僧传》中的记载，他识量过人，学识渊博，精通律学、天台学与密教，也通晓儒家、墨家，文采飞扬。唐玄宗天宝年间，他在终南山紫阁峰草堂寺住过，也在密宗创始人不空（705—774年）的译场担任笔受、润文之职。使飞锡留名净土史的是他的著作《念佛三昧宝王论》三卷，该书成书于天宝元年（742年），后被明朝藕益智旭大师收入《净土十要》，成为最重要的净土典籍之一。

《念佛三昧宝王论》共分三卷二十门，标题就已经表明了飞锡感兴趣的话题与他的观点：

念未来佛速成三昧门第一；

嬖女群盗皆不可轻门第二；

持戒破戒但生佛想门第三；

现处汤狱不妨受记门第四；

观空无我择善而从门第五；

无善可择无恶可弃门第六；

一切众生肉不可食门第七；

念现在佛专注一境门第八；

此生他生一念十念门第九；

是心是佛是心作佛门第十；

高声念佛面向西方门第十一；

梦觉一心以明三昧门第十二；

念三身佛破三种障门第十三；①

念过去佛因果相同门第十四；

无心念佛理事双修门第十五；

了心境界妄想不生门第十六；

诸佛解脱心行中求门第十七；

三业供养真实表敬门第十八；

无相献华信毁交报门第十九；

万善同归皆成三昧门第二十。

从标题也可以看出飞锡的思想有禅宗的烙印。飞锡认为一切善恶凡夫都可以往生净土成佛，内在依据是众生皆有佛性，"一切众生，即未来佛"，这与善导强调佛力是不同的思路。由于众生是未来佛，所以不能轻慢，要像对佛一样地对待他们，这也能成就信愿两种资粮。飞锡也说念佛，他说的念是从发想心开始，要想"无想事"，想妄是凡夫，想真是诸佛，这与禅宗几乎是一样的口吻。后世探讨禅净合流，也不应该漏掉飞锡的贡献。

飞锡以称名念佛为念佛三昧，认为可以借此达到能所双忘、心佛如一。念佛名号"犹清珠下于浊水，浊水不得不清；佛想投

① 见《净土十要》。

于乱心，乱心不得不佛"。念佛本身具万善，而万善也同归于念佛。同样是称名念佛，飞锡也有他自己的特色，力主出声口念，更列举了出声五义："夫辟散之要，要存于声，声之不厉，心窃窃然，飘飘然无定。声之厉也，拔茅连茹，乘策其后，毕命一对，长谢百忧，其义一也。近而取之，声光所及，万祸冰消，功德丛林，千山松茂，其义二也。远而说之，金容荧煌以散彩，宝华淅沥而雨空，若指诸掌，皆声致焉，其义三也。如牵木石，重而不前，洪音发号，飘然轻举，其义四也。与魔军战，旗鼓相望，用声律于戎轩，以定破于强敌，其义五也。"飞锡还将"十念"诠释成十口气念，即吸一口气后不停地念佛号直至气竭，如此十次。

此外，飞锡关于不可食肉、断辛戒酒、十称助念、面向西方、三业供养等的论述也别具一格。

除了上述的祖师、高僧，信仰净土宗的居士也大有人在，他们不仅包括常说的"愚夫愚妇"，也不乏文人士大夫，最有名的要数柳宗元与白居易了。上文提到过，柳宗元（773—819 年）曾为三祖承远作过铭文，他的《柳河东集》中有《东海若》一文通过寓言批评狂禅、赞颂净土。白居易（772—846 年）曾修香山寺，设念佛道场，平日念佛不辍。他的全集中也收录了不少关于净土的诗文，①《诸上善人咏》是常被念佛人提到的一首：

> 余年七十一，不复事吟哦。看经费眼力，作福畏奔波。何以度心眼？一句阿弥陀。行也阿弥陀，坐也阿弥陀，纵饶忙似箭，不废阿弥陀。日暮而途远，吾生已蹉跎。旦夕清净心，但念阿弥陀。达人应笑我，多却阿弥陀。达又作么生，

---

① 见《归元直指集》。

不达又如何？普劝法界众，同念阿弥陀。

融合的序幕

唐朝时，净土宗与佛教其他宗派已有融摄沟通，天台宗、唯识宗、华严宗、禅宗等宗派的祖师高僧中也不乏净土的弘扬者。

天台宗的开山祖师智顗就与净土宗结下了不解之缘，《观无量寿经疏》《五方便念佛门》《阿弥陀经义记》等净土作品都托他的名传播。《五方便念佛门》中就结合天台空、假、中三观谈念佛，是后世台净合一的理论基础之一。此外，天台宗分净土为四种：常寂光净土、实报庄严土、方便有余土、凡圣同居土，这种说法广为流传。唯识宗大师窥基也被认为是净土弘传者，《西方要诀释疑通规》《阿弥陀经疏》《阿弥陀经通赞疏》《大乘法苑义林章》等列在他名下的书也对推动净土信仰起到了积极作用。在密宗系统中，阿弥陀佛本来就是五方佛之一。这里需要稍加介绍的是禅宗、华严宗与净土的交融。

念佛与修禅本来不相矛盾，自禅宗六祖惠能大师之后二者才有明显的纷争。《楞伽师资记》记载四祖道信："信禅师再敞禅门，宇内流布。有菩萨戒法一本，及制《入道安心要方便》门，为有缘根熟者说：我此法要，依《楞伽经》诸佛心第一；又依《文殊说般若经》一行三昧，即念佛心是佛，妄念是凡夫。"通过念佛摄心，依念佛而成佛。五祖弘忍继承了入道安心要方便法门，广泛传授"念佛名，令净心"。与六祖惠能同门的神秀也把念佛法门纳入观心法门中，结合戒行，以之摄心、发慧，去恶修善，并且强调念佛不是单纯有口无心地念，"既称念佛之名，须行念佛之体"。

净众寺一系的禅法强调无忆、无念、莫忘，传禅时以一口气念佛为始，南山念佛宗更有"一字念佛"的法门。当然，念佛并不能完全等同于净土宗，很多修行者只是以念佛作为摄心净心的手段，并无求生西方净土的志愿。但六祖惠能认为"一切万法，尽在自心中，何不从于自心顿现真如本性"，又道"东方人造罪，念佛求生西方；西方人造罪，念佛求生何国"。后世追随者更进一步批评念佛，导致了禅净的分流。禅宗除了排斥念佛，还把经教视为无物，禅教之间的隔阂与误解也不断增加。

圭峰宗密（780—841 年）已经看到了禅教纷争的弊病，力图弥合，于是有了《禅源诸诠集都序》。宗密既是禅宗的修行者，又是华严宗的五祖，从他的著作中我们可以看到禅宗与华严宗在理上是如何融合在一起的。《禅源诸诠集都序》以真心为根本，分三宗、三教，"息妄修心宗""泯绝无寄宗""直指心性宗"分别对应对"密意依性说相教""密意破相显性教""显示真心即性教"，又细说空宗、性宗之间的十种差别：法义真俗异、心性二名异、性字二体异、真智真知异、有我无我异、遮诠表诠异、认名认体异、二谛三谛异、三性空有异、佛德空有异，以使禅教各得其所。书中更有言语："俱寂即念念皆佛，无一念而非佛心；双忘即句句皆禅，无一句非禅教"，又道"此唯《华严》一经及《十地论》，名为圆顿教，余皆不备。其中所说诸法，是全一心之诸法；一心，是全诸法之一心。性相圆融，一多自在。故诸佛与众生交彻，净土与秽土融通，法法皆彼此互收，尘尘悉包含世界，相入相即，无碍熔融，具十玄门重重无尽，名为无障碍法界"，可见一心与华严法界说是立论之本，也是后世禅教一致、禅净合流的依据。

宗密的思路被后来的永明延寿继承，后世往往关注永明延寿禅净合流的思想，其实华严之理在他的体系中是极为核心的，他的思想以圆融为特点，这恰是出自华严宗，如《万善同归集》文末有问："理事无阂，万事圆修，何教所宗，何谛所摄？"回答："法性融通，随缘自在，随举一法，万行圆收，即华严所宗，圆教所摄。"

唐朝时打开了融合的序幕，宋朝以后才上演诸宗融汇的高潮，禅净的融汇更是其中的主旋律。

第七章

融禅净万善同归（公元 10 世纪）

- 永明延寿
- 百八佛事与禅净四料简
- 禅净圆融
- 万善同修

经过唐武宗会昌五年灭佛运动的洗劫，原本百花齐放、兴盛繁荣的佛教顿时一蹶不振，天台、华严、唯识等义理深奥的宗派更是难以东山再起，倒是不立文字、立足山林的禅宗与专弘至简念佛法门的净土宗挨过劫火，又经历唐末五代的战乱，在民间的土壤中生根成长，成为日后中国佛教史上最重要的两大宗派。而唐末五代至宋初近一个世纪最重要的净土宗大师莫过于永明延寿。

永明延寿

永明延寿的传记最早见于《宋高僧传》卷二十八，后代著述中又有诸多增益，总之是充满传奇色彩的一生。他俗姓王，字冲玄（一作冲元），号抱一，钱塘人（或说为余杭县，即今日浙江杭州周边地区），生于唐天佑元年（904 年）农历十一月十七，相传他为阿弥陀佛再来，所以现在佛教节日中的阿弥陀佛圣诞日就是采用他的生日。

永明延寿年少时便归心佛法，喜欢读诵受持《法华经》，甚至有感得群羊跪听的传奇流出。长兴二年（931 年），永明延寿为华亭镇将，知税务。此时有一故事后世流传甚广：大师屡屡拿库银买鱼放生，此事被发现后，被依法押赴市曹受刑，他面无戚容，这样视死如归的坦然态度让典刑者惊诧，细致询问，得知其擅自动用的钱财全为放生，未私用一文，于心无愧，因此他被无罪释放。有的版本说："吴越王使人视之曰：'色变则斩，不变则舍之。'已而色不变，遂贷命。"更有神奇版本："王梦老人引鱼虾数万至云：'此皆税务官所放者，愿王免其罪。'王遂赦之，因放令出家。"

三十六岁时，永明延寿舍弃俗家生活，投龙册寺翠严令参出家。此后一段时间受戒苦修，去除我执。年四十五左右，大师去天台山参访善知识，并于天台山天柱峰打坐入定九十天，有鸟类于衣褶中筑巢而不知。其后谒见天台德韶禅师，得其印证，并密授玄旨。此时有一"抓阄念佛"的故事在净土宗的历史中屡屡被提起：永明延寿夜行法华忏时，想到自己一直有两个心愿，一是终身读诵《法华经》，二是尽毕生精力利益大众，但又钦慕禅修的法喜，犹豫不决，于是到智者禅院中，做了两个阄，一个写着"一心禅定阄"，另一个写着"诵经万善庄严净土阄"，暗自祷告："如果其中一项是我应走的道路，就连拈此阄七次。"后来七次拈得"诵经万善庄严净土阄"，于是从此专修净业。这个故事在净土典籍中被大事渲染，但在禅宗记录中并不多见。

广顺二年（952年），永明延寿迁遁于雪窦山，并主持雪窦寺，在此弘法十年。其时他以教诲徒众、于瀑布前讽诵经典、禅坐静观为主，山居生活朴素而洒脱，《宗镜录》的初稿或许是在此处完成的。后世津津乐道的"日课百八佛事"也可追溯到这一时期。

建隆元年（960年），永明延寿应忠懿王之请入居灵隐寺，主持重建工作，历时一年，卓有成效，因此被称为"灵隐中兴之祖"。建隆二年（961年），入主永明寺，在此行化十五年，后世常称"永明延寿"，便是由此得名。忠懿王赐号"智觉禅师"，大师在此处广兴教化，度弟子一千七百人，广行佛事，行道余力念《法华经》一万三千部。闻名后世的巨著《宗镜录》百卷便是在此寺演法堂定稿，该堂因此改名为宗镜堂。《宗镜录》一书传到高丽，高丽国王读后，遣使臣赍书叙弟子之礼，并奉上金线织成袈裟、紫水精数珠、金澡罐等物。延寿大师为同使者前来的学僧三十六人印可，法眼宗旨因而弘传高丽。开宝七年（974年），又入天台山传菩萨戒，求受者约万余人。开宝八年十二月二十六日（976年1月29日）于永明寺结跏趺坐，安然逝去，寿七十二。太平兴国元年（976年）建塔于大慈山，忠懿王钱弘俶曾树亭纪念，成为著名的永明塔院。

吴越王采用了大师临终遗嘱，归顺宋朝；宋朝著名学者、佛教居士忠肃公陈瓘曾为大师撰写碑铭。又引《教苑遗事》载，太平兴国辛丑（977年）宋太宗赐额慧日永明寺（即日后净慈寺）"寿宁禅院"，追谥"宗照大师"。《雪窦山志》载宋太宗淳化三年颁发敕谕与雪窦寺，将《宗镜录》与太宗所写佛教诗赋文章一同赐予瀑布观音禅寺（即日后雪窦寺），雪窦寺僧人为此特建藏经楼。

永明延寿大师既是禅门法眼宗三祖，又是后人追封的净土宗六祖，是继天台智者大师之后的集大成者，对后世影响深远。清朝雍正皇帝在《御选语录》中更是高推他为"六祖以后古今第一大善知识""超出历代诸古德之上""震旦第一导师""古佛再来"。

永明延寿离世之后，关于他的神奇故事仍是层出不穷，影响最大的说法是将他视为佛的化身，慧洪觉范《禅林僧宝传》说永明延寿"时号慈氏下生"，即为弥勒菩萨转世；而净慈寺僧大壑所撰《永明道迹》则说是"弥陀化身"。不管实情如何，在后世信徒心中，永明延寿就是古佛再来，尤其是他被列为净土祖师，视为弥陀化身更为合理。

更有人说在地府看见阎王供永明延寿画像，又指他已经于西方极乐世界上品上生，明末周清原所著平话小说《西湖二集》卷八《寿禅师两生符宿愿》即是充满神异色彩的永明延寿通俗传记，清初张岱撰《西湖梦寻》便以为赫赫有名的济公和尚即永明延寿后身，可见后人尊慕情盛。此类神异之说真伪莫辨，但在佛教的传布中常被提出，以启人敬信心；在信众中更是作为无可置疑的事实广泛流传，至于此事本身是真是假反倒不那么重要了。

永明延寿大师著作等身，尤以《宗镜录》和《万善同归集》最负盛名。《宗镜录》全书百卷，"以一心为宗，照万法如镜"，融通性相显密，是中国佛教史上集大成的巨著；《万善同归集》则仅有三卷，与《宗镜录》重在说空、说心、专对"上根"禅门风格不同，它提倡万善同修，念佛便属万善之一，文内还有若干问题专门针对净土法门而设，于是后来净土宗徒对《万善同归集》关注更多。

四十四世永明延寿禅师

百八佛事与禅净四料简

永明延寿被列为净土祖师最重要的事迹有二：

一是他的"百八佛事"，尤其是修行净业。据《佛祖统纪》卷二十六载，永明延寿每天修佛事一百零八件，从未废止，天晚则到其他山上行道念佛，旁边的人还听到天乐之声，于是忠懿王感叹："从古至今求往生西方的人，没有谁有这么专心恳切的。"所以为他建了西方香严殿，以成其志。

什么是"百八佛事"呢？据永平道者山大云峰禅寺嗣祖居幻沙门释文冲重校编集的《慧日永明寺智觉禅师自行录》，一百零八佛事包含"受持神咒""念佛净业""礼佛""忏悔""行道""诵经"等，直接与弥陀净土相关的有13条：

第三，常修安养净业，所有毫善，悉皆念念普为一切法界有情，同回向往生。

第十七，晨朝，普为一切法界众生，顶戴阿弥陀佛行道，承广大之愿力，慕极乐之圆修。

第二十一，午时，礼皈依主安乐世界阿弥陀佛，普愿一切法界众生，顿悟自心，成妙净土。

第三十七，初夜，礼慈悲导师安乐世界大势至菩萨摩诃萨及一切清净大海众，普愿一切法界众生，引导利济众生，同了唯心净土。

第四十，初夜，普为一切法界众生，旋绕念大势至菩萨摩诃萨，愿摄诸根，净念相继，托质莲台。

第五十三，后夜，普为一切法界众生，旋绕念阿弥陀佛，愿成无上慧，摄化有情。

第五十八，昼夜六时，普为一切法界众生，念七如来名号：念宝胜如来，愿一切众生，积劫尘劳，悉皆清净；念离怖畏如来，愿一切众生，离五怖畏，得涅槃乐；念广博身如来，愿一切众生，咽喉广大，禅悦充足；念甘露王如来，愿一切众生，饮甘露味，成大菩提；念妙色身如来，愿一切众生，离丑陋形，相好圆满。念多宝如来，愿·切众生，永离贫穷，法财具足；念阿弥陀如来，愿一切众生，离恶趣形，神栖净土。

第六十九，黄昏时，普为尽十方众生，擎炉焚香，念阿弥陀佛心真言，悉愿证悟佛心，同生安养。真言曰：唵阿密栗多帝际贺啰吽。

第七十七，昼夜六时，同与法界一切众生回向，从无始来，至于今日，三业所作，一念善根，尽用普施一切法界众生，回向无上菩提，同生西方净土。

第七十八，昼夜六时，同与一切法界众生发愿，与一切法界

中国净土宗

脉络

众生亲证法华三昧，顿悟圆满一乘。临命终时，神识不乱，浊业消灭，正念现前，随愿往生西方净土，皈命弥陀佛。成就大忍心，遍入法界中，尽于未来际，护持正法藏，开演一乘门，圆满佛菩提，修习普贤行。广大如法界，究竟若虚空，誓与诸含灵，一时成佛道。

第九十一，受持回向真言：一回向真如实际，心心契合；二回向无上菩提，念念圆满；三回施法界一切众生，同生净土。真言曰：唵三摩啰微罗摩莎罗摩诃斫迦啰嚩吽。

第九十二，受持往生真言，愿临终命时，与一切法界众生，同生净土。念往生咒一遍。

第九十七，常劝一切人念阿弥陀佛，因修净业及修福智二严，习戒定慧六度万行熏修等，乃至广结香花净会，供养大斋，种种施为，恒有导首。

但结合上下文看，永明延寿并非专修弥陀净土，阿弥陀佛在他的百八佛事中只是皈依供养的十方世界十方佛菩萨之一，只是由于阿弥陀佛及其西方极乐净土在中国佛教中有特殊地位，导致相关佛事有十余条。有学者研究认为永明延寿归心净土的真正因缘契机是法华忏的发愿法，他并非专修净土。

永明延寿与净土关联的第二事例是著名的禅净四料简：

> 有禅有净土，犹如带角虎，现世为人师，来生做佛祖。
>
> 无禅有净土，万修万人去，若得见弥陀，何愁不开悟。
>
> 有禅无净土，十人九蹉路，阴境若现前，瞥尔随他去。
>
> 无禅无净土，铁床并铜柱，万劫与千生，没个人依怙。

该四料简在禅净关系史上影响重大，但并不见于现存的永明延寿著作中，元代中峰明本（1263—1323 年）《中峰广录》（1334年编）和天如惟则（？—1354 年）《净土或问》（1368 年编）中有节录，最初收录全文的是明代大佑编纂的《净土指归集》。四料简的真伪广受争议，但它产生的影响却是实实在在的，后代说起禅净双修，十有八九要提到这四句话。我们撇开真伪来看四料简本身，说是禅净双修，其实更明显的是推崇净土宗。近代净土宗祖师印光法师在《净土决疑论》一文中就详细地解说了禅净四料简，劝人修行净土，不要自诩上根，被禅宗耽误。

禅净圆融

永明延寿常被视为禅净融合的先驱，从他身兼禅净二宗之祖的特殊身份也可见其思想端倪。严格说来，永明延寿展现的气质更偏向禅师，而不同于净土行者，尤其是后世的净土专修者。其著作内的净土思想虽不排斥西方净土，但重点还在唯心净土，净土的提出仍在"举一心为宗"、华严圆教的统摄之下。永明延寿的思想用"禅教圆融"来描述可能更贴切，只是后世教下凋敝，净土独盛，也就逐渐变成了禅净圆融。

禅宗与净土宗虽同为大乘佛教宗派，其面貌却迥然不同。念佛为净土宗的代表法门，究其实念佛又有观想念佛、观像念佛、持名念佛、实相念佛等差别。被后世奉为净土初祖的庐山慧远主要用观想念佛之法，收摄妄心，体会穷玄极寂、圆融之境；而自唐代道绰、善导倡导简便易行的持名念佛法门，将净土宗发扬光大，其后持名念佛便成了最常见的念佛方式，且俨然成了"念佛"的代名词。在大众信仰中，其他三种念佛方式多被忽视。

念佛作为一种修行方法在早期佛教中就已经存在了，小乘修行法"六念"（念佛、法、僧、施、戒、天）与"十念"（于"六念"外增加休息、安般、身、死四种念）均含念佛，鸠摩罗什译《坐禅三昧经》、昙摩蜜多译《五门禅经要用法》等中五门禅也含"念佛观"，此等念佛与中国佛教净土宗提倡的净土念佛法门并不能等同看待。净土法门的关键之处除了以念佛为手段外，更强调要往生净土西方极乐世界。净土法门简言之必涵括念佛的方法与极乐的归宿。

禅宗理本般若、佛性说，修行方法上并无定法可循，早期多是坐禅，发展至后来又有机锋、话头等，根本原则不外乎通过外在的修炼、打磨，参究自心，祛除人心的执着障碍，使得本具的清净自性得以彰显，即所谓"明心见性，见性成佛"；若说归宿，必是不劳向外寻觅，唯以自心为皈依。需要指出的是，中国发展出来的禅宗属于大乘佛教系统，与纯粹的禅观、禅定等不是等同的。

依上所论，净土与禅若是修行方法上的差异，还有融通的可能，若是归趣不同，究竟如何融合呢？六祖惠能一句："东方人造罪，念佛求生西方；西方人造罪，念佛求生何国？"引发后人无数的争端辩解。奇特的是，二宗在历史中恰恰出现了合流双修的局面。永明延寿究竟是如何解决这个难题的呢？这是一个值得关注的问题。

禅净关系中最重要的是三个方面的问题：唯心净土与西方净土、自性自度与慈悲普救、难行道与易行道，其中唯心净土与西方净土的辨析更是禅净融汇的关键处。《万善同归集》卷上第28至33问中专就净土设问，诸问的关键也在于西方净土与唯心净土的会通。

第28问：

> 唯心净土，周遍十方，何得托质莲台，寄形赡养，而兴
> 取舍之念，岂达无生之门，欣厌情生，何成平等？

永明延寿回答"唯心佛土者，了心方生"，之后全引经论之说，大意分作两层：第一，唯心净土境界甚高，非凡夫可及。永明延寿的唯心净土是法性实土，需要亲证诸法实相，方可往生。众人根器小，心怯弱，不能直了本心，入唯心净土，与其被唯心之说耽误，不如抓住往生西方极乐世界这条更保险的绳索。后代净土祖师都强调这一层意思，他们不排斥其他法门，但是会反复说明末法众生根器陋劣，修行禅宗那种对上上机的法门会事倍功半，甚至劳而无获，即四料简所说"有禅无净土，十人九蹉路，阴境若现前，瞥尔随他去"。另外，强调净土法门三根普被、利钝全收，又有佛力加持，是"横超三界"的最殊胜法门。永明延寿的思想以"心"来贯彻，却不坏西方极乐世界，便有教化、实践方面的考虑，也是理事无阂原则的应用，使众人免耽于唯心虚理而废善行。

第30问恰是就心设问：

> 心外无法，佛不去来，何有见佛，及来迎之事？

永明延寿回答：

> 唯心念佛，以唯心观，遍该万法。既了境唯心，了心即
> 佛，故随所念，无非佛矣。

心该万法，如此一来，无一法非心，而上文说"唯心净土者，了心方生"，可知难处在"了心"。即如第四章讨论的理事淆乱的问题，虽说无漏自性本自具足、不假外求，却不可废事相之修；谈万法唯心，多就理说，如何是事上的"万法唯心"呢？须结合佛教修行论、宗教体验来看，即亲证本心，即此亲证境界能了知"色身外泊山河虚空大地，咸是妙明真心中物"，此是觉悟境界；而凡夫状态下，身与外在世界是隔绝的，此时说"万法唯心"纯是理说。了心不易，故唯心净土难生。

第二，唯心净土也不离真俗二谛说，若从真谛看，诸佛国土体性皆空，从俗谛看，又有诸佛世界形相，故《维摩诘经·佛道品》有言："虽知诸佛国，及与众生空，常修净土行，教化诸群生。"以娑婆世界为例，虽然此世界体性空，对众生而言它确实是鲜活存在的世界；西方极乐世界也是同样的道理，它体性也空，也有诸相建立，只是不同于娑婆秽土，它是阿弥陀佛愿力所建净土，它的存在形式与娑婆世界不同。就真谛而言，净秽皆空；就俗谛而言，又净秽有别。如第31问关于往生之疑：

> 庞居士云："事上说佛国，此去十万里。大海渺无边，动即黑风起。往者虽千万，达者无一二。忽遇本来人，不在因缘里。"如何通会，而证往生？

引《维摩诘经》疑众生陋劣，无缘往生净土，此疑专就事相而发。永明延寿回答：

> 若提宗考本，尚不说有佛有土，岂言达之不达乎？所以天真自具，不涉因缘；匪动丝毫，常冥真体。若约事论，故

第七章 融禅净万善同归（公元 10 世纪）

141

非一等，九品往生，上下俱达；或游化国，见佛应身；或生报土，睹佛真体；或一夕而便登上地，或经劫而方证小乘；或利根、钝根，或定意、散意；或悟迟速，根机不同；或华开早晚，时限有异。

此答从理事两边释疑，就理而言，即是真谛之言性空、本自具足，此处尚不说有佛土，更不论说往生了；就事而言，又有九品往生等诸多事相。若是理事孤绝地看，如此二分并没有真的释疑，众人的疑惑在九品往生等是否如其认知的实在，即是否存在如《无量寿经》所描述的那般，又能以耳闻目睹等六根作用的形式感知的往生。如佛说万法皆空，但众人眼中世界宛然有，众人疑惑的是净土到底是意识心虚构的产物，还是真有一个如我们所在世界的虚幻宛然有。

世人依据《阿弥陀经》文字所理解的极乐净土多是处于玄冥宇宙中、距离地球"十万亿佛土"之外的某处所在，即是将俗谛所说净土坐实，依此思路，净土的存在是无法被验证的。人类一般的二元认知模式也难以了解净土的存在形式，只是说有说无。"生即无生、无生即生"多就理上说，考其意，是要不把往生当成舍此求彼，并将定执有无的人认为"愚者"，如此一来，西方有无的问题便被化解掉了。

既然娑婆、极乐体性同为空，那么十万亿佛土之外是否如人类设想的形式存在一个极乐世界并不是个重要的问题，之所以建立一个指方立相的西方净土，多是从让人生信的角度出发。指方立相的西方净土给人确实的感觉，因为人类一般只能认知确定的具体对象；此事的难点在于，若先摆明劝信的目的，众人又反会怀疑净土是否存在，疑心一生，修行必无功。所以佛经里通过佛口亲宣"圣言量"的形式宣示西方净土确实无疑，历代祖师说法时亦笃定西方实有，如此方能让徒众信心生起，故后代法师说法多不废西方净土说。

有人生疑：娑婆、极乐体性同空，何劳远求极乐呢？此问解答须就个人根性、修行法门说。从修行方式讲，有理性门入和事相门入之分。适合理性门入者，一闻"诸法性空""万法唯心"之理，便能从理性上下工夫，直探本原，净土再美好也难以引发他的兴趣，禅宗的修行便属此类；适合事相门入者，更关注诸法之相，如净土诸经将西方极乐世界描绘得无比严净美妙，使人生向往之心，净土修行重视厌离心，即厌弃秽土、欣求净土，此心不强，必难成就。此外，若说体性空，远求极乐与住于娑婆也无别，彼此都无须鄙薄。通过"唯心净土"为纽带，原本归趣不同的禅宗与净土宗也有了圆融的基础。

现实中的禅净双修则表现得形形色色，在辨析之前必须界定禅与净的内涵，如果只要有念佛二字就划到净土名下，只要是禅修、禅观就归于禅宗，那禅净双修涵括的范围就很宽广了，但是这样浮泛的双修对于实际的修行并没有真实的指导意义。所谓"禅"必定要符合圭峰宗密"最大乘禅"的要求："顿悟自性本来清净，原无烦恼，无漏智性，本自具足，此心即佛，毕竟无异"，在修行实践中以"开悟"为标志；所谓"净"特指净土宗的念佛法门，尤以持名念佛为代表，其要在以"往生西方净土"为归趣。经过以上限定，禅净二宗要在保持各自特点的前提下融汇，就必然要在方法或归趣上作出一致的解释。方法上的融通只是解决皮毛问题，所谓参究念佛、念佛禅就是此类尝试，更核心的是归趣方面的统一。

禅宗之说万变不离一"心"，所谓"开悟"，悟的即是此心，此心即是佛心，究其实，此心即是空性；而净土宗描述了十万亿佛土外的西方极乐净土，庄严壮美，宛然实有，现实中的修行人大多数也把它当成胜过此方秽土的他方净土，若依此理解，禅与净土必定不是同道。因此禅净双修的关键联结处就在如何认识西方净土的体性。受中国传统人文思想的影响，在中国发展起来的佛教诸宗都有着重自力解脱、重此土的倾向。净土宗若以他力、彼岸世界为诉求，必然属于异类，在适应整体环境的过程中，定须作出大的调适。事实上，中国的净土不同于日本净土真宗的纯他力信仰，净土宗的西方极乐世界也不同于西方基督宗教的彼岸天堂，念佛法门需要与自身的心念举止恰合才能与阿弥陀佛感应道交，极乐世界即使是实有也必归于空性。"唯心净土说"正是禅与净土真正的黏合剂。

禅宗对心大书特书，《楞严经》卷二说："不知色身外洎山河虚空大地，咸是妙明真心中物。"依此思路，此方世界即是心中物，净土无论是他方实有还是虚构，也逃不开心中物，因此净土必定是唯心的。问题转化成：认他方实有净土，进而认净土唯心、性空，还是省略实有的过程，直认净土唯心？就理论而言，既然最终归结于唯心、性空，此种问题不成为问题；辨析此问题的意义主要是针对现实中的修行、信仰者而言的。对净土体性的认识又有"四土说"予以调和，即凡圣同居土、方便有余土、实报庄严土和常寂光土，隋代智者大师《维摩经略疏》、元代天如惟则《净土或问》、明代传灯《净土生无生论》等书均载此说，以为因个人修行差别，所入净土也有差别，凡夫所入净土为凡圣同居土，而佛则居于常寂光土。即使将凡圣同居土执为实有，至常寂光土必定是法身、解脱、般若之土，不能执为实有。四土说的引入能将指方立相的净土与性空之理巧妙地融合，避免了实有实无的弊病，也为修行实践划分了阶次。后代祖师虽说唯心净土，却又不废西方净土，其用心良苦可知。

需要补充的是，如果跳出"念佛＝持名念佛＝净土宗"的心理预设，禅宗与净土宗的融汇就不一定要靠"唯心净土"这带有鲜明禅宗色彩的连接点，在念佛法门中已含的"实相念佛"便可作为沟通的使者。

万善同修

永明延寿的另一个重要贡献是提倡万善同修。行善本是佛教的本分，"诸恶莫作，众善奉行，自净其意，是诸佛教"的说法深入人心，但自从禅宗流行之后，空理横行，执理废事愈演愈烈，行善反被视为障道因缘。禅宗惠能一系的顿教法门融汇了般若中观与涅槃佛性二说，一方面用"空""无"等扫除众人情执，另一方面又强调无漏自性本自具足，不假外求。前者以般若系列经典，尤其是以《金刚经》和《维摩诘经》为代表。《金刚经》讲"应无所住，而生其心"，谈三轮体空，以"空"为武器，涤荡一切名相束缚，使人心无执着；后者则强调"人人皆有佛性"，本自具足，再加上《楞伽经》《圆觉经》《楞严经》《华严经》《大乘起信论》等一系列强调心性说的经典的影响，其说以"心"为根本，故又称"心宗"。禅宗修行要在直彻心源，明了生死大事，亦即悟得一完整之理，如著名禅宗祖师马祖道一便倡导"即心即佛""道不用修"。禅宗修行的具体方式也不同于其他教下宗派，祖师们教导弟子的方式也灵活多样，或暗示、或隐喻、或反诘、或动作、或喝或打，无定法可拘，这些丰富多样的训示是要以出其不意的方式截断修习者惯常的思维定式与一刻不停的妄心习流，使其直认本心，即有悟的体验。因人施药，"悟"无定法，禅师们的启"悟"言行往往是契一时一人之机，活泼泼的，不可复制，故或说"即心即佛"，或说"非心非佛"，但是万变不离其宗。

对于信奉南宗禅的修行人而言，自性中善恶皆空，并无差别，有善恶的分别心便已经违背了平等之旨，为何要弃恶崇善？即便修善有功德，也不如在"见性成佛"上下工夫收效大。何况在南宗禅看来，即使佛教中对于般若的精勤研修，也不过是"磨砖作镜"，真正的至善境界是"不思善，不思恶"的"本来面目"。既然任运随化，饥餐渴饮、运水担柴无非妙道，何必要孜孜以求，勤修万善？这岂不是南辕北辙，越行越远？作为一个偏重"实修"的佛教宗派，禅宗本来就有脱离具体的善行，而专注于水边林下的禅定修持的倾向，到了以惠能为代表的南宗禅盛行之后，这种倾向又演变为对"不执着"和"本来无一物"的信仰，认为"道不用修，但莫染污"，这与勤修万善的精神，看上去恰好相反，作为一名禅师，永明延寿想必对此深有体会，所以，永明延寿特别提出行善的问题，实为"因病与药"之举。

《万善同归集》第二卷中，永明延寿列举了"万善"的具体行为，大致可分成两类：

一是与佛教教义相关的，包括：散花供养，严饰道场；烧香涂香，庄严佛事；悬幡塔庙，宝盖圣仪；称扬佛德，赞叹大乘；劝请诸佛，初转法轮，不般涅槃，悲济含识；随喜赞善，助他胜缘；发大愿；造新修故，立像图真，兴建伽蓝，庄严福地；兴崇宝塔，铸泻洪钟；书写大藏，启发真诠；刻石销金，剥皮刺血；兴崇三宝，广扇慈风，墙堑释门，威力外护，遂令正法久住，佛道长隆；释其拘系，放人出家；广度僧尼，绍隆佛种；忘身为法，禁绝邪师，建正法幢，断魔绢索；成他大业，助发菩提；饭僧设供，资备修行；造经房禅室，施华果园林，供给所须，助成道业；受一日戒，持八关斋，不噉有情，永断荤血；慈悲喜舍，种种利益，度贫代苦，轸念垂哀，及施畜生一抟之食；起四无量之心，摄物同己，成四安乐之行，利益有情。

二是与儒道共同的善行：平治坑堑，开通道路；造立船筏，兴置桥梁；于要道建造亭台；在路傍栽植华果，济往来之疲乏；施食给浆，病缘汤药，住处衣服一切所须；施无畏，善和诤讼，哀愍孤露，救拔艰危；怀惭抱愧，常生庆幸之心，识分知恩，恒起报酬之想；代诛赎罪，没命救人；释放狴牢，赦宥刑罚；归复迁客，招召逋民；停置关防，放诸商税；给济贫病，抚恤孤惸；尽忠立孝，济国治家，行谦让之风，履温恭之道，敬养父母；赞叹其名，发荐贤之路，成人之美，助发勇心，喜他之荣，同兴好事；削嫉妒之蛊刺，息忿恨之毒风。

永明延寿列举的条目，将普贤菩萨的十种广大行愿融入其间，强调了慈、悲、喜、舍四无量心。这些善行，是布施、持戒、忍辱、精进、禅定、智慧六度的展开。尤其"布施"一度，舍己为人，与世间之善最切近，所以永明延寿不惜笔墨，列举了开路、建桥、施食、济药等各种条目。又有"尽忠立孝""敬养父母"之说，显见是力图融合儒家精神，正针对社会上说佛教"无父无君"的异议而来。可以说，永明延寿的这些条目列举，看似卑之无甚

147

高论，但仔细思量，却可以发现他的一片深心，可谓纲举目张，全面周到。

对净土宗而言，高唱万善同归意义非凡。按照执理废事者的标准，任何有形有相的修行都应该摈弃，净土宗念佛求往生的做法更是不可取。当永明延寿将对空性的理解与应用解说清楚，万善修行回到了它们应有的位置，净土法门也重新获取了它的合理地位。《观无量寿经》中有三福净业的提法，再看看永明延寿万善的条目，已经包含了三福的内容。

需要强调的是，永明延寿毕竟不同于善导，虽然修行净土、宣扬万善，但他重视的是唯心净土，在《万善同归集》最后的偈语也是这样明确表达的：

菩提无发而发，佛道无求故求。

妙用无行而行，真智无作而作。

兴悲悟其同体，行慈深入无缘。

无所舍而行檀，无所持而具戒。

修进了无所起，习忍达无所伤。

般若悟境无生，禅定知心无住。

鉴无身而具相，证无说而谈诠。

建立水月道场，庄严性空世界。

罗列幻化供具，供养影响如来。

忏悔罪性本空，劝请法身常住。

回向了无所得，随喜福等真如。

赞叹彼我虚玄，发愿能所平等。

礼拜影现法会，行道足蹑虚空。

焚香妙达无生，诵经深通实相。

散华显诸无著，弹指以表去尘。

施为谷响度门，修习空华万行。

深入缘生性海，常游如幻法门。

誓断无染尘劳，愿生唯心净土。

履践实际理地，出入无得观门。

降伏镜像魔军，大作梦中佛事。

广度如化含识，同证寂灭菩提。

在净土宗的历史上，永明延寿可以被视为一位划时代的人物。相应地，净土宗史也可以被粗略地划分两段：永明延寿及之前的净土宗和永明延寿之后的净土宗。这两段也展示出不同的特质，前一段是发展成熟期，创新的思想层出不穷，到永明延寿这里，又吸取禅宗、华严宗等其他宗派的思想，搭建了一个广阔圆融的平台，既终结了一个时代，又开启了另一个时代。永明延寿之后的净土宗基本沿着融合的道路前进，虽然不乏高僧大德，但很难像善导、永明延寿这样在思想理论上独创一格。他们大多是对前人理论的发展、完善、解说、实践，一方面是由于重要的问题基本已经被讨论过，另一方面是由于净土宗不以理见长，而更重视修行实践，所以后世净土宗的信徒众多，民间影响力也非其他宗派可比。因此，宋之后的净土宗史更像一部净土修行者的合传。

第八章

广弘扬两宋为盛
（公元 10 世纪—13 世纪）

中国净土宗脉络

祖师大德

宋朝的净土宗修行者不可胜数，已经出现了"家家弥陀，户户观音"的盛况，《净土圣贤录》上长长的往生名单也可以加以佐证。这里仅选出几位常被提起的祖师大德略为介绍，从一斑而窥全貌。

1. 七祖省常

永明延寿之后，宋元三百年间，被追认为净土宗祖师的只有省常一位，被尊为七祖。省常（959—1020年），俗姓颜，字造微，浙江钱塘人，七岁出家，北宋开宝八年（975年）十七岁时，于诸大德戒师处求受三坛具足大戒，其后精进修持，戒行谨严。此后，他潜心研习《大乘起信论》，修行天台止观法门。由于仰慕东晋庐山慧远大师结白莲社念佛求生西方的风范，淳化年间（991—994年）省常在浙江杭州西湖昭庆寺结净行社，邀集有志之士，共修净业。

关于净行社的结社缘由和具体情况，当时翰林院承旨宋白在《大宋杭州西湖昭庆寺结社碑铭并序》中介绍得比较清楚：淳化元年，省常发大誓愿，续佛慧命，报四重恩，于是刺血和墨，书写《大方广佛华严经·净行品》，每写一字，三作礼，三围绕，三称佛名。省常的手写本被刊刻成版，印了千卷，分赠给僧俗众人。后来又以栴檀香造毗卢遮那佛像，八十位僧人结社修行。得知这个消息，高士清流、居士俗众等都有心来参加。省常还写诗赠送给京城的公卿大夫和文士等，邀请他们入社，接到邀请的人十之八九欣然入会，以诗酬对。最后入社的达官文人百余人，僧众弟子近千，以抄写《净行品》的因缘，定社名净行社，因为是仰慕庐山慧远白莲社而建，所以又称白莲社、莲花社、西湖白莲社。

省常的净行社最引人注意的特点是入会者中有很多身居高位的朝廷大臣和公卿文士，孙何的《白莲社记》中就列举了一串名单，担任社首的是时为参知政事的王旦（957—1017年），也就是当时一人之下、万人之上的宰相，此外名姓可考的还有：苏易简、宋白、向敏中、钱若水、梁鼎、王化基、张去华、吕祐之、朱昂、冯伉、梁颢、梁湛、李至、宋湜、王禹偁等，多是一时的名士豪流。这样一批人纷纷加入净行社，作为"唱首"的中书舍人苏易简（958—996年）更有"布发以承其足，剜身以请其法，犹无恨"的强烈表达，省常大师的感召力可见一斑。

宋真宗天禧四年正月十二日（1020 年），省常在寺中端坐念佛，突然厉声唱言："佛来也!"在场众人看见地上变成金色，过了许久才消散隐去，省常已安然辞世。除了净行社，省常似乎并没有更轰轰烈烈的事迹供后人评说，即便如此，他仍被尊为祖师，可见还有很多是未被书于史册而在现实中产生影响的。

2. 慈云遵式

遵式（963—1032 年），台州临海（今浙江宁海）人，俗姓白，幼年时便能跟随母亲念观世音菩萨圣号，稍微年长后，跟随天台义全学习，十八岁落发，二十岁受具足戒。后跟随守初律师学律，又到天台国清寺，在普贤菩萨像前燃指供养，发誓弘扬天台教法。遵式曾取期九十天修般舟三昧，苦学吐血，两足皮裂，但仍不放弃，发誓至死方休。某日遵式如在梦中，见观音菩萨从其口中引出几条虫，又指端出甘露让他服用，之后遵式觉得身心清凉，疾病也痊愈了。

宋太宗至道二年（996 年），时年三十四岁的遵式邀集僧俗大众修行净业，作《誓生西方记》，又刻了观音菩萨像，撰写十四誓愿置于圣像腹内。咸平五年（1002 年），遵式回到临海主持东掖山，因徒众太多，在西边增建了精舍，带领众人修念佛三昧。大中祥符四年（1011 年）之后，遵式先后在景德精舍、杭州昭庆寺、灵山精庐（古天竺寺）等处弘法。大中祥符九年（1016 年），遵式制定了往生净土的忏仪，又为马亮讲述了《净土决疑行愿二门》和《往生略传》。乾兴元年（1022 年），真宗敕赐"慈云"之号。宋仁宗天圣六年，建日观庵，修往生之业。天圣九年（1031 年），遵式为大众讲《净名经》，突然说道："我曾经在东掖山讲这部经时，梦见荆溪大师将经卷授予我，等我走出去时，太阳已经西沉，这大概是我最后讲的一部经了吧!"明道元年（1032年），遵式示疾，夜间坐逝，七日不改容貌。作为太平时代的有道名僧，遵式参与的活动不胜枚举，他一生大部分的时间都在台州、杭州两地奔波讲法，利人无数，也曾任僧正，被赐紫衣，光耀无比。

遵式的著述有《金园集》《天竺别集》《金光明护国仪》《往生净土忏愿仪》《法华三昧忏仪》《请观音忏仪》《炽盛光忏仪》《小弥陀忏仪》，另有诗集《采遗》《灵苑》等，其中以忏仪最有特点，所以他也被称为"百本忏主""慈云忏主""天竺忏者"等。

严格说来，遵式属于天台宗僧人，因此他的净土修法也不失天台家法。如《往生净土忏愿仪》即是仿智者大师《法华三昧忏仪》而成，列十种行法：第一严道场，第二方便法，第三正修意，第四烧香散华，第五礼请法，第六赞叹法，第七礼佛法，第八忏愿法，第九旋绕诵经法，第十坐礼法。修行期也有四十九日、十日和七日三种，其中七日七夜的依《观无量寿经》和《阿弥陀经》。

在《净土决疑行愿二门》中，遵式列四门行愿：一礼忏门，二十念门，三系缘门，四众福门。四门都修自然是最完美的，若是无暇修行，也要坚持每日修十念法。遵式的十念法与飞锡的类似，每天向西合掌，连声念阿弥陀佛，尽一口气为一念，借气来收心。

3. 长芦宗赜

宗赜，又作宗颐，因住于长芦寺，被称为长芦宗赜。宗晓在

《乐邦文类》六祖说中将宗赜定为净土宗六祖，后来的志磐在《佛祖统纪》中改为七祖说，宗赜被排除在外了，只能说定祖的标准见仁见智。宗赜既然入得宗晓的法眼，必然也不是泛泛之辈。

宗赜是襄阳人，父亲早亡，他跟随母亲住在舅舅家中，从小学习儒学等。二十九岁时，他礼拜真州长芦寺秀禅师出家，修行禅宗。宗赜是一个大孝子，元祐年间，他住在长芦寺，便将母亲接到方丈室东边的房间居住，并劝母亲剃度念佛，七年后母亲念佛安然辞世。宗赜不仅做到了世间孝，还极力宣扬劝亲修净业的出世间孝，曾经撰写了劝孝文一百二十则。尽了事亲的孝道，宗赜开始依照庐山慧远大师的法度，建莲华胜会，劝僧俗弟子修西方妙观，又专持名号，发愿往生西方。据传此会殊胜，感得普贤和普慧两位菩萨入梦，书名入会，所以莲华胜会以菩萨为会首，也感召了更多入会者。

翻开禅宗的典籍，如《五灯会元》等，我们可以看到另一种面貌的宗赜，他还曾编集《禅苑清规》，详细规定了僧人的职守与行持，是继《百丈清规》之后的一部禅宗丛林清规，对宋元时期中国佛教寺院礼仪的发展有很大影响。

宗赜既修净土，又是禅师，所以他的净土思想也带着浓厚的禅味，如他在《莲华胜会录》中写道："夫以念为念，以生为生者，常见之所失也。以无念为无念，以无生为无生者，邪见之所惑也。念而无念，生而无生者，第一义谛也。是以实际理地，不受一尘，则上无诸佛之可念，下无净土之可生。佛事门中，不舍一法，则总摄诸根，盖有念佛三昧，还原要术，示开往生一门。"

关于念佛与参禅的关系，宗赜认为应该各随根器因缘，选择适合自己的方法。《莲宗宝鉴》中引用了他的论述："念佛不碍参禅，参禅不碍念佛，法虽二门，理同一致。上智之人，凡所运为，不著二谛；下智之人，各立一边，故不和合，多起纷争。故参禅人颇念佛，念佛人颇参禅，皆因执实谤权，二皆道果未成，地狱先办。须知根器深浅，各得所宜，譬如营田人岂能开库？开库人安可营田？若教营田人开库，如跛足者登山；若教开库人营田，似压良人为贱，终无所合也。不若营田者自营田，开库者自开库，各随所好，皆得如心。是故念佛参禅，各求宗旨，溪山虽异，云月是同，可谓处处绿杨堪系马，家家门首透长安。"清晰透彻，中正平允，一语中的，尤其是营田人和开库人的例子，生动形象地阐明了法无定法、因人而异的道理，路虽不同，所得解脱却是一样的。如果后世对禅净问题争论不休的人能将这番话听进去，无谓的干戈就会减少许多。

宗赜的《劝念佛诵》中有一首："极乐不离真法界，弥陀即是自心王；眉间毫相无方所，露柱灯笼亦放光。"《西方净土颂》中也有一首："人问禅家者：宗门万事忘，既称超极乐，何必往西方。却听禅家语：西方是本乡，马鸣亲训诲，龙树亦称扬。"都是表达了禅净一致的思想，这也是永明延寿之后的一股大思潮。

4. 龙舒居士

王龙舒大概是宋朝修行净土法门的居士中声望最隆的一位，一本《龙舒净土文》解决了多少人的疑问，又让多少人了解、信仰、实践了净土法门啊！直到现在，寺庙的经书流通处还常常会刊印《龙舒净土文》结缘赠送。

王龙舒（？—1173 年）本名王日休，字虚中，龙舒（今安徽省舒城）人，常被称为龙舒居士。王日休博览群书，原本研习儒典，宋高宗朝，考上国学进士，但他辞官不做，并将自己训传六经的作品全部丢弃，开始潜心修习净土法门。王日休一生粗食淡饭，每日礼佛千拜，他的净土思想都存于《龙舒净土文》中，上自达官贵人，下至贩夫走卒，无数人被此书感召，皈依净土。据传乾道间庐陵李彦弼染病垂死，梦中见一人自称龙舒居士，让他喝白粥，更授以念佛法门，李彦弼依法而行，果然病愈，后看到王日休的画像，与他梦中的一样，更为信服，让自己的孩子们前去跟随王日休学习。逝世前三天，王日休告别道友，叮嘱他们勤修净业，并说自己要远行，不会再相见了。到了第三天，他照常礼诵，到三更时，突然大声念阿弥陀佛，并说："佛来迎我。"站着便西去了。

《龙舒净土文》原书十卷，包括《净土起信》《净土总要》《普劝修持》《修持法门》《感应事迹》《特为劝喻》《指迷归要》《现世感应》《助修上品》《净浊一如》，后人增广为十一卷或十三卷，现在通行本的《龙舒增广净土文》为十二卷，由嘉禾僧莹增改而成。该书涵括的内容非常广泛，由浅入深，既有净土教理与修持的方法，浅显易懂、引人向善的往生和因果故事，又有劝众修行的恳切言辞与针对禅净关系的透彻理论。对修行实践者而言，第四部分《修持法门》中所列的十五条可能最有指导意义，如十声发愿念佛、兼诵经咒、默坐修观、万善回向等，其中比较有意思的是第六条一声多佛的念法：据说释迦佛在世的时候，有一对老夫妇，用了一斗谷子计算念佛数，希望往生西方，佛告诉他们有更好的办法，念一句可以数多粒谷子，于是教他们念"南无西方极乐世界三十六万亿一十一万九千五百同名同号阿弥陀佛"，念此一声，相当于二千石谷之数。这种念法后世也有质疑者，考察其用意，无非是让众人更精勤念佛罢了。

此外，王日休还特别主张戒杀念佛，认为杀生是五戒之首，不可不戒，只要能持不杀一戒，就至少可以下品往生了。如果能全持斋戒，又念佛诵经，回向愿生，就一定可登上上品。即使迫于无奈吃三净肉，也应该对所食众生念祝词，希望它们也早登极乐。王日休的这种戒杀的做法也成为后世的典范。

除了《龙舒净土文》，王日休还有一部著名的作品流传于世，那就是会本《大阿弥陀经》。正如本书第三章内介绍的，《无量寿经》译本"五存七缺"，存下来的五个版本在内容方面又不尽相同，后世的学习者就想尽善尽美，将它们汇集成一本，无所遗漏，王日休也做了这个工作。他看出各个版本中还存在矛盾，力图调和补充，于是将汉、吴、魏、宋四译汇为一个新本，也开启了节会本的大门。节会本的做法是否合适？这也是一直饱受争议的问题，后世不断有人批评，也不断有人效法，至少作为一个参考的读本是很不错的。

上文选取的四位各有特点，而在宋朝，这样有特点的净土行者还有很多，若要一一细说，几本书都是不够的，这里只能做个引子，有心人可以另行参考。

净土文献

宋朝也涌现出了大量净土文献，如论疏、赞偈、发愿文、诗歌等，此处仅举两个例子，一是汇编文集《乐邦文类》，二是往生传类的作品。

1. 《乐邦文类》

翻开净土宗的研究著作，常常可以看到《乐邦文类》的名字出现，本书写到这里，也已经数次提到这个名字了。在了解它的内容之前，我们先来认识一下它的作者宗晓。

宗晓（1151—1214 年），俗姓王，字达先，浙江四明（今浙江鄞县）人，号石芝，所以一般都称为石芝宗晓。他十八岁时受戒，后来成为延庆寺的首座，开坛讲经，弘扬佛法之余，又编纂了《乐邦文类》《法华显应录》等书，后来又将陆续收集到的净土资料编成两卷本的《乐邦遗稿》，他的著作还有《四明教行录》《宝云振祖集》等，可见他是一位勤于弘法而又勉力著述的高僧。宗晓生活在南宋孝宗至宁宗之时，宁宗嘉定七年八月示疾，留下一首偈子，便泊然而逝。偈曰：清净本来不动，六根四大纷飞；扫却云霞雾露，一轮秋月光辉。

宗晓是一位兼通天台宗、密宗和净土宗的大师，因此他的著作里常常有源于《法华经》的开示，论净土修法的时候，他把净土宗的念佛三昧与天台宗的一心三观圆融地结合起来。另外，宗晓受密教影响，在他的著作里也引用了不少密宗的修持方法，例如白骨观等。当然，不管是天台还是密宗，最终围绕着净土修持这一核心。宗晓的净土思想有如下三个特征：第一，他认为以疑惑心也可以往生；第二，他沿袭了王日休"一念多佛"的观念；第三，他强调了"无间修"的思想。无间修不仅包括修持的一心不乱、不被间断、心心相续的方面，而且还包括"若贪嗔痴来间者，但随犯随忏，不令隔念隔日隔时，常使清净"，这就使得他所提倡的修持方法更接近于普通大众修行的实际，也使向来被认为艰深烦琐的天台义理和止观法门，与简便易行的净土法门融为一体。

《乐邦文类》是宗晓编订的净土宗文献类编，关于此书的宗旨，宗晓指出：它是仿照儒家的"文类"（例如柳宗直的《西汉文类》）体式而编纂的，所谓"务学必求师，进业必托法"，因此他汇集了有关净土的文献二百余篇，分为经（摘录佛经中有关净土的论述）、咒（有关净土的咒语）、论（各种论著中的净土思想）、序跋、文章、碑记、传记、偈、颂、诗、词等十四门。此书网罗宏富，纲举目张，可谓领一代风气之先。

《乐邦文类》之所以重要，首先是因为宗晓在书中为净土宗定祖，并明确地以庐山慧远为初祖，这在净土宗的历史上是属于孤明先发，又列了善导、法照、少康、省常和宗颐（即宗赜）五位为继祖，后代净土宗的祖师谱系多是在这个基础上发展而来的。但是祖师说是否适宜地反映出了净土宗发展的脉络？这也是见仁见智的问题。

其次，《乐邦文类》中保存了不少已佚的文献资料，如择瑛的《辨横竖二出》、遵式的《晨朝十念法》、义和的《华严念佛三昧无尽灯》序言、林镐的《明师胜地论跋》、元照的《净业礼忏仪序》、杨杰《直指净土决疑集序》、元颖的《净土警策序》等。《乐邦文类》也为研究从晋至宋净土宗的历史、人物、著述、仪轨、文学、艺术等提供了丰富的参考资料。

2. 往生传

往生是净土宗不同于佛教其他宗派的独特之处，其他宗多说解脱、成佛、涅槃等，而净土宗立了西方极乐净土，也就有了往生之说。《观无量寿经》中介绍的九品往生各有种种神异之处，所以临终时往生净土往往伴随着感应和神奇，如预知时至、见佛来迎、金光花香、死后多日面貌如生等，总之是与普通没有修行过的人死亡时大不一样，这样可以让见到这些异象的人们生起赞叹、仰慕之心，效仿往生者以净土为念。但是并非每个人都有机会见到有异相的往生者，于是将各处往生者的传记故事收集起来，编纂成册，供更多人了解，这就是往生传。往生传中记录的人物不仅限于出家僧人，尼众、俗家男女信众都可以入传。当然，往生故事也杂见于高僧传、灵异记、佛教故事集等书中，如唐代迦才《净土论》卷下，引现得往生人相貌条说"道俗得往生净土者，略有二十人"，道世所撰《法苑珠林》卷15《敬佛篇·弥陀部》感应缘中，列举之僧尼及居士十名等，可以算是往生传的先驱。宗晓《乐邦文类》卷三有十七人的传记，王日休《龙舒净土文》卷五则记三十人之事，南宋志磐《佛祖统纪》卷二十六至卷二十八题为《净土立教志》，收录七十五人的故事，这些也都是往生传。这里单表往生传的专集。

前文介绍五祖少康大师时提到过，他与文谂编集、后又经道诜删补的《往生西方瑞应删传》可以算是第一本净土往生传专集。宋朝之后，西方净土修行者明显增多，相应的往生传也增加了，少康的标题中还要特指往生"西方"；而宋朝之后，净土几乎专指西方净土，所以只用称往生传。

宋朝的往生传中以戒珠（985—1077年）的《净土往生传》较有名气，该书又称《往生净土传》《戒珠传》。戒珠从梁代慧皎《高僧传》、唐代道宣《续高僧传》等十二家传记，及宋代赞宁《宋高僧传》等书中，选出从西晋僧显到北宋悟恩共七十五人的往生事迹，编成此书。慧明等其他六十二人，因为临终没有佛来迎接，所以也没有收录。

戒珠之后有王古撰《新修净土往生传》。王古，字敏仲，宋徽宗时任尚书礼部侍郎，深契禅宗，又习净土法门，著有《直指净土决疑集》三卷，杨次公为之作序，该书已经佚，序言部分还能从《乐邦文类》中见到。《新修净土往生传》收录一百一十五人的事迹。路师寿均是撰《新编古今往生净土宝珠集》，已经遗失，从《龙舒净土文》的相关资料推测，该书大概也收录了一百余人的往生事迹。除此之外，北宋遵式《往生西方略传》一卷、清月《往生净土略传》一卷、南宋海印《净土往生传》十二卷、辽代非浊《随愿往生集》二十卷等都是已佚的往生传。

宋元之后的明清两朝，往生传仍然层出不穷，这种通过现实中的实例激励人们生起信心、求生净土的文章展现出来的生命力，证明了榜样的力量，也成为净土宗独特的风景。

诸宗融汇

永明延寿之后的净土宗表现出融摄他宗的气象，当然，站在净土宗的立场可以说是融禅、教、密等入净土，站在其他宗派的立场，或许会说是引净土入自家法门。立场不同则宾主有别，事相上却是没有差别的，即净土宗与中国佛教其他各宗之间的融汇程度进一步加深了。上文列举的几位大德，有的属天台宗，有的修禅宗，有的对密宗也有研究，但都兼修净土，可见这股融汇之风影响深广。

1. 禅净融汇

诸宗中又以禅宗与净土宗的融汇最为普遍和紧密，自唐朝会昌灭佛之后，禅宗和净土宗成为两个最主要的宗派，它们之间互动频繁也可想而知。后世谈论宋朝的禅净双修，经常会提到以下的人物。

天衣义怀（989—1060年），永嘉乐清（今浙江乐清）人，俗姓陈，家中世代以打鱼为业。幼年时随父亲坐船打鱼，父亲将鱼抛到船尾，让他串起来，年幼的义怀心存不忍，总是偷偷地把鱼放回江中，即使被父亲责骂也不以为意。后来义怀出家，四处游学，拜在云门宗雪窦重显禅师门下，终于契悟大道。他常住在越州（今浙江绍兴市）天衣寺，所以世称天衣义怀。天衣义怀兼修净土，化人念佛，曾有人提问：舍秽取净仍是分别心的妄想，但若不信净土，又违背佛说，到底该如何处理这个问题呢？天衣义怀说："生则决定生，去则实不去，若明此旨，则唯心净土，昭然无疑。"天衣义怀显然赞成的是唯心净土，在《乐邦文类》卷四《唯心净土文》中说："先自天衣怀禅师以下，专用净土法，递相传授，皆遂往生，各有明验，具载《宝珠集》。"虽然禅净兼修并非始于天衣义怀，但是他大力倡导，功不可没，门下弟子慧林宗本、杨杰，以及再传弟子法云善本、守讷、长芦宗赜等都继承师说，禅净双修，使融合思潮成为云门宗一时之主流。

杨杰，字次公，无为（今安徽无为县）人，自号无为子，故世称杨无为。杨杰年少登科，官至尚书主客郎，崇信佛法，尤好禅宗，又宣扬弥陀净土，化导大众。晚年时画了一幅丈六的阿弥陀佛像随身携带，随时观念，感得佛来相迎，端坐化逝。他留下

162

辞世颂："生亦无可恋，死亦无可舍，太虚空中，之乎者也，将错就错，西方极乐。"当时的人们将他和王敏仲并称，赞叹备至。杨杰作有《净土十疑论序》《法宝僧监弥陀宝阁记》《安乐国三十赞》《无为集》等。《净土十疑论序》开篇即说"爱不重不生娑婆，念不一不生极乐"，从净秽、寿量、苦乐、生死说娑婆与极乐之别，又说"弥陀甚易持，净土甚易往，众生不能持，不能往，佛如众生何？夫造恶业，入苦趣，念弥陀，生极乐，二者皆佛言也，世人忧地狱而疑往生者，不亦惑乎"，指出众人思想中矛盾之处，劝修净土。杨杰的净土思想也是融唯心净土与西方净土于一炉，以为谈无、不生，是以理夺事，而于无念中起念、无生中求生，是以事夺理。

大慧宗杲（1089—1163 年），俗姓奚，宣州宁国（今安徽宁国县）人，十七岁出家，参访过洞山微、湛堂文准、圜悟克勤等大师，大兴临济宗，被宋钦宗赐"佛日大师"之号，孝宗赐"大慧禅师"之号。他是一代禅宗大祖师，曾辑《正法眼藏》六卷，其著述讲说也由门人编为《大慧普觉禅师语录》三十卷、《大慧普觉禅师宗门武库》一卷传世。宗杲的禅法以"看话禅"为特点，即后世常说的参话头，同时代的真歇清了将看话禅与念佛融在一起，形成了新的看话禅——看话念佛。

真歇清了（1089—1151 年），俗姓雍，左绵安昌（今四川绵阳）人。年十一随圣果寺清俊出家，十八岁得度为僧。他参访过丹霞子淳，又到真州（今江苏仪征）长芦山，谒祖照道和禅师，以一语契合。北宋宣和五年（1123 年）继祖照禅师法席，因此也称"长芦清了"。此后他又辗转任诸多寺院住持，弘阐宗风，学人云集，道几半天下。真歇清了主张以"阿弥陀佛"四字为话头，融禅净为一体，又作《净土说》，禅净双弘。清了有言："宗门大匠，已悟不空不有之法，秉志孜孜于净业者，得非净业之见佛，尤简易于宗门乎?"又说："乃佛乃祖，在教在禅，皆修净业，同归一源。入得此门，无量法门悉皆能入。"可见他也是共修示众弟子，并以为"念佛法门，径路修行，正按大藏，接上根器，旁引中下之机"。在文中清了还讲了忆佛念佛，达一心不乱的方法："一心不乱，人皆可以行之。由持名号、心不乱故，如龙得水，似虎靠山，此即《楞严》所谓'忆佛念佛，现前当来，必定见佛，去佛不远。不假方便，自得心开'之谓也。"

2. 台净融汇

从智者大师开始，天台与净土的关系就很密切，称念阿弥陀佛求生净土也是天台宗的传统。丰富细致的义学是天台宗的特征之一，即使心系净土、誓愿西生，义学的传统还是没有丢弃，使得天台宗以一种开放的姿态与净土宗互动。从明智中立开始，净土思想开始占据天台义学的核心，又经圆辩道琛，至石芝宗晓集大成，台净融汇最终完成。宋代的天台宗将净土纳入自宗的理论和实践中，从理上讲，与禅宗单纯的唯心净土不同，天台宗强调性具唯心净土论，平衡唯心净土与西方净土的关系；从实践上讲，念佛求往生也成了天台宗的修行方法之一，此外天台宗人还积极组织结社念佛，化导民众。除了上文介绍的七祖省常、慈云遵式、石芝宗晓等，还有不少修行净土的天台名僧。

四明知礼（960—1028 年），俗姓金，四明人，十五岁受戒，二十岁学习天台教典，至道元年（995 年）住四明山保恩院，该院重建后被敕额"延庆寺"，知礼在此讲经说法四十余年，被称为四明尊者，为天台宗第十七祖。知礼提出"妄心观"，要求人们通过自省，从日常生活的琐事和俗念中忏悔止恶。知礼特别重视忏法，勤修念佛法门，修法华忏五次，每期三十昼夜；修金光明忏法二十遍，每期十日；修弥陀忏法五十遍，每期七日；修观音忏八遍，每期四十九日；修大悲忏法十遍，每期二十一日；又与十位僧人一起长修法华忏三年，大悲忏三年，还燃三指供佛，造佛像、修寺院。在《延庆募众念佛疏》中，知礼指出烦恼炽盛，单凭自力难以解脱，若能生在极乐国，则能身心清净，直到成佛都不会堕入三恶道，于是结集万人成社，同修往生。知礼原准备烧身以为往生之业，被宋真宗劝止，后来临终时，念阿弥陀佛数百声而化。

另一位孤山智圆（976—1022 年）也热心净土，他俗姓徐，字无外，自号中庸子，钱塘（今浙江杭州市）人。智圆幼年出家，后来儒佛兼修，感叹天台宗的衰颓，住到西湖孤山，与林逋、慈云遵式等相交，一边著述说法。智圆著作甚多，为十本经作了疏注，世称十本疏主，其中就包括《阿弥陀经》。智圆的见解属于天台山外派，在修行净土方面，他也是主唯心净土说，以为西方净土只是权宜的渐诱之策。智圆还论述了西方净土与弥勒净土的优劣之争，认为二门同归一道，只是祖师们为了让求学者定心修行才偏赞一门，后人反倒执着赞扬的言语，排斥其他法门，争讼不已，其实二门应该和融，后世学者各随因缘，取合适的方法即可，不要强分胜劣。

此外，知礼的弟子神照本如（981—1050 年）居承天寺弘法三十余年，与丞相章惇等人结白莲社念佛，后来成为一座大寺院，由仁宗赐白莲之额，故称白莲寺。本如的弟子有严（1021—1101 年）隐居二十年专修净业，严守戒律，生活简朴，曾著《净土修

165

因或对》，作了怀净土诗八章，辞情凄切，人多乐诵。桐江择瑛（1045—1099年）辨别横竖二出，认为声闻、缘觉、菩萨等的修行都是按照阶次竖出，而念佛求生净土是横出，他还著有《净土修证仪》《阿弥陀佛身金色之偈》《往生净土十愿文》《劝修净土颂》等，临终时向西诵《阿弥陀经》，诵完即逝去。道琛（1086—1153年）也专修念佛三昧，提倡唯心净土，临终时诵《观无量寿经》《安乐行品》等。总之，在天台宗内求生净土的人不在少数，一方面是天台宗的教理和传统使然，另一方面是由于净土宗的影响越来越深入。

除了上述禅净融汇、台净融汇，华严宗、律宗等也与净土宗融汇，只是规模和影响都不如前两者，略说几句。

华严宗与净土渊源颇深，《华严经·入法界品》中善财童子五十三参，吉祥云比丘教给他无碍智慧念佛门，解脱长者教唯心念佛门，普遍吉祥光夜神教观德相念佛门，可见念佛求生净土本来就是《华严经》中解脱门之一。华严宗讲"一真法界"，强调一心，又有四法界说，无尽的华藏世界海中，西方极乐净土也居其一。进入宋朝，华严宗已经光彩不再，但仍然有修行者，南宋时圆澄义和便提倡华严圆融念佛法门，把念佛求生西方作为证得唯心净土的手段，修习念佛三昧。

律宗大师元照（1048—1116年）也弘扬净土，注释过《观无量寿经》与《阿弥陀经》等。他原本不相信净土之说，后来遭遇重病，顿觉前非，又读《净土十疑论》，大有感悟，从此专修净土，并集《净业礼忏仪》供众人修习。元照理解的弥陀净土也是唯心与真实的统一，理事一如，真俗不二。元照之后的律宗又转衰微，因此在融汇的大潮中，律宗也没有过多的表现机会。

结社念佛

　　庐山慧远集众人结白莲社求生净土的故事广为流传，后世的仰慕者不胜枚举，或去庐山遗址凭吊，或自结社续祖遗风，不断出现的念佛社也是净土宗的特色之一。到了宋朝，结社念佛、共求西方更是蔚然成风，前文介绍的大师中就有好几位组织过念佛社，如杭州西湖昭庆寺省常大师发起净行社，慈云遵式在四明宝云寺建立念佛会，四明知礼于明州延庆寺创建念佛施戒会，宗赜于长芦寺组织莲华胜会，本如在东掖山能仁精舍创立白莲社等。宋朝的念佛社并不只是小范围内的小打小闹，一个社动辄成千上万甚至十万人，得到上自朝廷、士大夫，下至普通民众的广泛支持。念佛社有自己的组织和定期活动，有僧人担任指导之职，以俗家弟子为主要成员，以念佛求生净土为主要功课，是净土宗教团的雏形。

　　念佛社的发起人有僧有俗，而名僧发起的社一般会更有影响力。如省常大师广邀公卿大臣入社，甚至得王旦为社首；而四明知礼在延庆寺的念佛会成员上万，规模庞大，组织完备。关于念佛社的具体运作，我们可以四明知礼的念佛施戒会为例，略加了解。青山楼居士在《明州延庆院念佛净社》一文跋中有述说，见于《四明尊者教行录》：

　　　　当社普结僧俗男女一万人，毕世称念阿弥陀佛，发菩提心，求生净土。每年二月十五日，于院启建道场，供养三宝斋，设僧田功德，祝延帝寿，福利军民。其建会之法，劝请会首二百一十人，各募四十八人。逐人请念佛忏愿历子一道，每日称念佛名一千声，忏障道重罪，发菩提愿，为度众生，取于净土，请画佛数于历子上。至建会日，预斋历子，并备净财四十八文，到院攒录上疏，至日表宣。或入社弟子倾逝者，请劝首继将姓名并其人历子，到院相报，即当告示。在社九百九十九人，各念佛一千声，为彼忏罪，资其愿行，令生净土。又至建会日，令社众念佛，荐其往生。仍请劝首，速募人填补，所冀常结万人，同修净业者。

可知大社之中又分小组，小组又有专门的负责人，念佛社既有大型法会，又有小组内部的互助，活动以念佛为主，也包括为往生的人助念。除了这种大社，小社也遍于各地，活动内容除了集体念佛，还有吃斋、诵经、忏悔、祈福、印经、说法、修寺、建塔、行善等。

宋朝念佛社的另一个特点是文人士大夫的积极参与。省常大师的净行社中高官名士林立，前文已说，不再赘述。文彦博（1006—1097 年）官至宰相，四朝重臣，曾与净严法师集十万人为净土会。理学大师周敦颐（1017—1073 年）与佛印了元（1032—1098 年）相交深厚，结青松社念佛，以佛印为社主。著名文人苏轼（1036—1091 年）在庐山东林寺集僧俗千余人建"禅社"，禅净双修。南宋冯楫率道俗为系念会，归志西方，晚年专修净业，作《西方礼》三卷、《弥陀忏》一卷，在乡郡建净土会。张抡仿慧远结社之意，与妻子儿女每日课诵，于乌戍普净精舍吸引了一批同道者，后得宋高宗赐亲书"莲社"题匾。宋徽宗时嘉禾隐士王衷结白莲社念佛，不论尊卑贵贱，普请入社。

伴随着结社念佛之风而起的还有各种教派、民间秘密集会等，与净土宗关系最为紧密的要数白莲宗的出现。白莲宗的创始人茅子元（约1096—1166年）是一位净土僧人，号万事休，平江昆山（今江苏松江）人，十九岁落发出家，习止观禅法，开悟之后，效仿庐山慧远莲社遗风，以三归五戒劝人，普结净缘。他编写了《莲宗晨朝忏仪》，代众礼佛忏悔，求生西方，又创白莲忏堂，同修净业。乾道二年（1166年），茅子元被诏至德寿殿为宋高宗讲净土法门，被赐劝修净业、白莲导师、慈照宗主。茅子元的著述有《圆融四十三观选佛图》《西行集》《弥陀集要》《法华百心》《证道歌》《风月集》等。茅子元在天台宗的基础上融合华严、唯识、禅、律诸宗归于净土，主张唯心净土与西方净土相一致；在具体修行方面，他主张福德必修，除了修念佛三昧，布施持戒等也不能放下；又以念阿弥陀佛五声证五戒，简化了通常的"十念"，此外念佛需要高声敛念，贵在勤久；临终时有三疑四关为往生障碍，急需除去。茅子元离世后，白莲宗由小茅阇梨继任教主，在宋朝时仍是合法的组织。元明之后，弥勒教、其他民间信仰、政治野心等的杂入，使得白莲宗演变成了造反的白莲教，已经远离了茅子元创宗的初衷。

不管是普通的念佛社，还是有教派性质的白莲宗，组织形式虽有差异，集结众人念佛求生西方却是一致的。也正是因为有这些大大小小的组织存在，净土信仰才能深深地扎根在民间。

元代大师

元朝从1271年创国至1368年被明所灭，其间不到一百年，元朝的统治者崇信佛教，但信的主要是藏传佛教，并以之为国教，但对于佛教其他宗派以及其他宗教也不排斥。就汉地佛教而言，元朝时仍以禅宗为主流，北方有万松行秀、雪庭福裕一系的曹洞宗和海云印简一系的临济宗；南方有云峰妙高、雪岩祖钦、高峰原妙、中峰明本、元叟行端等所传的临济宗。净土宗则已经大不如宋朝时那么蓬勃活跃了，这种状况从祖师的名单也可以感受到，七祖省常到八祖莲池之间隔了近六百年。由于净土已经与禅宗密切地关联在一起，净土法门的弘扬也仍在继续，只是多以禅宗的面貌出现。关于净土宗，元代有四位大师是必须提到的。

1. 中峰明本

中峰明本（1263—1323 年），俗姓孙，中峰为号，杭州钱塘人，幼时嬉戏也好行佛事，十五岁出家。后去天目山师子岩高峰妙禅师设的死关修学，终得大悟，说法无碍，著书若干，又主师子院，被称为中峰和尚。他的著作被收入《天目中峰和尚广录》和《天目明本禅师杂录》。中峰明本也是禅净双修的实践者，他认为"参禅要了生死，而念佛亦要了生死。原夫生死无根，由迷本性而生焉。若洞见本性，则生死不待荡而遣矣，生死既遣，则禅云乎哉，净土云乎哉"。修行只为生死事大，离开生死而纠缠于法门的同异，确实是舍本逐末了。对于禅宗高谈阔论，净土自满于修行的做法，中峰明本也提出了批评。

中峰明本的净土法门以"三时系念"为特点，他曾手定《三时系念仪范》和《三时系念佛事》。知道了净土法门，就该即日行功，早作资粮；开始修行，必须明白信愿行三条，其中以信为先，而信并非从外而得，方为真信；既具信心，就该净念相续，勉力而行，还要愿愿相应。信愿行均具足，再说"三时系念"之法，分三时系念仪范与三时系念佛事两类，具体而言，都由诵经、持名、讲演、行道、忏悔、发愿、唱赞七者组成。明本还撰有《幻住庵清规》，或称《幻住清规》，为禅林制度，其中也包含净土内容，如亡僧、病僧行十念阿弥陀佛之仪，《观念阿弥陀佛偈》更是广为流传："阿弥陀佛身金色，相好光明无等伦。白毫宛转五须弥，绀目澄清四大海。光中化佛无数亿，化菩萨众亦无边。四十八愿度众生，九品咸令登彼岸。"

中峰明本的《怀净土诗》一百零八首也脍炙人口，聊举三例：

禅外不曾谈净土，须知净土外无禅。

两重公案都拈却，熊耳峰开五叶莲。

一句弥陀作话头，单提不用别参求，

功夫彻透泥团破，铁佛通身也汗流。

要将秽土三千界，尽种西方九品莲。

仔细思量无别术，只消一个念心坚。

2. 普度大师

普度大师（？—1330 年），俗姓蒋，丹阳（今江苏镇江市）人，弱冠出家于庐山东林寺，遍访诸家，终得心开。元成宗大德九年（1305 年），居庐山东林寺白莲宗善法堂，修念佛三昧。由于民间利用白莲宗起义造反的事情时有发生，元武宗至大元年（1308 年）下诏禁止白莲社的活动，并摧毁了相关的庙宇，普度忧心教法不传于世，撰写了《莲宗宝鉴》十卷，辨明邪正。普度又上书请求光复净土宗教法，得到允许，并被命名为白莲宗教主，赐以"虎溪尊者"之号，世称"优昙宗主"。好景不长，至治二年（1322年）白莲宗再次遭禁断，逐渐转变成了民间秘密教派，即后世常说的白莲教，但那些已经不是普度可以掌控的了。

普度的净土法门集中体现在《莲宗宝鉴》一书中。普度自称为东晋慧远白莲社念佛之正系，尊奉南宋茅子元白莲宗之教旨编成此书，分成《念佛正印》《念佛正教》《念佛正宗》《念佛正派》《念佛正信》《念佛正行》《念佛正愿》《念佛往生正诀》《念佛正报》《念佛正论》十卷，每卷都强调"正"，显然是要与当时别有用心的莲社组织区别开来。《莲宗宝鉴》也是主张禅净一致，认为唯心净土与西方净土是实与权、理与事的统一。从具体修行法门讲，书中还列了十一种念佛法门：一、离相念佛三昧无住法门；二、天台念佛三昧三观法门；三、空观念佛三昧无念法门；四、日观念佛三昧专想法门；五、参禅念佛三昧究竟法门；六、摄心念佛三昧调息法门；七、一相念佛三昧专念法门；八、六时念佛功德回向法门；九、忏悔念佛功德系念法门；十、晨昏念佛功德信愿法门；十一、简径念佛功德十念法门。这十一种法门确实囊括了渐偏顿圆种种念佛的方法，可为参考。

3. 天如惟则

天如惟则（1276—?），俗姓谭，号天如，庐陵（今江西吉安市）人。幼年出家，随中峰明本习禅多年，后住姑苏狮子林，即菩提正宗寺，笃志净业，从学者甚多。惟则有《净土或问》《楞严经圆通疏》《十法界图说》《天如惟则禅师语录》传世。《净土或问》是他最重要的作品，被列为藕益大师编选的《净土十要》第六要，该书采用问答体，列出关于净土往生的二十六个常见的问题，一一剖析答疑。

惟则是明本的弟子，思想上有延续性，也是化西方净土为唯心净土，把看话禅和念佛结合起来。惟则说"净土惟心，心外无土"，以为十方虚空都被心量思虑包围，命终往生，也就是生在自己心中。有人质疑净土太远，不可能刹那即到，惟则以心念举例，思量千里就是千里，思量万里就是万里，也是认为西方净土就在心中。

惟则将净土宗的修行总体分成三门：观想、忆念、众行，每人根据自己的根器，选择合适的法门进入。观想是本于《观无量寿经》中"是心作佛，是心是佛"的说法；忆念则是忆念相好、执持名号等，有理念与事念之别；众行就是六度万行等，如《华严经》中十大愿王、《宝积经》中发十种心、《观无量寿经》中净业三福等。三门可单修，也可兼修，所行不同，果报也会有差别。世人大多忙忙碌碌，惟则说要"静闹闲忙""忙里偷闲""朝也阿弥陀，暮也阿弥陀，假饶忙似箭，不离阿弥陀"，最不济也应该坚持晨朝十念。

惟则还有"净土禅"之说："古人有三痛策：一报恩，二决志，三求验。如上三策，当自痛鞭，使念不离佛，佛不离念，感应道交，现前见佛，既见乐邦佛，即见十方佛，即见自性天真佛，即得大用现前，然后推其悲愿，广化一切，此名净土禅，亦名禅净土也。"

4. 楚石梵琦

楚石梵琦（1296—1370 年），俗姓朱，明州（今浙江宁波市）象山人，小字昙曜，楚石是他的字。九岁出家，十六岁受具足戒，参访径山元叟端公，终大悟，作偈："崇天门外鼓腾腾，蓦劄虚空就地崩，拾得红炉一片雪，却是黄河六月冰。"天历元年（1328年）住持天宁寺，至元三年（1337年）主持重建天宁寺镇海塔。五十年间，六坐道场。他在天宁寺筑室西偏，取名"西斋"，室中放置一张小床，每天默观静坐，专修净业。至正七年（1347年），赐号"佛日普照慧辩禅师"，明代莲池大师称他为明初"第一流宗师"。梵琦自称西斋老人，作《西斋净土诗》数百首，也被收入《净土十要》，位列第七要，后人评价"僧中龙象，笔有慧刃"。此外，他的著作还有《北游集》《凤山集》《西斋集》，以及弟子们编写的《楚石禅师语录》等。楚石梵琦的净土思想，我们就直接从他的净土诗来感受吧：

> 金作层楼玉作台，琉璃田地绝纤埃，
> 唯心净土无高下，自性弥陀不去来。
>
> 红日初非天外没，白莲只在意根栽，
> 众生障重须存想，想极情亡眼豁开。
>
> 纸画木雕泥塑成，现成真佛甚分明，
> 皈依不是他家事，福德还从自己生。
>
> 万树花开因地暖，千江月现为波清，
> 朝参暮礼常如此，在处皆通极乐城。
>
> 吾身念佛又修禅，自喜方袍顶相圆。
> 曾向多生修福果，始依九品结香缘。
>
> 名书某甲深华里，梦在长庚落月边。
> 浊恶凡夫清净佛，双珠黑白共丝穿。

第九章

至明清家家弥陀
（公元 14 世纪—19 世纪）

- 明代祖师大德
- 清代祖师大德
- 明清净土信仰的传播

明代祖师大德

明代僧人中，最有名的莫过于明代四大高僧——莲池袾宏、紫柏真可、憨山德清、藕益智旭，其中莲池与藕益名列净土宗祖师之中，另外两位虽然不是宗祖，却也都倾心净土念佛法门。

1. 八祖莲池袾宏

袾宏（1535—1615 年），俗姓沈，字佛慧，别号莲池，杭州人。幼时研习儒学，十七岁考取诸生，曾发下誓言，如果三十岁不能中举，"定超然长往"。后来他听到邻居老太太念佛声，每日数千，就去询问原因，老太太告诉他，自己的丈夫生前持佛名号，

175

临终时也没有病痛，向众人一拱手就安然辞世，可见念佛功德不可思议。听到这番话，莲池倾心净土，亲自写下"生死事大"四个字放于案头，时时策励自己，并禁绝杀生，素食祭祀。

莲池二十七岁丧父，二十九岁丧妻，三十一岁丧母，五年内至亲尽失，不禁感叹生死无常。借着打碎茶杯的因缘，莲池向继室汤氏说明因缘聚散的道理，又在父母坟前发愿，出家以报亲恩。三十二岁时，莲池得妻子支持正式出家，作了著名的"七笔勾"以明其志："五色金章一笔勾，鱼水夫妻一笔勾，贵子兰孙一笔勾，富贵功名一笔勾，家园田舍一笔勾，盖世文章一笔勾，风月情怀一笔勾。"此后，其妻汤氏也出家为尼。

嘉靖四十五年（1566 年），莲池投西山无门性天和尚出家，从昭庆寺无尘玉律师受戒，不久云游四方，遍参善知识。一日，路经东昌途中，忽闻樵楼鼓声，大悟作偈："三十年前事可疑，三千里外遇何奇？焚香掷戟浑如梦，魔佛空争是与非。"

明穆宗隆庆五年（1571 年），莲池在杭州云栖山结茅而居，精勤参究，终得念佛三昧。在此地，莲池还留下了平息虎患、祈雨救灾的感应故事，被称为"云栖大师""云栖菩萨"。云栖山不久后便成了大丛林，十方来者不绝，莲池仿效百丈清规，制订丛林规矩，又手拟僧约十章：一、敦尚戒德；二、安贫乐道；三、省缘务本；四、奉公守正；五、柔和忍辱；六、威仪整肃；七、勤修行业；八、直心处众；九、安分小心；十、随顺规制。经过整顿，云栖道场气象一新，以修行净土法门为主，专勤念佛，冬季坐禅，余时兼讲经论。

明神宗万历四十三年（1615 年），莲池预知时至，提前辞别众人，临行时叮嘱大众老实念佛，不要坏了他的规矩，并作"三可惜""十可叹"以警众，后面西念佛，溘然圆寂。莲池一生著述甚多，有《缁门崇行录》《楞严摸象记》《竹窗随笔》《山房杂录》《云栖遗稿》等三十余种，后由其僧俗弟子大贤、邹匡明等搜录遗书编次，分为释经、辑古、手著三类，辑成《云栖法汇》三十四册。

莲池对于华严和禅学都有深入研究，而以净土为归，主张禅净兼修。莲池据华严宗的主张，判《阿弥陀经》为顿教所摄，兼通终教与圆教。在《阿弥陀经疏钞》中，莲池将西方净土与唯心净土融为一体，从理事两边来说，认为"往生净土，愿见弥陀，不碍唯心，何妨自性"。关于禅与净土的关系，莲池也认为"归元无二性，方便有多门，晓得此意，禅宗、净土，殊途同归"，殊途同归不等于两边着力，莲池还是主张应该一门深入，而且最好是从净土法门深入。

莲池曾经参究念佛，得益甚多，但他还是更推崇念佛，尤其是称名念佛，认为"持名念佛之功，最为往生净土之要"。莲池认为念佛一行具万行，作《普劝念佛文》：

> 若人富贵，受用现成，正好念佛。若人贫穷，家累甚少，正好念佛。若人有子，宗祀得托，正好念佛。若人无子，孤身自由，正好念佛。若人子孝，安受供养，正好念佛。若人子逆，免生恩爱，正好念佛。若人无病，趁今健康，正好念佛。若人有病，切近无常，正好念佛。若人孤寡，孑然无碍，正好念佛。若人遇难，遭逢如此，正好念佛。若人年老，光景无多，正好念佛。若人年少，精神清利，正好念佛。若人处闲，心无事扰，正好念佛。若人处忙，忙里偷闲，正好念

佛。若人出家，逍遥物外，正好念佛。若人在家，知是火宅，正好念佛。若人聪明，通晓经义，正好念佛。若人愚鲁，别无所能，正好念佛。若人学禅，悟得唯心，正好念佛。若人修仙，求无量寿，正好念佛。

又有增补：

若人持律，律是佛制，正好念佛。若人看经，经是佛说，正好念佛。若人参禅，禅是佛心，正好念佛。若人悟道，悟须佛证，正好念佛。普劝世人，火急念佛，九品往生，花开见佛，见佛闻法，究竟成佛，始知自心，本来是佛。

针对世人的种种状况，莲池都以"正好念佛"相劝，确实是苦口婆心。

莲池重视戒杀放生，曾在寺院前募得地方植莲放生，又在杭州城、云栖山等处设放生池，并著有《戒杀放生文》，警戒世人。文中指出世人食肉，只是相习成俗，不知果报可畏，有列七条：生日不宜杀生、生子不宜杀生、祭先不宜杀生、婚礼不宜杀生、宴客不宜杀生、祈禳不宜杀生、营生不宜杀生。《放生文》中更是动之以情："盖闻世间至重者生命，天下最惨者杀伤；是故逢擒则奔，蚖虿犹知避死；将雨而徙，蝼蚁尚且贪生。何乃网于山，罟于渊，多方掩取；曲而钩，直而矢，百计搜罗？使其胆落魂飞，母离子散，或囚笼槛，则如处囹圄；或被刀砧，则同临剐戮。怜儿之鹿，舐疮痕而寸断柔肠；畏死之猿，望弓影而双垂悲泪。恃我强而凌彼弱，理恐非宜；食他肉而补己身，心将安忍？"蝼蚁尚且偷生，人又怎么忍心为了一己口腹之欲杀生害命呢？

憨山赞誉莲池为"法门之周孔",并道:"惟师之才足以经世,悟足以传心,教足以契机,戒足以护法,操足以励世,规足以救弊。至若慈能与乐,悲能拔苦,广运六度,何莫而非妙行耶?"看莲池大师一生行止,憨山的评语也不算过誉之辞。

2. 九祖藕益智旭

藕益(1599—1655年),讳智旭,号西有,俗姓钟,祖上是汴梁人。相传其父持《大悲咒》十年,感得梦中观音菩萨送子,后来有藕益出生。藕益七岁时就茹素,崇信儒家教诲,批评佛教言说。十七岁的时候,他读了莲池大师《自知录序》与《竹窗随笔》等,痛觉前非,于是将之前辟佛的著述付之一炬。弱冠之年的藕益在注释《论语》时,苦苦思索"天下归仁"一句的深意,经过三昼夜的琢磨,于孔颜心法深有领悟。当年的冬天,藕益的父亲逝世,他得闻《地藏菩萨本愿经》,萌发了出世之心。二十二岁时他专志念佛,又因听闻《大佛顶首楞严经》,心生疑情,决志出家,二十四岁时在憨山德清门人雪岭法师门下剃度,得法名智旭。

藕益曾发下四十八愿,在径山坐禅,勤苦用功,终得大悟。二十八岁时,痛失慈母的藕益尽完孝道,到松陵闭关苦修,不料身染疾病,便以参禅的功夫求生净土,誓向西方。三年后出关,在金陵参学的经历让藕益看到了禅门弊端,他决定弘扬戒律,并注释了《梵网经》。藕益曾做了四阄,一是学华严宗,二是学天台宗,三是学唯识宗,四是自立一宗,结果屡次拈得天台宗之阄,于是他潜心研究天台教典,但不自认为是天台子孙。藕益曾经自号"八不道人",他在自传中曾经解释过命名由来:"古者有儒有禅有律有教,道人既然不敢;今亦有儒有禅有律有教,道人又然不屑，故名之。"可见他是一个崇尚古法的僧人。

三十三岁时，藕益前往浙江孝丰县的灵峰山，终老时也居于此处，所以他的著作取名《灵峰宗论》，后人也称他为灵峰藕益。此后近二十年间，藕益游历江西、安徽、浙江、福建各地，主要从事阅藏、讲述经教、著作及弘传净土学说等事，直至晚年仍然孜孜不倦。清顺治十二年（1655 年）正月藕益示疾，要求死后荼毗的骨灰施予鸟兽水族，以结往生西方之缘，后结跏趺坐，向西方念佛而逝。

藕益大师一生著述不辍，留下了十卷《灵峰宗论》，更有《阿弥陀经要解》（简称《弥陀要解》）《楞伽经义疏》《般若心经略解》《法华经会义》《梵网经合注》等经、律、论、疏及其他共 47 种，191 卷。藕益编集了《净土十要》，收录古今有关净土宗的十余种重要著述，包括他自己注解的《弥陀要解》、遵式《往生净土忏愿仪》和《往生净土决疑行愿二门》、成时《观无量寿佛经初心三昧门》与《受持佛说阿弥陀经行愿》、智者大师《净土十疑论》、飞锡《念佛三昧宝王论》、天如惟则《净土或问》、妙叶《宝王三昧念佛直指》、梵琦《西斋净土诗》、传灯《净土生无生论》和《净土法语》、袁宏道《西方合论》等，这也是后世净土宗修学者的必读书目之一，印光法师在他的文钞中就常常提到，认为是藕益大师"于阐扬净土诸书中，选其契理契机，至极无加者"。

藕益学识渊博，博涉诸宗，以净土为归。净土念佛法门常被看做接引中下机的方便法门，藕益却认为禅、教、律无不是从净土法门流出，无不归还净土法门。在《灵峰宗论》中，他结合自己亲身经验谈净土法门殊胜：

予初志宗乘，苦参力究者数年，虽不敢起增上慢自谓到家，而下手工夫得力，便谓净土可以不生。逮一病滨死，平日得力处，分毫俱用不著，方乃一意西归，然犹不舍本参，拟附有禅有净之科。至见博山后，稔知末代禅病，索性弃禅修净，虽受因噎废饭之诮，弗恤也。于今专事净业，复逾三载，炽然舍秽取净，与不取舍元非异辙，较西来祖意，岂不更直捷邪？

由参禅到禅净兼修，再到专修净业，这是藕益的修行路径。在《法海观澜》中，关于净土与其他诸宗的关系，藕益也有过形象的说法：戒律如春，教乘如夏，禅宗如秋，密咒如冬，但这四门无不以净土为归，就像土之寄王于四时。当时参禅的人都说念佛是权教，遇到念佛人，就劝他们参究念佛是谁，藕益却认为持名一法即是圆顿心宗，念念与佛相应，则不劳参究念佛是谁，更说念得阿弥陀佛熟，三藏十二部、千七百公案、三千威仪八万细行三聚净戒等都在其中。前代推崇净土宗的大师们也不乏赞叹净土法门的文句，但是如藕益这般以净土一门涵括诸宗的也并不多见。

藕益的净土法门强调信、愿、行三资粮，信愿为先，非信不足其愿，非愿不足导行，非持名妙行不足满所愿而证所信。在《弥陀要解》中，藕益将信细分为信自、信他、信因、信果、信事、信理六种：

> 信自者，信我现前一念之心，本非肉团，亦非缘影，竖无初后，横绝边涯，终日随缘，终日不变，十方虚空微尘国土，元我一念心中所现物，我虽昏迷倒惑，苟一念回心，决

定得生自心本具极乐，更无疑虑，是名信自。

信他者，信释迦如来决无诳语，弥陀世尊决无虚愿，六方诸佛广长舌决无二言，随顺诸佛真实教诲，决志求生，更无疑惑，是名信他。

信因者，深信散乱称名，尤为成佛种子，况一心不乱，安得不生净土，是名信因。

信果者，深信净土诸善聚会，皆从念佛三昧得生，如种瓜得瓜，种豆得豆，亦如影必随形，响必随声，绝无虚弃，是名信果。

信事者，深信只今现前一念不可尽故，依心所现十方世界亦不可尽。实有极乐国在十万亿土外，最极清净庄严，不同庄生寓言，是名信事。

信理者，深信十万亿土，实不出我今现前介尔一念心外，以吾现前一念心性实无外故，又深信西方依正主伴，皆吾现前一念心中所现影，全事即理，全妄即真，全修即性，全他即自，我心遍故，佛心亦遍，一切众生心性亦遍，譬如一室千灯，光光互遍，重重交摄，不相妨碍，是名信理。

净土宗历来强调信，但是究竟如何是信？信什么？典籍中并没有详细的解说，藕益给出的这六条确实是自他兼顾、理事双融，是历代关于信的最完备的说法。藕益所说的愿是指厌离娑婆，欣求极乐；而行指执持名号，一心不乱。

净土经典中列举的行有观象、观想、礼拜、供养、五悔、六念等，而藕益独弘持名一种，他认为持名一法针对的根机最广，下手也最容易，是"方便中第一方便，了义中无上了义，圆顿中最极圆顿"，更有"得生与否，全由信愿之有无；品位高下，全由持名之深浅"的名言。持名又有事持与理持之分，事持是相信西方有阿弥陀佛，决志求生，如子忆母；理持则是相信西方阿弥陀佛是我心本具，是我心所造，通过持名来系心之境。由于根器不同，持名修行到一心不乱境界所需要的时间也不同。

关于念佛，藕益也区分了三种：念他佛、唯念自佛、自他俱念。念他佛是专注忆念弥陀名号、相好、宏愿、正报等，如庐山慧远大师等所行念佛法。念自佛是观一心周遍法界，平等无二，禅宗、天台的祖师所传观心之法即是此类。自他俱念则强调理事双修，如永明延寿、楚石梵琦等所修。藕益还指出真念佛即是六度："真能念佛，放下身心世界，即大布施；真能念佛，不复起贪嗔痴，即大持戒；真能念佛，不计是非人我，即大忍辱；真能念佛，不稍间断夹杂，即大精进；真能念佛，不复妄想驰逐，即大禅定；真能念佛，不为他歧所惑，即大智慧。"

3. 紫柏真可

紫柏（1543—1603 年），俗姓沈，名真可，字达观，晚号紫柏，门人称尊者，吴江（江苏）人。十七岁时，紫柏辞亲远游，因遇大雨，投宿虎丘云岩寺，夜间听僧人课诵八十八佛名，内心欢喜，随即剃度出家，读经用功。二十岁受具足戒，闭关三年，之后云游参访。有一天听到一僧诵张拙开悟偈，至"断除妄想重增病，趋向真如亦是邪"时，心生疑情，苦思不解，终于在一天用斋时豁然大悟。悟后的紫柏继续参访学习，研习华严宗旨、法相奥义等。

明神宗万历初年，得知袁了凡居士感叹梵夹本大藏经卷帙众多，不易流传，希望改成方册，紫柏发愿刻藏，同时撰"刻藏缘起"，多方奔走，终于在万历十七年方册藏经创刻于山西五台山妙德庵，后又在径山寂照庵、嘉兴、金坛等处开刊，这就是有名的"径山藏""嘉兴藏"。

万历二十八年，紫柏被诬为匿名妖书的造作人，含冤入狱。万历三十一年十二月，执政法司定罪论死，紫柏留下偈语"一笑由来别有因，那知大块不容尘。从兹收拾娘生足，铁橛花开不待春"，端坐而逝。紫柏一生重兴佛寺十五所，他的著作由憨山德清校阅并题为《紫柏尊者全集》三十卷，钱谦益所纂校《紫柏尊者别集》则收有法语、经释、序、跋、铭、传、书信等。

紫柏的思想也以圆融为特点，不仅是佛教内部的融通，也包括儒、释、道三家的汇通。如紫柏将佛教的五戒与儒家的五常并提，认为："不杀曰仁，不盗曰义，不淫曰礼，不妄语曰信，不饮酒曰智。"在佛教内部，紫柏也主张各宗调和："不以宗压教，不以性废相，不以贤首废天台。"

从精神气质而言，紫柏是一名禅师，他的净土法门也带着禅宗的特点。由于没有定志，如此简便的念佛法门却成就者，念佛人往往遇到喜怒之事就把弥陀抛到了九霄云外，陷于自己的喜怒之中，紫柏认为，真心念佛的人，即使在烦恼欢喜之中，也能念念不间断，因此烦恼也动他不得，欢喜也动他不得。紫柏重视念佛不间断，不单是醒时念佛不间断，即使是在梦中也不能间断，"合眼便忘，如此念佛，念一千年也没干。自今而后，直须睡梦中念佛不断，方有出苦分。若睡梦中不能念佛，忘记了，一开眼时，痛哭起来，直向佛前，叩头流血，或念千声，或念万声，尽自家力量便吧。如此做了三二十番，自然大昏睡中佛声即不断矣。且世上念佛的人，或三十年，或尽形寿念佛，及到临时，却又无用，此是生前睡梦中不曾有念头故也。人生如觉，人死如梦，所以梦中念得佛的人，临死自然不乱也"。这番梦中念佛、痛哭自责、临死不乱的说法确是前人所未发。

紫柏也以唯心净土为重，从他的《净土偈》可见：

> 心净佛土净，心秽此土秽；净秽既在心，如何别寻理？
>
> 但观心未生，净秽在何处？此观若透彻，众罪自消灭。
>
> 不待莲花开，香光从口发；南无阿弥陀，佛即自心觉。
>
> 觉即情不生，情生成杀佛；杀佛堕地狱，难生莲花国。
>
> 能使情不生，弥陀自来迎；莲花为胞胎，永不作众生。
>
> 念佛虽不难，难破逆顺关；逆顺关若破，始面弥陀颜。

4. 憨山德清

德清（1546—1623 年），俗姓蔡，字澄印，号憨山，全椒（今属安徽省）人。十九岁时，他在栖霞寺从云谷法会披剃出家，学习参禅。游访北京时，德清参访了华严宗的遍融真圆和禅宗的笑岩德宝两位高僧，后与妙峰禅师相契，同游五台山，并为祈储道场的建设出力。

万历十一年（1583 年），德清离开五台山，东行到牢山（今山东崂山）结庐修行，并正式以"憨山"为号。万历十四年（1586 年），皇太后在牢山为德清造"海印寺"，并赠送一部神宗皇帝印赠的大藏经。万历二十三年（1595 年），德清以私造寺院的罪名被逮捕，随后发配雷州。万历二十八年（1600 年），德清到曹溪，有感于祖庭的败落，着手整治，颇有成效。后来德清被赦免，仍然回到曹溪，继续营建祖庭，被尊为曹溪中兴祖师。万历四十五年（1617年），德清赴杭州，先后为真可和袾宏制塔铭，同年到达庐山修净土，攻《华严》，讲《楞严》《起信》等经论。天启二年（1622年），德清又受请回曹溪，次年在南华寺圆寂，肉身供奉在该寺。

德清一生著述甚丰，注疏类作品主要有：《华严经纲要》八十卷、《法华击节》一卷、《金刚经决疑》一卷、《圆觉经直解》二卷、《般若心经直说》一卷、《大乘起信论疏略》四卷、《大乘起信论直解》二卷、《肇论略注》六卷、《观楞伽经记》八卷，还著有《性相通说》二卷、《憨山绪言》一卷以及一些分析和发挥儒道两家思想的作品，如《观老庄影响论》《大学直指》《中庸直指》等。其门人编有《憨山老人梦游集》行世。

德清的思想融汇诸家，与圭峰宗密、觉范和永明延寿等有相似之处。德清首先是一位禅师，他认为中上根器的人才能参禅，钝根众生若得不到好的指导，用错了心，不如修念佛求生净土的便捷法门。德清的净土法门也以唯心净土为重："今所念之佛，即自性弥陀，所求净土，即唯心极乐。诸人苟能念念不忘，心心弥陀出现，步步极乐家乡，又何必远企于十万亿国之外，别有净土可归耶？"有人询问修行净土的法要，德清就说："经云若净佛土，当净自心，今修行净业，必以净心为本，要净自心，第一先要戒根净。"

德清也弘传念佛，在雷州时，他就向人传授念佛三昧，早晚专念阿弥陀佛名号，或念三五千声，或念一万声。德清的念佛以"参究心念佛"最有特点："参禅要离想，念佛专在想，以众生久沉妄想，离之实难，若即染想而变净想，是以毒攻毒，博换之法耳。故参究难悟，念佛易成，苦果为生死心切，以参究心念佛，又何患一生不了生死乎！"以参究心念佛的重心仍在念佛上，只是念佛之心更为恳切，德清也曾参念佛是谁，更说"只是心心不忘佛号，即此便是话头"。德清的念佛还兼有观想与参禅的成分，如他主张念佛时，先将胸中的杂乱念头放下，放在无可放处，单单提起一句阿弥陀佛，历历分明，心中不断，如线串珠，如此用功，梦寂一如，至一心不乱。

德清受莲池思想的影响较大，与紫柏真可也相交匪浅，两人思想也有相同之处。德清除了讲禅净融合，也讲禅教融合、三教融合，有名言传世："为学有三要，所谓不知《春秋》，不能涉世；不精《老》《庄》，不能忘世；不参禅，不能出世。"

除了四大高僧，明代有名的净土宗大师还大有人在，如：妙叶大师，著《宝王三昧念佛直指》；蓬安大佑，撰《净土指归集》等；空谷景隆，以"平常念去"训众；楚峰善奇，推崇参究念佛；一元宗本，集《归元直指》传世；幽溪传灯，述《净土生无生论》及《净土法语》；汉月法藏，由禅宗法门化出"追顶念"的净土法门。以上诸人的净土思想不再一一细说，这里仅以大名鼎鼎的袁宏道为例，稍微介绍明朝修行净土宗的居士们的成就。

5. 袁宏道与《西方合论》

袁宏道（1568—1610 年），字中郎，又字无学，号石公，又号六休、荷叶庵石头道人，荆州公安（今湖北公安）人，是著名的文学家，与其兄袁宗道、弟袁中道合称"公安三袁"。袁宏道起先追随李贽学禅，对唐代禅门居士庞蕴倍加推崇，有"白首庞公是我师"之句，后期由禅入净。万历二十五年，袁宏道曾与莲池大师同游，并且到了云栖法寺，后作《云栖》一文，赞叹莲池大师的念佛法门："莲池戒律精严，于道虽不大彻，然不为无所见者。至于单提念佛一门，则尤为直捷简要，六个字中，旋天转地，何劳捏目更趋狂解，然则虽谓莲池一无所悟可也。一无所悟，是真阿弥，请急着眼。"于中可见其禅净之变的端倪。

万历二十七年，袁宏道博采经教，作《西方合论》，以华严的骨架摄禅入净，这是晚明期间的一部重要净土宗著作，也是《净土十要》中唯一一部居士的作品。袁宏道是由禅入净，见识了狂禅的种种弊病，写作这本书也有批狂禅、弘净土之意，在该书的引言中他就说："夫滞相迷心，有为过出；著空破有，莽荡祸生。达摩为救执相之者，说罪福之皆续；永明为破狂慧之徒，言万善之总是。灭火者水，水过即有沈溺之灾；生物者日，日盛翻为枯焦之本。如来教法，亦复如是。五叶以来，单传斯盛，迨于今日，狂滥遂极，谬引惟心，同无为之外道，执言皆是，趋五欲之魔城。"

《西方合论》共分十门：刹土门、缘起门、部类门、教相门、理谛门、称性门、往生门、见网门、修持门、释异门，每一门下又细分若干条解说，如"刹土门"分述十种净土：毗卢遮那净土、唯心净土、恒真净土、变现净土、寄报净土、分身净土、依他净土、诸方净土、一心四种净土、摄受十方一切有情不可思议净土。在"部类门"中，袁宏道说所有的法门中，净土法门是最殊胜的，并将有关西方的经典分成经中之经、经中之纬、纬中之经、纬中之纬四类，经中之经就是常说的净土三经及其异译本。在"教相门"中，袁宏道将如来之教分成假有教、趣寂教、有余教、无余教、顿悟教、圆极教，认为净土法门摄一代时教，是圆极教，修习者不应该被那些狂妄浅薄的修禅人蒙蔽欺诳。"称性门"将大乘诸行分成信心行、止观行、六度行、悲愿行、称法行五种，袁宏道认为莲宗以信为根本，《观无量寿经》每一观都含圆融三谛的观法，念佛一行包含六度，总之"无胫而走，舍阿弥以何之；不疾而速，识西方之非远"。

袁宏道净土法门的具体修行方法收录在修持门中，该门又细分十门：净悟门、净信门、净观门、净念门、净忏门、净愿门、净戒门、净处门、净侣门、不定净门。十门之下又各分十条再细说，完全是效法《华严宗》崇尚"十"的结构。从修行十门的标题可以看出信、愿、行等都涵括其中，内容面面俱到。净念门中列净观、不净观、无定观、和合观、对治观、惭悔观、念念观、平等观、细微观、法界观，其中又以净观为主。净念门列十种念佛：摄心念、勇猛念、深心念、观想念、息心念、悲啼念、发愤念、一切念、参究念、实相念，虽多是参考前人的说法，也不乏新意，如勇猛念、悲啼念、发愤念。净忏门说十种忏法：内忏、外忏、事忏、理禅、过去忏、未来忏、现在忏、刹那忏、究竟忏、法界忏。对于不能坚持长期修行净土法门的人，袁宏道也给出了不定净门的十种修习方法，如诵读诸经、依语生信、晨朝十念、忏悔粗重习气、临终十念等，认为只要至心修持一法，也能够往生，关键是"不得疑信相参"，只要心存怀疑，修行必定不得成就。

袁宏道之兄袁宗道为《西方合论》作的序言是这样总结的："其论以不思议第一义谛为宗，以悟为导，以十二时中持佛名号、一心不乱、念念相持为行持，以六度万行为助因，以深信因果为入门。"圣严法师也称赞该书"气势澎勃，涵盖广大，乃明末净土

189

诸书中，最具气魄的一种"。《西方合论》看起来繁复，如果仔细探究每一门下的细目，确实能对净土法门有条理清晰的认识。

清代祖师大德

清代有三位大师被追尊为净土宗祖师。

1. 十祖行策截流

行策（1628—1682年），俗姓蒋，字截流，江苏宜兴人。行策的父亲蒋全昌精通儒佛，与憨山德清是方外之交，憨山大师逝世后三年，全昌梦见大师持锡杖入室，后来行策出生，便取名"梦憨"。行策年少时，父母相继去世，他也萌生了出家的念头。二十三岁时，行策到武林理安寺箬庵通问门下学习，五年之中胁不沾席，刻苦勤修，彻达法要。同参僧人庵瑛劝他修净土法门，钱塘樵石法师又引导他读天台宗教典，共修法华三昧，大彻大悟。清康熙二年（1663年），行策在杭州法华山西溪河渚间结莲柎庵，专修净业。康熙九年（1670年），他迁到虞山普仁寺，兴办莲社，大批僧俗弟子追随，尊他为修行导师。康熙二十一年行策圆寂，世寿五十五，有《金刚经疏记会编》十卷（宗密《金刚经疏》与子璇《金刚经纂要刊定记》之会集本，成于康熙三年）《劝发真信文》《起一心精进念佛七期规式》《宝镜三昧本义》《楞严经势至圆通章》等著述。关于行策的生平事迹，现在能找到的文献中没有更完备的记载，要更深入地认识这位净土宗祖师，我们必须从他的著作入手，其中《劝发真信文》是最有名的篇章。

《劝发真信文》的核心在一个"真"字。修行念佛三昧这样殊胜的法门却没有应验，原因何在呢？行策认为是由于心念不切，也就是没有真正的信心，他所说的真信是从三方面来说的：

所谓真信者，第一要信得心、佛、众生三无差别。我是未成之佛，弥陀是已成之佛，觉性无二。我虽昏迷倒惑，觉性未曾失。我虽积劫轮转，觉性未曾动。故曰莫轻未悟，一念回光，便同本得也。

第二要信得我是理性佛、名字佛，弥陀是究竟佛，性虽无二，位乃天渊。若不专念彼佛，求生彼国，必至随业流转，受苦无量。所谓法身流转五道，不名为佛，名为众生矣。

第三要信得我虽障深业重，久居苦域，是弥陀心内之众生；弥陀虽万德庄严，远在十万亿刹之外，是我心内之佛。既是心性无二，自然感应道交。我之苦切必能感，佛之慈悲必能应，如磁石吸铁，无可疑者。所谓佛念众生，如母忆子。子若忆母，如母忆时，母子历生不相违远。若众生心，忆佛念佛，现前当来必定见佛，去佛不远也。①

三种真信是从成佛的必然性、众生与佛的客观差距、念佛往生之理与可行性三个方面展开的。只要不断修行，增加真信，任何努力付出都不会白费的。

行策还曾主持过精进佛七，就精进持名做了开示。他认为七日持名念佛的关键在一心不乱，无间无杂，而不是念得越多越好、越快越好，佛号要历历分明，贯彻于行住坐卧之中，如呼吸一般自然平稳，这是事上的一心精进。通过修行体究万法一如的不二境界，时时处处、嬉笑怒骂都能行佛事，这样才是一心精进持名。

———————
① 见《净土警语》。

191

2. 十一祖省庵实贤

省庵（1686—1734 年），名实贤，字思齐，省庵为号，江苏常熟人，俗姓时。省庵出生在书香门第，自幼不食荤腥，有过目不忘的天资。十五岁时，他剃度出家，二十四岁受具足戒，严持戒律。实贤依渠成法师听《法华玄义》，又拜谒绍昙法师，听《成唯识论》《楞严经》《摩诃止观》等经论，融通性相，绍昙传为灵峰派四世天台正宗。

省庵在崇福寺灵鹫和尚座下参话头"念佛是谁"，经过四个多月，终得开悟，辩才无碍。后在真寂寺闭关阅藏，夜间课诵名号，历时三年。之后诸方邀请，四处讲法，皈依者众多。在四明阿育王寺瞻礼佛舍利时，省庵燃指供佛，舍利感应放光，他因此作诗一首：

迦文灭度二千年，舍利于今尚灿然。

自庆宿生何善利，得瞻光相塔门前。

一颗如珠缀小钟，青黄赤白现何穷。

自心还见自心相，不是如来色不同。

殿含宝塔塔含空，尘尘刹刹本自融。

八万非多一非少，毫端应现宝王宫。

医王虽去药还留，惭愧痴儿病未瘳。

读罢涅槃遗教品，伤心不觉泪长流。

每年佛涅槃日，省庵总是聚集僧俗弟子们广修供养，又曾手书《劝发菩提心文》，激励大众精勤修行，该文被收入《净土十要》的附录中。

晚年时，省庵隐居于杭州仙林寺，力修净业。雍正七年（1729 年）时，他结莲社，领众念佛，涵括持名、观想和礼忏三种念佛法。省庵还作了针对禅宗学人的念佛偈：

一句弥陀，头则公案。无别商量，直下便判。

如大火聚，触之则烧。如太阿剑，撄之则烂。

八万四千法藏，六字全收。千七百只葛藤，一刀齐断。

任他佛不喜闻，我自心心忆念。请君不必多言，只要一心不乱。

省庵预知时至，雍正十二年四月向西而逝，临行前留下偈语："身在华中佛现前，佛光来照紫金莲。心随诸佛往生去，无去来中事宛然。"省庵在弘扬净土方面的功勋卓著，人称为永明再来。他著有《净土诗》一百零八首、《西方发愿文注》《续往生传》《涅槃忏》《劝发菩提心文》等，彭二林后来重订了二卷本的《省庵法师语录》。

三资粮中，行策大师强调真信，省庵则注重发愿。省庵分析心愿之相有邪正、真伪、大小、偏圆四对：邪是指为名闻利养、后世果报等发心，反之为正；真是指不畏艰难，决意求菩提、化众生之发心，伪则是有杂染、含懈怠的发心；大是指愿度尽众生再满足自己的心愿，小是指发心只为度自己；偏指于心外求法，圆则是明了万法自性皆空。其中邪、伪、小、偏四种发心是现实中常见的，修行人应该去这四种心，取正、真、大、圆之发心。

真正菩提心的发起，除了明白这八种差别，还需要具备十种因缘：一、念佛恩重；二、念父母恩；三、念师长恩；四、念施主恩；五、念众生恩；六、念死生苦；七、尊重己灵；八、忏悔业障；九、求生净土；十、为令正法得久住。发心正确，因缘具足，必然可以往生净土见弥陀。

与众人同修净业时，省庵曾制定了两种净业规约。第一种是念佛规约，以二十一天为一期，每天五更起床，六时念佛不断，如果昏沉了，就行香执幡遣除睡意，临睡时称佛千声，默念佛名而卧，每隔七天养息半日，其间仍然默念佛名，不准闲谈杂论。第二种是净业堂规约，以三年为一期，每天十时念佛，九时作观，一时礼忏；黑白半月，诵菩萨戒，朔望日讽《梵网经》，之后诵发愿文回向；每年定期供佛，正月、腊月起念佛七，黄昏施食，禁止应酬杂务等。从这些条目中我们也可以粗略了解净业的具体内容。

历代净土宗祖师中擅长诗文的不在少数，省庵便是其一，他的《净土诗》也是广为传诵的名作，在此与大家分享两首：

> 念佛圆通摄六根，耳根谁谓独超伦；
> 音闻既是圆常体，名字元非生灭因。
> 以念念名名故切，将闻闻佛佛还亲；
> 由来二圣皆昆仲，同作弥陀辅弼臣。

> 弥陀四字绝商量，只贵专持不暂忘；
> 若厌平常终隔断，才求玄妙便乖张。
> 粗尝橄榄宁知味？细嚼盐斋始见香；
> 念到身心空寂处，不劳开口向西方。

不求言辞美妙，要在传道说理，这些与其说是诗，不如说是以诗的形式宣讲的净土法语，简洁易记，比起普通的开示更有影响力。

3. 十二祖彻悟际醒

彻悟（1741—1810 年）名际醒，号梦东，彻悟为字，京东丰润（今河北省丰润县）人，俗姓马。彻悟自幼研习儒家经典、世间学问，二十二岁时因为生场大病，不禁感叹人命危脆，世事无常，于是立志出家。病愈之后，他到房山县三圣庵荣池老和尚座下披剃出家，第二年受具足戒。彻悟先后跟随隆一、慧岸、遍空等法师学习大乘经论，博通性相，尤其精于天台、三观、十乘之妙义。

二十八岁时，彻悟参访京都广通寺粹如纯禅师，得传心印，成为禅门临济正宗三十六世，磐山七世。乾隆三十八年（1773年），彻悟大师接任粹如纯之职，领众熏修，专精参禅，二十四年如一日，大振禅门宗风。修禅习定之余，彻悟也效法永明延寿与莲池袾宏，倡导念佛，归心净土，后来更是停止修禅，主修念佛法门，专弘净土。他的决心与愿力也非常人可比，只要是阻碍修净业的行为都摈弃，每日限定一支香的时间会客，并作了《尺香斋词》："生死事大，来日无多，道业未成，实深惭惧。尊客相看，午后炷香，非取轻疏，幸垂监恕。"可见用功的程度之深。

后来，彻悟在觉生寺任住持，共八年，与众人精进念佛，更广设念佛殿堂，方便修学者用功，前来追随学习的人络绎不绝，彻悟也被众人称为当时净土法门第一人。

嘉庆五年（1800 年），彻悟大师退隐红螺山资福寺，仍有众多弟子追随，他没有生厌弃心，与大众一起生活、修行，由于彻悟大师的弘传，这里也成了著名的净土专修道场，红螺彻悟之名响

195

遍南北。嘉庆十五年（1810 年），彻悟大师自言蒙佛亲自垂手接引，安详西生，有《彻悟禅师语录》《示禅教律》《念佛伽陀》等著作流通于世。

彻悟大师的净土法门以十六字为纲："真为生死，发菩提心，以深信愿，持佛名号"。若无真为生死之心，修行的热度也不能持久，浮浮泛泛，如做游戏一般，他日遇到更新鲜的，不免弃旧从新，修行总是不得力。若无菩提心，即使修行有成，也只是有限有偏的小果报。三资粮中，彻悟大师重视信愿，认为信贵于深，愿贵于切。如何算是深信、切愿呢？彻悟大师打了形象的比方：

中国净土宗

脉络

> 假正修净业时，达摩祖师忽现在前，令我舍净修禅，可以立地成佛，我不敢从命。即释迦如来忽尔现身，谓更有异方便，胜于净土，令我舍此从彼，我亦不敢从教，此谓之深信。假如赤热铁轮，旋转顶上，不以此苦，退失往生之愿。又若轮王胜妙五欲现前，亦不以此乐，退失往生之愿。如此逆顺至极，尚不改所愿，此之谓切愿。

即使是佛陀、祖师再生，允诺教以更殊胜快捷的法门，对净土法门深信不疑的修行者也不为所动；即使有铁轮旋顶的逼迫、转轮圣王所享快乐的引诱，修行者仍然坚定地志在极乐净土。这样的信愿比钢铁还要坚硬，再看看现实中顺利时沉迷于欲乐、失意时才抱佛脚嚷着修行解脱的人们，可知这种深信、切愿是多么难能可贵又持之不易。

彻悟大师还有"十信"的提法：

> 一信生必有死（普天之下，从古至今，曾无一人逃得）。

二信人命无常（出息虽存，入息难保，一息不来，即为后世）。

三信轮回路险（一念之差，便堕恶趣，得人身如爪上土，失人身者如大地土）。

四信苦趣时长（三途一报五千劫，再出头来是几时）。

五信佛语不虚（此日月轮，可令坠落；妙高山王，可使倾动，诸佛所言，无有异也）。

六信实有净土（如今娑婆无异，的的是有）。

七信愿生即生（已今当愿，已今当生；经有明文，岂欺我哉）。

八信生即不退（境胜缘强，退心不起）。

九信一生成佛（寿命无量，何事不办）。

十信法本唯心（唯心有具、造二义，如上诸法，皆我心具，皆我心造）。

十信具体详细，事理俱说，从人人可以感知的生死无常入手，循序渐进，条分缕析，表现出极强的劝信的宗教情怀。信愿二者中，彻悟大师对愿的重视又更胜一筹。他曾说，净土门中，以愿为最，终必能满，真能发愿，则信在其中，信愿既真，行不期起而自起，是故信愿行三种资粮，唯一愿字尽之。说到行，彻悟大师侧重持佛名号，牢持于心，而不暂忘，念念相续，无杂无间，以"一心不乱"为修持净土法门的重心。

在十六字纲领的基础上，彻悟大师指出修行净业者不可不知的八事："一、真为生死发菩提心是学道通途；二、以深信愿持佛名号为净土正宗；三、以摄心专注而念为下手方便；四、以折伏现行烦恼为修心要务；五、以坚持四重戒法为入道根本；六、以种种苦行为修道助缘；七、以一心不乱为净行归宿；八、以种种灵瑞为往生证验。"这八事可以看做彻悟大师净土法门全诀。

此外，关于禅净关系、唯心净土等，彻悟大师都有精彩论述，例如："今人但只万法唯心，不知心唯万法；但知心外无佛，不知佛外无心；但知无量为一，不知一为无量；但知转山河大地归自己，不知转自己归山河大地。……是故念佛者必以唯佛唯土为宗，若唯佛唯土之宗不明，则真唯心义不成。"关于念佛，他还提出了四心："念佛当生四种心，云何为四？一、无始以来造业至今，当生惭愧心。二、得闻此法门，当生欣庆心。三、无始业障，此法难遭难遇，当生悲痛心。四、佛如是慈悲，当生感激心。"诸如此类直切要害、一语点破的言说在他的语录中俯拾即是。

彻悟大师行解一如，广化群生，为近代净土宗的复兴奠定了基础，不愧为一代宗师，印光法师曾作偈颂赞叹他的功德：

> 示众法语利益多，念佛伽陀悉包罗。
>
> 全真成妄只此心，全妄成真亦非陀。①
>
> 不变随缘宜随净，随缘不变莫随讹。
>
> 人若依此义修行，光寿当同阿弥陀。

4. 二林居士

清朝修行净土宗的居士也不在少数，此处仅举二林居士彭际清为例。彭际清（1740—1796 年），名绍升，字允初，号尺木，又号知归子、二林居士，生于江苏长洲县（今苏州）。乾隆三十四年

---

① 见《印光法师文钞续编卷下·彻悟禅师像赞》。

（1769 年），彭际清进士及第，辞官不就，他先后研究过宋明理学、道家修炼等，后听闻佛法，读《紫柏全集》，开始归心佛法，又读莲池、憨山、藕益诸人之书，深信净土法门，因誓愿往生净土，自号"知归子"。乾隆三十八年（1773 年）受菩萨戒，时年三十四岁。彭际清仰慕梁溪（江苏无锡）高攀龙与庐山刘遗民，因这二人往来修学之地同名东林，他自题其居名"二林"，并以为号。

彭际清皈信净土法门，推崇莲池、省庵，并与同时的北京红螺山彻悟、扬州高旻寺昭月、浙江天目山旅亭等相交论道，自言志在西方，行在梵网，重视持戒。乾隆五十年（1785 年），他在苏州文星阁专修一行三昧，系心一佛，因此将所住处称为"一行居"，后来也有文集《一行居集》流传。

晚年时在杭州武林门外，彭际清和二、三禅侣静修，后以病归，又时常掩关僧舍，在太湖秀峰寺专修净业。嘉庆元年（1796 年），彭际清念佛安详而逝，有辞世偈："出没阎浮尘点身，流离琐尾竟何因，而今蓦直西方去，瞥眼收回万劫春。"彭际清的著述有《无量寿经起信论》三卷、《观无量寿佛经约论》一卷、《阿弥陀经约论》一卷、《华严念佛三昧论》一卷、《二林居集》二十四卷等。另外，由他发起编纂，经其侄彭希涑等编成的《净土圣贤录》九卷影响较大，是所有往生传中收录人数最多的一部。

彭际清的净土法门是从华严悟入，他在《极乐庄严图偈》中说："若人欲了知，三世一切佛，应观法界性，一切唯心造。我读华严偈，信入净土门。"在《华严念佛三昧论》中，他将念佛分成普念与专念，认为华严亦专亦普，更列出五义：念自性、念功德、念名字、念遮那、念弥陀，并说弥陀全体遮那，极乐不离华藏。也因为以华严为根底，彭际清将《华严经·普贤行愿品》十大愿王列为日课，以愿生净土摄十大愿王。

彭际清的净土法门中还兼修密法，以瑜伽行供养无量寿佛，从净土诸经之外，另开方便之门，三密加持，成就观行。无量寿观行供养仪轨自唐代不空三藏传译以来，历经千余年，修行净土法门的人很少提及。或许在一般人印象中，只有灌顶之类师师传授才算得密法真传，不然有盗法之嫌。彭际清有过修密的经验，他曾跟随觉明妙行受西方斛食坛仪，有过较长时间的修行，后来在大藏经中看到无量寿观行供养仪轨，于是在闭关期间集成一本。他认为先以菩提心戒，具足羯磨，后以大轮金刚陀罗尼，持其章句，再以仪轨终了，这样就是上品资粮，虽然没有师承，却也不算盗法。据称有僧人按此修习，颇有灵验。

此外，将历代有关净土修行者的事迹编成一册也一直是彭际清的心愿，他自己著有《居士传》《善女人传》，系统宏大的《净土圣贤录》也是由他发起，其侄子彭希涑完成的。该书共分十科：净土教主、阐教圣众、往生比丘、往生比丘尼、往生人王、往生王臣、往生居士、往生杂流、往生女人、往生物类，参考众多经论史册与口述材料，收录往生人物传记五百有余。《净土圣贤录》不但收录资料齐全，在选材方面也别有特点，上至佛祖菩萨，下到杂流物类，男女不限，人物并重，堪为后世往生传记的模板，清代胡珽撰写的《净土圣贤录续编》四卷即是依原本的体例而作。

明清净土信仰的传播

明清时代的净土信仰深入民间，在传播过程中有两个特点是比较鲜明的：一是净土信仰与民间信仰相结合，二是居士们在弘扬净土法门中发挥了积极作用。

　　净土信仰一方面与地狱信仰、因果报应说结合在一起。地狱思想在印度佛教中便已存在，《俱舍论》《大毗婆沙论》《十八地狱经》等都有论述，传入中国后，善导大师就曾将它引入净土信仰之中。到了明代，地狱信仰基本成熟，广泛地体现在笔记、小说、戏曲等作品中。另有一类善书也特别关注因果报应、地狱的部分，借此来宣扬因果报应，劝人行善，免堕地狱受苦。

　　善书中一般掺杂了道教鬼神以及民间信仰。托名老子的《太上感应篇》便是劝善的典型，开篇即道："福祸无门，惟人自召。善恶之报，如影随形。"它宣扬善恶有报的思想，并明确地指出何为善行、何为恶行、恶行果报等；它名为道书，事实上已融合了儒、佛的思想。《太上感应篇》本在民间流传，自南宋时始得官方重视。以《太上感应篇》为开端，其后涌现出了一大批道教善书，如《文昌帝君阴骘文》《太微仙君功过格》《关圣帝君觉世真经》《文昌帝君蕉窗圣训》《省心录》《照心宝鉴》《卫济真诠》《太上宝筏图说》《指淫断色篇》《劝世归真》《除欲究本》《全人矩矱》《起心丹》《寿世慈航》《白话劝戒录》《天津纲纪》等，此外还有"功过格"，如《十戒功过格》《警世功过格》等，让人每日记录善行、恶行。此类善书表格在社会上广为流传，掀起了劝善运动，净化人心世道，对宋以后传统中国的社会与伦理影响至深。很多善书也被佛教用来化导民众，常见的有《太上感应篇》《玉历宝钞》《了凡四训》、《安士全书》等。

　　明代的《玉历宝钞》杂糅了道教的神仙、佛教的地藏信仰、儒家人伦规范等，儒释道三家都关注过该书。书中通过修道者淡痴的神奇经历，介绍地狱十殿阎王的执掌、刑罚等：第一殿秦广王蒋，第二殿楚江王厉，第三殿宋帝王余，第四殿五官王吕，第五殿阎罗天子包，第六殿卞城王毕，第七殿泰山王董，第八殿都市王黄，第九殿平等王陆，第十殿轮转王薛，每一殿的刑罚方式也描述得细致入微，可谓集酷刑之大成，着实恐怖，让人不敢行恶。这种通过消极的恐吓来劝善的办法未必是最佳之举，但其现实作用也不容忽视。《了凡四训》是明代袁了凡结合自己的亲身经历，融合儒释道三家思想所作，该书通过"立命之学""改过之法""积善之方""谦德之效"四章，论证"种瓜得瓜""善有善报""积极进取""有愿皆成"之理，否认宿命论，认为命运由自己创造，印光法师在文钞中就多次提到该书。印光法师还极其推崇清代周安士所著《安士全书》，并赞为"善世第一奇书"，在弘化社印行流通。该书的作者周安士虽是佛教居士，该书却杂入道家之说，分成"文昌帝君阴骘文广义节录""万善先资""欲海回狂""西归直指"四部，总义仍是劝人戒杀、戒淫，勤修万善，以西方净土为归。善书大多以因果报应说为基础，劝善止恶，这与净土宗强调万善同修是一致的，在此基础上引导民众为今生、死后计，接以往生西方净土的法门可谓水到渠成。

净土信仰另一方面又与末世说相连，在民间宗教中被借用，甚至出现异变，最轰轰烈烈的莫过于白莲教。白莲教原本植根于弥陀信仰，后世逐渐变化，以弥勒下生救世说为主，晚明时期的白莲教有它自己的创世、救世说。《古佛天真考证龙华宝经》中创造出了一位无生老母，其救世说与弥陀净土颇为类似；《销释收圆行觉宝经》记录老母呼唤孩子们回归其净土；《销释真空宝卷》更有"赞颂弥陀，宣扬真空"的言语。此外，作为西方三圣之一的观世音菩萨被民间宗教借用是最为常见的，直到现在，道观、土地庙等处都经常可以看到观音殿、观音菩萨塑像等。与民间信仰混杂在一起的净土信仰很多都变得似是而非，却实实在在影响着民众的生活。

　　居士念佛求生净土并不是个别现象，而是一股社会风潮。除了躬行念佛法门，居士们还积极著述，有不少重要作品流传：明朝居士李卓吾以《净土决》著称；居士庄复真（名广还）编述《净土资粮》六卷；居士唐宜之重视观门，著《莲华世界书》等；清代张光伟居士有《净土剩言》流行于世；周安士居士著《西归直指》《戒淫戒杀》；张一西居士辑《径中径又径》；王耕心居士述《摩诃阿弥陀经衷论》等。近现代都可以看到居士们积极参与弘扬净土法门的身影。

第十章

兴净宗印祖鸿业
（公元 20 世纪上半叶）

清末民初净土宗的衰落

明清时，"家家阿弥陀，户户观世音"，净土法门似乎盛极一时。到清末民初，净土宗仍是佛教的一大宗，从信奉净土的人数众多这点而言，似乎并不能称之为"衰落"；但从另一方面来说，净土宗确实遇到了严峻的挑战，内部蕴涵着危机。净土宗如不能很好地回应这些挑战，就难免要遭到逐渐衰亡的命运，说"衰亡"，可能体现在两方面：一方面，如果净土宗不能适应时代的发展，念佛老人们去世（往生）之后，年轻一代不再相信净土宗的说教；另一方面，净土宗能够在每一代人中吸引为数不少的希求永恒幸福的人成为净土修行者，但净土宗作为一个群体被社会主流视为迷信和落伍的代名词。这两个结果，都是净土宗行人所不愿看到的。但清末民初以来，净土宗的确面临这样的危机，这个危机主要体现在学理和实践两大方面。

从学理上来看，近代以来，科学和民主之风促成了中国思想界的初步"启蒙"。在神教信仰本来相对薄弱的中国，很多人逐渐接受了无神论，而净土信仰往往不能避免神秘主义的倾向，多少带有一定的神教色彩。尽管佛教的因果论并不违背科学原理，但明清以来净土宗的因果论，特别喜欢宣扬地狱鬼神报应的思想，杂糅了大量的底层民间信仰，很容易招致无神论者的攻击和反对，斥之为愚昧迷信。神话学和社会人类学兴起之后，人们逐渐认识到，佛经中有很多神话和传说的成分，那么，究竟哪些是神话传说？哪些是真实发生过的历史事实？哪些是佛陀、菩萨、祖师根据当时受众的根机而作的方便譬喻？考据学兴起后，佛教史的研究也对净土教义的绝对真理性提出了一些疑问。

从实践上来看，清末民初佛教内部出现了很多弊端，随着近代社会动荡的加剧，国家对僧尼管理逐渐松懈，佛教僧尼虽然为数众多，但整体素质普遍较低，如印光法师所说，"欲藉为僧之名，游手好闲，赖佛偷生。名为佛子，实是髡民。即令不造恶业，已是法之败种，国之废人。倘或破戒造业，贻辱佛教。纵令生逃国法，决定死堕地狱"① "从兹日趋日下，一代不如一代，致今僧虽不少，识字者十不得一，安望其宏扬大教、普利群生耶"②。寺

---

① 见《印光法师文钞·复泰顺谢融脱居士书二》。
② 见《印光法师文钞·与佛学报馆书》。

产家族化、子孙化及应赴经忏，造成了严重的弊病，影响了佛教的社会形象。具体到净土宗而言，太虚大师指出，净土宗行人往往忽视大乘教理和修行，将博大精深的佛法缩略为一句佛号，存在着忽视现实人生的弊病，所谓"教在大乘，行在小乘"，只图自利，疏散懒惰，不努力兴办慈善事业，也不关心自己周围的人。在风雨飘摇而又风起云涌的清末民国时期，在"救亡"与"启蒙"的"双重变奏"之中，净土宗人一心念佛，归命西方极乐世界，客观上使净土宗逐渐淡出社会主流之外。

杨文会居士

要论近代中国佛教的复兴，第一位大功臣非杨文会莫属。

杨文会（1837—1911年），字仁山，号深柳堂主人，自号仁山居士，安徽石埭县人。他自幼喜好读书，广有涉猎，同治三年（1864年）时病中读到《大乘起信论》，深有领会，进而研读《楞严经》，从此钻研佛教的兴趣愈发浓厚。有感于佛门冷落，经书难得，杨文会发心刊刻单行本藏经，于同治五年（1866年）创设了著名的金陵刻经处。光绪四年（1878年），杨文会随曾纪泽出访英、法两国，考察政治、经济、教育等状况，光绪十二年（1886年），再次出访英国时结识日本留学僧人南条文雄。三年后归国的杨文会见政治腐败，无心政界，转而将精力用到研读佛经与传播佛教上。他利用自己的便利条件，从日本求得自唐以来失散的经典三百余种，择要刊刻。杨文会也为日本《续藏经》的编辑提供了帮助。另外，他觉得《续藏经》过于芜杂，于是另编《大藏辑要》，收著述四百六十种，三千三百多卷，在他生前刻出了两千卷。

除了流通佛教典籍，杨文会也注重佛教人才的培养。他赞成斯里兰卡的达磨波罗发起的"摩诃菩提会"，着手编订《初学课本》等书，准备创办学校，培养弘法人才。几经周折，光绪三十四年（1908年）时他终于在刻经处设立祇洹精舍，招收僧徒学生十余人，除了讲授佛法，还开设国文、英文，以造就通才，将来能赴印度弘法，可惜因缺乏经费，祇洹精舍于两年后停办。宣统二年（1910年），杨文会出任金陵佛学研究会会长，每七日讲经一次，听者甚多。杨文会讲习并重，诲人不倦，著名学者谭嗣同、黎端甫、桂伯华、欧阳渐、孙少侯、李证刚、梅撷芸、蒯若木、释太虚等都出自杨门；此外，还有一大批著名的政治活动家、思想家、学者，如梁启超、章太炎、沈曾植、陈三立、夏曾佑、宋恕、汪康年等，也受到他的佛学影响。梁启超在《清代学术概论》中说："晚清所谓新学者，殆无一不与佛学有关系，而凡有真信仰者，率归依文会。"可见一时之盛。

宣统三年（1911年）秋季，自知不久于人世的杨文会将金陵刻经处托付给欧阳渐、陈镜清、陈义等人，又嘱咐佛学研究会另选会长，于八月十七日面向西方瞑目而逝。杨文会留下的著述有《大宗地玄文本论略注》《佛教初学课本》《十宗略说》《等不等观杂录》《观经略论》《阐教编》等，编入《杨仁山居士遗书》。

用杨文会自己的话说，他的佛学研究与修行可以概括为"教宗贤首，行在弥陀"，即在教理上推崇华严学说，修持上则笃行弥陀净土法门。他在《与某君书》中自述："鄙人初学佛法，私淑莲池、憨山，推而上之，宗贤首、清凉，再溯其源，则宗马鸣、龙树。此二菩萨，释迦遗教中之大导师也，西天东土，教律禅净，莫不宗之。"将华严之源追溯到马鸣、龙树，并认为教律禅净等诸宗都以这两位为祖师。净土念佛也不离华严的道理，"以一切佛法入念佛一门，即《华严经》融摄无碍之旨也"。

杨文会弘扬净土，认为"净土一门，扩尽一切法门；一切法门，皆趋净土一门"。在《学佛浅说》一文中，他认为学佛者随个人根器不同，要选择不同的修行方法，唐宋之时上乘根器人较多，修行禅宗不乏成就者，但近代能走这条路的人已经很罕见了。根器次一点的人可以先从解入门，"先读《大乘起信论》，研究明了，再阅《楞严》《圆觉》《楞伽》《维摩》等经，渐及《金刚》《法华》《华严》《涅槃》诸部，以至《瑜伽》《智度》等论。然后以解起行，行起解绝，证入一真法界"，即便如此，"仍须回向净土，面觐弥陀，方能永断生死，成无上道。"再次者，可以"用普度法门，专信阿弥陀佛接引神力，发愿往生，随己堪能，或读净土经论，或阅浅近书籍，否则单持弥陀名号，一心专念，亦得往生净土"。根器不同，证道迟速有别，但超脱生死、永免轮回却是一样的。只因凡夫习气重，往往轻净土而崇性理，修净土法门专念佛号容易疲懈，研究深妙经论却可以使其奋勇向前，不至于中途退堕，所以普度法门虽然省力，还是有很多人选择从解入门。

杨文会的净土法门也提倡自性弥陀与西方弥陀、唯心净土与佛土净境不二之旨，在《十宗略说》中，他还驳斥了将自性弥陀与西方弥陀对立起来的观点："后人喜提唯心净土、自性弥陀之说，拨置西方弥陀，以为心外取法，欲玄妙而反浅陋矣。"《西方极乐世界依正庄严圆图跋》中他又说："当知一真法界，迥绝思议。以言其体，则纤尘不立；以言其用，则万有齐彰。娑婆既唯心所现，极乐岂外乎唯心？"总之，杨文会的净土法门是吸收了唯识、华严、禅宗等一切唯心、一切唯识、明心成佛等理论后融汇的产物，也是宋朝以来最主流的思路。

广泛流传的净土宗多主持名念佛一法，杨文会则从教义出发，认为"此宗以观想、持名兼修为上"，又说"专以持名为念佛，而观想等法均判在念佛之外，非经意也"。他还曾作《观经略论》，书中也阐明这个观点："净土宗者，三经为本。大经（《无量寿经》）推崇本愿，此经专重观想，小经（《阿弥陀经》）专主持名。近代诸师，以观法深微，钝根难入，即专主持名一门。若观想迳可不用，何以大小二经皆详演极乐世界依正庄严耶？"此外，杨文会还将禅宗的功夫融入念佛法门，认为"用当念一句为主，截断前后际，是烦杂中念佛之捷径""无论千念万念，只用当念一句以为往生正因"。

杨文会强调净土法门自他二力并重，不同于"纯他力教"的日本净土真宗。他曾与日本净土真宗僧人反复辩论，相关材料都收集在《阐教编》中，包括《阐教刍言》《评〈真宗教旨〉》《评〈选择本愿念佛集〉》《评小栗栖〈阳驳阴资辨〉》《评小栗栖〈念佛圆通〉》以及《杂评》等。杨文会反复陈说："凡具信心发愿往生者，临命终时，皆仗弥陀接引之力，故能万修万人去也。然往生虽仗他力，而仍不废自力，故以修字勉之。"他自二力之不可偏废，就"如车两轮，如鸟两翼，直趋宝所，永脱轮回矣"。如果只讲他力，他力普遍平等，但众生有信有不信，难道不是随个人自力而生信的吗？此外，净土法门讲九品往生，随个人修行状况所得果报也不同，"自力为阶降之差，此千古不易之定论也"，纯他力的说法就抹杀这些差别。杨文会抱着"愈辩而愈明，彼此均有利益"的愿望，提出不少独到的见解，这些辩论也是净土宗内部不同宗趣的交流。

印光法师

如果要举一位中国近代净土宗的代表人物，印光法师应该就是众心所向了。弘一大师曾经赞叹："大德如印光法师者，三百年来，一人而已！"

印光大师

1. 生平事迹

印光法师（1861—1941 年），讳圣量，字印光，别号常惭愧僧，为净土宗第十三代祖师。他俗姓赵，名绍伊，字子任，陕西郃阳（今合阳）人。法师幼年时即随兄长学习儒家学问，受韩愈、欧阳修等大儒辟佛思想影响，也曾批判佛教。十五岁时，偶然读到佛经，看到了从前的偏颇处，又回心向佛。清光绪七年（1881

210

年）印光法师在终南山五台莲华铜寺道纯和尚处剃度出家，次年于陕西兴安双溪寺印海律师座下受具足戒。

印光法师患有眼疾，在湖北莲华寺帮忙晒经书时，读到残本《龙舒净土文》，领知净土法门，开始念佛不辍，后来眼疾痊愈，愈发深信由此深信念佛功德不可思议，从此归心净土一宗。当时，北京怀柔红螺山资福寺是净土专修道场，二十六岁的印光法师慕名前往，同年八月入堂念佛，取号继庐行者，继承东晋庐山东林寺慧远大师创导的净宗遗风之意。在红螺山，印光法师历任上客堂香灯、寮元等职，其间研读大乘经教，圆成净业。光绪十六年（1890 年）法师转居北京龙泉寺，十七年（1891 年）又住于国广寺。光绪十九年（1893 年）时，应普陀山法雨寺化闻和尚之请，护送藏经南下，后便常住法雨寺。印光法师在法雨寺韬光养晦，不喜结交，不好名闻利养，阅读藏经，勤修净业。他曾谢绝众缘，前后闭关六年，在关房中自书"念佛待死"以自策励。此后，印光法师往来江苏、浙江、上海等地讲经说法，弘扬净土。

民国初（1912 年），高鹤年居士在上海《佛学丛报》上刊载数篇法师的文章，署名常惭，当时读者们并不知道常惭究竟是何许人也。后有徐蔚如居士读到大师文稿，叹未曾有，探得法师之名，两度亲上普陀山求见，并于民国五年（1917 年）将印光法师的三封书信印行，题为《印光法师信稿》。次年，徐蔚如、周孟由等居士收集法师文稿二十余篇，以《印光法师文钞》之名印行。该书影响深远，后多有增益，1926 年中华书局出版《增广印光法师文钞》，线装四册，这就是文钞的正编本。

1919 年以后，印光法师在上海、南京等地弘扬净土法门，创办念佛社，广行慈善；在苏州创办弘法社，印经流传，江浙沪一带皈依的弟子十万余人。民国十九年（1931年）二月，印光法师到苏州报国寺掩关，课余修订四大名山山志，又受灵岩山妙真和尚叩关请示，为灵岩山寺定下规约章程，使得灵岩道风大振，而后更发展成为仅次于红螺山资福寺的净土宗著名专修道场。民国十六年冬（1938年），印光法师移居灵岩山寺，专事念佛，不再参与应酬活动。在此期间，应妙真法师之请，印光法师同意由德森法师主事编纂文钞的续编本，即《印光法师文钞续编》。民国二十九年（1941年）十一月初四，在大众念佛声中，印光法师安详西逝。

印光法师毕生弘扬净土，其行事坚守"不当住持，不收徒众，不登大座"三大原则。他一生淡泊名利，刻苦俭朴，薄以待己，厚以待人，食物唯求果腹，衣服只要御寒，得到的珍美供养总是转赠他人，以老实念佛劝人。

印光圆寂不久，福建的杨石荪等倡议尊其为莲宗第十三祖，获得绝大多数人的同意。在上海净业社的觉园，僧俗弟子们成立了"印光大师永久纪念会"，刊印他的遗著，发行《弘化月刊》，宣扬净土宗念佛法门，并且尊他为净土宗的第十三代祖师。太虚（1889—1947年）在《莲宗十三祖印光大师塔铭》中也说："师（指印光）志行纯笃，风致刚健，亲其教、览其文者，辄感激威德力之强，默然折服，翕然崇仰，为莲宗十三祖，洵获其当也。"了然法师曾作颂赞叹印光法师：

　　貌古心慈性直口快，训诲往来精神不懈。

　　合物施财欣然慷慨，淡泊资身离世贪爱。

　　法语流传遍布中外，普化群生同归莲界。

净宗导师十方归拜，临终见佛安详自在。

2. 净土法门

印光法师不喜说大道理，由他的文钞也可见一斑，其中多是写给他人的书信、序言、疏记、题词、赞颂等小文章，正是通过这种亲近、简短的法语流布，净土思想借由文字般若深入人心。印光法师拨乱反正、为净土正名的文章中，《宗教不宜混滥论》与《净土决疑论》是最有代表性的。

宗教混滥的问题自唐朝以来便一直存在，学禅的轻视经教之理，只谈不立文字、明心见性，教下诸宗的修习者们则讥讽禅门行者狂妄务虚，这种互相攻讦的根源在于没有辨认清楚宗与教二者的同异，将两者混为一谈，又各是其是，各非其非。唐代圭峰宗密便已经意识到了这个问题，在《禅源诸诠集都序》中他将佛所说法进行了二分："原夫佛说顿教、渐教，禅开顿门、渐门，二教二门，各相符契。今讲者偏章渐义，禅者偏播顿宗，禅讲相逢，胡越之隔。"圭峰宗密指出禅教之源在于双方各有偏执，禅执顿，教执渐，而忘却佛法本是应机而设、顿渐共弘的。于是他分三宗、三教，一一辨析，"息妄修心宗""泯绝无寄宗""直指心性宗"分别对应对"密意依性说相教""密意破相显性教""显示真心即性教"，以期会通禅教。永明延寿在《宗镜录》《万善同归集》等书中又重申了这个观点。但是思想的发展与现实状况常是不对等的，直至近代，宗门与教下之间的误会、争讼从未平息，印光法师对这个老问题给予了自己的诠释。以往的解决方法多着眼于宗与教之间的互谤、斗争，印光法师却从"不宜混滥"上入手，使宗与教各安其位。

首先需要明了的是，"宗、教二门，原是一法，从无可分，亦无可合。随机得益，随益立名。上根一闻，顿了自心，圆修道品，即名为宗（此约后世说，当初但只圆顿教耳）。中下闻之，进修道品，渐悟真理，即名为教。"宗的悟解如眼睛，教的修持如双足，两者配合，方能成就，因此两者是相需相合的，即所谓宗教一贯。但自禅宗机锋转语流行之后，修禅的人动辄呵佛骂祖、驳斥经教，坏破宗风，禅宗被认为是上根法门，修学者们多不肯自认下劣，虽然不具备修禅的根器，也想在禅里出头。更有人想成为宗说兼通的通家，却往往将转语当成实义解说，将因果修道的说法当成比喻，误人误己。于是印光法师细数宗教的差别，以正视听。

印光法师认为宗教互相涵摄，辗转有教家之宗、教家之教、宗家之教、宗家之宗四种差别。首先，教的说法即使没有开悟的人也能有所理解与领悟，而宗的说法多得待开悟后才能真正理解。其次，教是天根普被，利钝全收，依之而行，即有所得，宗则直彻心缘，冷暖自知，必须真参，方得实益。最后，教通过文字来显示其义，修习者有解而入，宗则离文显意，明心起行。印光法师总结说："是知宗为前锋，教为后劲。其所办是一事，其所说是一法，但以语言施设，门庭建立不同。门外汉不知其同而不可合，异而不可离之所以。妄用己见，强作主宰；不是互谤，便是混滥。互谤之过，愚或能知。混滥之愆，智犹难晓。盖以归元无二，方便多门。宗家方便，出于格外，所有语言，似乎扫荡。未得意者，不体离言之旨，唯嚼出酒之糟。在宗则开一解路，不肯力参。在教则妄学圆融，破坏事相。唯大达之士，双得其益。否则醍醐甘露，贮于毒器，遂成砒霜鸩毒矣。"

如此一针见血地指出宗教混滥、妄学圆融的问题所在，在其他人的著述中并不多见，尤其是指出"混滥"的危害远大于"互谤"，非具慧眼知识不能有此言语。印光法师在指明宗教差异之后，又重申宗教不二的道理，可见必须以圆融的眼光看待宗教关系，既不能互谤，也不能混滥。

《净土决疑论》一文也是通过与禅门行者的对话、辩论，进而彰显净土奥义。文中提及禅宗常说的唯心净土、自性弥陀，印光法师从理性与事修的区分加以解说；问及如何看待禅宗祖师们驳斥净土的言论，印光法师指出对于祖师们的转语不能训文释义，也不能单执着于这等言语，更应该看到祖师们还有其他宣扬念佛的说法，此外赞扬净土法门的大小经论也不胜枚举，又岂能偏信转语而忽视佛说呢？该文的亮点在于对永明延寿禅净四料简的解说，尤其是对"有禅""有净土"的细致分析是前人所未发："倘参禅未悟，或悟而未彻，皆不得名为有禅。倘念佛偏执唯心而无信愿，或有信愿而不真切，悠悠泛泛，敷衍故事。或行虽精进，心恋尘境；或求来生生富贵家，享五欲乐；或求生天，受天福乐；或求来生，出家为僧，一闻千悟，得大总持，宏扬法道，普利众生者，皆不得名为有净土矣。""世多为参禅便为有禅，念佛便为有净土，非但不知禅净，兼亦不知文义，孤负永明古佛一番大慈悲心，截断后世行人一条出苦捷径。"《净土决疑论》一文也是从理事上来解答禅净间的矛盾，这也是唐宋以来惯常的应对方式；较之永明延寿、藕益智旭等禅净兼修的祖师，印光法师表现出更强烈、更坚定的净土倾向，在他的著述中，很少有许人修禅的文字，对于想修禅的人也多是以净土法门相劝。

印光法师认为净土法门是如来一代时教中的特别法门，三根普被，利钝全收，统摄律、教、禅宗，是十方三世一切诸佛成始成终的总持法门。世人常将念佛看成愚夫愚妇所行,不屑为之,转而求更玄妙的法门,结果愚夫愚妇净业有成,倒是那些聪明人被耽误了。修行净业的人,第一必须严持净戒,第二必须发菩提心,第三必须具真信愿。在具体行持上,念佛必须心能忆念、身能礼敬、口能持诵,不能只是心念。此外,印光法师特别强调学习佛法需要恭敬:"欲得佛法真实利益,须向恭敬中求;有一分恭敬,即消一分罪业,增一分福慧;有十分恭敬,即消十分罪业,增十分福慧。"如此苦口婆心说恭敬也是前人著述中不常见的。

3. 儒佛相合

印光法师的佛学思想常被用八句话来概括:"敦伦尽分,闲邪存诚。诸恶莫作,众善奉行。真为生死,发菩提心。深信因果,老实念佛。"前四句脱胎于儒家的思想。印光法师熟读儒书,弘扬净土法门时也将儒学引入其中,视为为人之道,类似佛学中的人天乘,也是修行佛法的基础。如在《复姚惟一居士书》中,印光法师就劝导说:"净土法门,一切世间事务,均无所碍。但须各尽其分,如父慈、子孝、兄友、弟恭、夫和、妇顺、主仁、仆忠而已。"也就是儒家常说的"君子思不出其位""君子素其位而行",主张人各安其分、各尽其职。在《诫吾乡初发心学佛者书》中,又有示训:"学佛之人,必须从好心,说好话,行好事。存好心者,凡逆天背理、损人利己等恶念不许起,起则立刻生惭愧忏悔之心,令即消灭。凡孝、悌、忠、信、礼、义、廉、耻,利人利物之心,须常存之……"

儒家之德中,印光法师对"孝"尤为关注,曾写作《佛教以孝为本论》。自佛教传入中国,就与本土的儒家思想起了冲突,最具代表性的是佛教出家为僧的做法有违儒家孝道，围绕这一条，历史上留下了太多笔墨官司与口头论战。印光法师以为孝道"其大无外，经天纬地，范圣行哲"，引佛教《梵网经》等以证出世间法也是重孝道的。儒家以奉养安亲、后世扬名为孝，但此孝只管一生，佛教却说要报答多生多劫父母之恩，生时奉养孝敬，死后也要救其脱离轮回苦海，这才是真正的大孝。依此思路，佛教六度万行无非都是孝道的扩充了。在《循陔小筑发隐记》，印光法师也比较了世间之孝与出世间之孝，结合《梵网经》"孝名为戒"和《观无量寿经》中净业三福的内容劝人行出世间孝。从为人子的角度言，注重躬行、彰显父母之德，也是孝道的表现方式。躬行表现为克己复礼、闲邪存诚、知过必改、见义勇为、明因识果、戒杀放生、诸恶莫作、众善奉行、生信发愿、持佛名号、自行化他、同生净土等。

在《复安徽万安校长书》中，印光法师感叹当时的儒学变成了辞章之学，主张："儒佛二教，合之则双美，离之则两伤。以世无一人不在伦常之内，亦无一人能出心性之外。具此伦常心性，而以佛之诸恶莫作，众善奉行，为克己复礼，闲邪存诚，父慈子孝，兄友弟恭之助。由是父子兄弟等，相率而尽伦尽性，以去其幻妄之烦惑，以复其本具之佛性，非但体一，即用亦非有二也。"又为在家学佛者定下不易之修持方法：必须深信因果，恪尽己分，戒杀护生，至心念佛。

印光法师重视因果报应在现实中的作用，认为"因果之法，为救国救民之急务，必令人人皆知，现在有如此因，将来即有如此果""圣人治天下，佛度众生之大权、约佛法论，从凡夫地，乃至佛果，所有诸法，皆不出因果之外。世法亦然"。他极力提倡流通《安士全书》与《了凡四训》等劝善之书，希望通过因果之教化导世道人心。

从扎根于纲常伦理的儒家思想入手劝众，不尚虚玄，印光法师的开示总是显得平实而切近，佛教徒们由此能增进信心，越发精进，不信佛教的人也能得到启发，进而生信，可见他弘法利生的智慧。

中国净土宗

脉络

生

若生西方庶可

与佛光寿同一

无量无边矣

智生鑑

印光書

4. 重视女教

印光法师的佛学思想中另一个与众不同之处是重视女教。近代随着西方思想的传入，教会女学等也不断兴起，中国传统的女教也不乏宣扬者，比如与印光法师同时代的王凤仪先生（1864—1937年）便是有名的民间教育家、女子教育的开拓者，致力于兴办女子义务学校，化人无数，被誉为"王善人"。印光法师作为出家僧人，兼顾世间之法，尤其是人们重视不够的女教，越发显得独特。

印光法师提倡的女教也是根植于儒家思想。在《家庭教育为天下太平之根本发隐》一文中，印光法师指出："家庭母教，乃是贤才蔚起，天下太平之根本。"母教强调的是母亲对孩子的影响，这种影响不是孩子出生之后才有的，而是怀胎之时即已开始，所以母教要从胎教开始。现代社会中，胎教已经成为常识性的话题，但在一百多前的中国还不是普及的内容。印光法师所说的胎教，与其说是教育腹中的孩子，不如说是母亲的自我约束与修养，使得胎儿自然禀受正气。孩子出生之后，教以做人的基本准则，告知因果之事，进而令念佛、念观世音，再长一些，又读善书，使知禁忌。孩童的教育中，最重要的倒不是天资、书本等，而是父母师长的躬行实践，所以为人父母师长应该以身作则。

孩童教育中又以教女更为重要，因为女子总有为人之母的一天。在男主外、女主内的传统家庭中，父亲多在外主事，孩子自幼随母亲成长，母亲对孩子的影响可想而知。"以贤母由贤女而来，若无贤女，何由而又贤母？若无贤母，又何由而得贤子女哉！此种极平常之道理，人人皆能为之。所痛惜者，绝少提倡之人"。

印光法师所说的女教自然不是培养出干大事的女强人，对于这样的人，他持批评的态度，认为她们不守本分。"余常谓治国平天下之权，女人家操得一大半。又常谓教女为齐家治国之本者，盖指克尽妇道、相夫教子而言也"。印光法师承认女子的重要性，但这种重要性的取得是源于她们对子女教育、家庭稳定的贡献，而不是女子对社会的直接贡献，因此这番话放到现在或许会招来反驳声一片。考虑到现代层出不穷的社会、家庭危机，印光法师的说法还是值得深思和借鉴的。

印光法师感叹现实中的父母们无善教，不告知圣贤之道，多是教子女谋利禄，幸者得一时小富贵，不幸者不免身败名裂，却辜负了法身慧命。时至今日，这种状况也没有好转，甚至有愈演愈烈的倾向，印光法师的叹息也是长鸣的警钟。

夏莲居居士

民国时佛教界有"南梅北夏"的佳话，南梅是指南方的梅光羲居士（1880—1947 年），北夏则是指夏莲居居士（1884—1965 年）。夏莲居居士，本名夏继泉，字溥斋，号渠园。中年后，因专修净业，故改名"莲居"，又号"一翁"。山东郓城人，清朝云南提督夏辛酉长子。他中年以后，潜心内典，从显入密，摄禅归净，修持精严，著述宏富，成为 20 世纪杰出的佛教学者和净宗行人。他最重要的工作，是会集了《无量寿经》的五个版本。《无量寿经》此前有东汉支娄迦谶本、曹魏康僧铠本、吴支谦本、唐菩提流志本和北宋法贤本共五个存世的译本（尚有若干译本失传），这些译本之间在文字详略、段落次第、偈颂长短方面颇有出入，使读者难以秉承。因此，夏莲居发愿会集五种译本的文字，使之成为一个较为完整的版本。

夏莲居会集时，态度是极为严谨的，净坛结界，香光庄严，咒水加持，万缘俱屏，秉笔必先礼佛，坐卧不离称名。于九万五千七十字之五种原译内，进行了极为细致的参考比较，从 1932 年到 1946 年，经过十五年的时间，方才会集完成。他后来自云："浊世无如念佛好，此生端为《大经》来。"（见《大经重印跋》）

夏莲居会集本问世后，在佛教内外引起巨大反响，承蒙杭州灵隐寺方丈慧明老法师予以印证，密宗大德超一法师协助流通。梅光羲居士亲为作序，赞为"最善之本"，律宗大德慈舟老法师亲为科判，并在济南开讲，一时盛况空前，印行达数百万册，"见者闻者，欢喜信受。持诵印行，络绎不绝"，有洛阳纸贵之势。

关于夏莲居汇集的《无量寿经》，有一部分学人援引净宗十三祖印光法师反对王日休、魏源会集《无量寿经》的文章，对夏会本提出异议。但印光法师似非反对一切对佛经的不同版本进行会集的行为，例如他为《药师经》作序时，就曾肯定汇编三个不同版本的做法，在校勘学上，会集众本也是一个通行做法。然而直至今日，佛教界、佛学研究界围绕着夏会本的语意、文句仍有不少争议。一方面，如黄念祖居士指出的，夏会本"文简义丰，词畅理圆"；梅光羲居士在该经序言中也认为，夏会本"精当明确，凿然有据，无一义不在原译之中，无一句溢出本经之外，艰涩沉晦使之爽朗，繁复冗蔓归于简洁，凌乱俾成整严，阙疏悉令圆满，必期有美皆备，无谛不收……虽欲不谓之善本不可得也"，当代高僧净空法师也极力弘扬夏会本，使之流通更广。另一方面，夏会本的批评者们精益求精的严谨态度、对佛经的虔敬也令人赞叹。

双方的出发点都是为了弘扬净土法门，更好地传承《无量寿经》，只是侧重点有所不同而已，双方的发心各有侧重，都应予以肯定。净土宗高僧律航法师认为，"若欲研究大经，请用曹魏天竺三藏康僧铠译本与隋京师净影寺沙门慧远撰疏，至于读诵方便，则四家会集本皆可参考，比较原译五本通畅流利，便于读诵。其内容如何，似不必过于计较，唯求义理清晰，文字晓畅，便于了知要旨斯可矣。"[①] 这是一个较为公允的看法。

弘一大师的净土思想

弘一大师（1880—1942年），俗姓李，初名广侯，字叔同。他早年留学日本，学习艺术，在音乐、书法、戏剧、绘画、诗词、篆刻等领域都有极高造诣。归国后先后担任过编辑、教师等职。但中年之后，这位"二十文章惊海内"的才子转而倾慕佛法，于三十九岁的壮年在杭州虎跑定慧寺出家，后在灵隐寺受具足戒，法名演音，号弘一。

弘一大师是近代的一位高僧，他的声望与影响远远超出了佛教界，如果说印光法师是照耀在人们心头的暖暖的阳光，那么弘一大师则更像一轮皎洁清澈的圆月。弘一大师是近代中兴律宗的代表人物，他复兴了佛教重视戒律的风气，其言行威仪之风采，修身谨饬之严格，都令世人衷心景仰。弘一大师同时是一位大艺术家，他的书法卓然挺立于近代，弥足珍贵，从那充满静谧安详之风的字体中，我们俨然可以看到一位温和宁静的君子，谦恭而

① 见《无量寿经与净土法门关系重要论》。

内蕴深厚，恬淡而不乏妙趣。正如赵朴初先生的缅怀诗词中所说，"无尽奇珍供世眼，一轮圆月耀天心"。

弘一法师同时又是一位孜孜不倦的净土宗修持者，甚至可以说，对于弘一法师本人而言，净土宗的信仰是他信仰体系中的核心和归趣所在。"以教印心，以律严身，内外清净，菩提之因"（太虚赠弘一偈语），也有研究者说，弘一的佛教思想，是"以华严为境，以四分律为行，以导归净土为果"，故而往生净土是弘一法师一贯的追求。弘一法师说："净土宗者为佛教诸宗之一，即念佛求生西方之法门也。此宗现在最盛，以求广大普遍，并利三根。印光法师现在专弘此宗。余亦归信是宗。甚盼仁者亦以自利利他。他如禅宗及天台、贤首、慈恩诸宗，皆不甚逗现今之时机，禅宗尤为不宜。以禅宗专被上上利根，当世殊无此种根器。其所谓学禅宗者，大率入歧途，可痛慨也。"又说："余自信佛以来，专宗弥陀净土法门。"

弘一法师的一生，与净土法门因缘很深，据他自述，他的后母和长嫂都是虔诚的佛教徒，所以从小时候起他就学会了念诵"阿弥陀佛"，喜欢与自己的小弟弟一起在床上学着僧人的样子，用夹被或床罩当做袈裟，扮和尚念佛玩。他中年出家之前，到虎跑定慧寺断食，在日记中也记录下了"侍和尚念佛"（和尚，即指定慧寺了悟老和尚）的记载。可见从孩提时代一直到出家之前，弘一法师均受到净土法门的影响。

印光法师对弘一法师的影响是全面而深刻的。印光法师长弘一大师十九岁，弘一大师出家后两年，《印光法师文钞》出版，弘一大师见后，欢喜欣悦，题词赞叹说："是阿伽陀，以疗群疾，契理契机，十方宏护。普愿见闻，欢喜信受，连华尊于西池，等无量之光寿，……老人之文，如日月丽天，普烛群品……"如此的评价，可见弘一法师的倾心仰慕之诚。

弘一大师是著名的书法家，出家之后常以写经的形式弘扬佛法，他所书写的《十善业道经》《普贤行愿品》《大乘戒经》《般若心经》等经典，也是我国书法艺术领域的奇葩。但正因如此，身体单薄的他曾因用心过度而健康不佳，印光法师知道这种情况之后，亲自写信："弘一大师鉴：昨接手书并新旧颂本，无讹，勿念。书中所说用心过度之境况，光早已料及于此，故有止写一本之说。以汝太过细，每有不须认真，犹不肯不认真处，故致受伤也。观汝色力，似宜息心专一念佛，其他教点与现实所传布之书，一恺概勿看，免致分心，有损无益。应时之人，须知时事。尔我不能应事且身居局外，固当置之不问，一心念佛，以期自他同得实益，为惟一无二之章程也……"① 这封信的内容，实是以净土宗行人的要求，劝勉弘一法师专心念佛，而不必过于耗损精力于写经等事项，但弘一法师道愿坚固，后来仍发愿刺血写经，印光法师再次写信，劝他专心念佛，然后再刺血写经，又劝勉弘一法师不可速求感应，"关中用功，当以不二为主。不可以妄躁心先求感通。心未一而先求感通，乃是修道第一大障"。可以说，此时二人虽无师徒之分，但印光法师对弘一大师的接引殷勤备至，实有长者之风。

弘一法师曾多次请求印光法师把他收为弟子，甚至在佛前燃臂香，至诚祈请，但印光法师一再推辞，谦逊礼让，不肯受此大礼。弘一法师于四十五岁时亲自从温州庆福寺出发，前往普陀山

_____

① 该信载于《弘一大师全集》，未收入《印光法师文钞》。

中国净土宗
脉络

朝拜，再次恳求印光法师收列门墙，方得大师勉从其请。1924 年 5 月，在普陀山法雨寺举行了简单而隆重的拜师仪式，弘一大师执弟子礼，随侍印光法师七日，每天从早到晚，学生与老师形影不离，就便观察学习老师的一言一行。后来弘一大师撰写《略述印光大师之盛德》一文，详细记载了他观察到的印光老人的嘉言懿行，例如，在《惜福》一节内，记载了印光法师朴素而节俭的惜福之道："师每日晨食仅粥一大碗，无菜。师自云：'初至普陀时，晨食有咸菜，因北方人吃不惯，故改为仅食白粥，已三十余年矣。'食毕，以舌舐碗，至极净为止。复以开水注入碗中，涤荡其余汁，即以之漱口，旋即咽下，唯恐轻弃残余之饭粒也。至午食时，饭一碗，大众菜一碗。师食之，饭、菜皆尽。先以舌舐碗，又注入开水涤荡以漱口，与晨食无异。"可见印光法师绝不以名满天下的名僧自居，而是淡泊宁静，做出了简单生活的典范。这一生活方式，也极大地影响了弘一法师。倓虚法师记载，弘一法师在青岛湛山寺讲律时，"屋中都是他自己收拾，不找另外人收拾，窗子地板都弄得很干净。因他持戒，也没有给另备好菜饭，头一次给弄四个菜送寮房里，一点没动，第二次又预备一点，还是没动，第三次预备两个菜，还是不吃，末了盛去一碗大众菜，他问端饭的人，是不是大众也吃这个，如果是的话他吃，不是他还是不吃……"①

弘一大师被尊为律宗的第十一祖，但他与印光法师的殊胜因缘，在佛教界传为佳话。叶圣陶先生在《两法师》一文中记录了弘一大师四十八岁时见印光法师的情景："弘一法师从包袱里取出一件大袖

---

① 见《影尘回忆录》。

的僧衣来，恭而敬之地穿上身，眉宇之间异样的静穆。……弘一大师头一个跨进去，便对这和尚（印光法师）屈膝拜伏，动作严谨且安详。"弘一法师在书信和谈话中，也对印光法师推崇备至，称其为"当代第一善知识"。弘一大师一生宗奉律宗心戒，他悲天悯人的道风，令无数瞻仰过他慈颜的人衷心敬服，他每次在坐藤椅之前总是先摇一下，以免藏身其中的小虫被压死，其临终时曾要求弟子在龛脚垫上四碗水，以免蚂蚁爬上尸身被烧化，其悲悯之心，化作时时刻刻的言行，这也可看做是净土宗"信、愿、行"三德在律宗僧人身上的具体表现。

1942 年，弘一法师在福建泉州写下"悲欣交集"四字，交与妙莲法师，然后作吉祥卧，安然示寂。弘一法师的好友夏丏尊先生如是说，"综师一生，为翩翩之佳公子，为激昂之志士，为多才之艺人，为严肃之教育者，为戒律精严之头陀，而以倾心西极，吉祥善逝"，短短数行，简括了弘一大师的一生，而"倾心西极，吉祥善逝"两句，则勾画出弘一大师服膺净土法门，勤修念佛法门而终获往生的胜业。

经过印光法师、弘一大师等高僧的弘扬，净土宗在民国时期大大地得到了复兴。而净土宗的这种复兴不能看做是以前的简单恢复，它的兴盛也充满了时代的气息，回应了当时的历史要求。1935 年，弘一大师曾对大众讲演，说净土法门"无人不可学，无处不可学。士、农、工、商各安其业，皆可随分修持净土。又于人事善利，群众公益，一切功德，悉应尽力集积，以为生西资粮，何可云抛弃耶"，他希望净宗的修行者能投身于社会公益事业，庄严国土，利乐有情。

慈悲文集欣

　　清末民国时期的净土宗居士们，也在以实际行动回应着社会上认为净土宗"只图自利"的批评。净宗居士高鹤年、江味农、吴壁华、庄蕴宽等发起主持全国南北大规模的灾民救济，影响了国内外的慈善事业，在中国佛教史上书写了浓墨重彩的一笔。地方性的慈善事业，如周舜卿在沪办"锡金公所"，发起并一度主持上海佛教居士林，出巨资赈灾，奋力雪除冤狱；冯宜人在京创妇女放生会、妇女制衣会，赈济灾民，不遗余力。20世纪三四十年代，净土宗行人的社会贡献更大，使人叹为观止。不仅有施粥舍药等传统善举，还有佛教济寒会、佛教慈幼院等新式慈善组织的建设，有的净土行人原为工厂厂主或富豪，倾尽积蓄捐助贫民灾民，使人由衷感动（如王心湛居士、聂云台居士等）。净土宗人如此热衷于慈善事业，绝非偶然——一方面，在清末民初社会动荡混乱的日子里，苦难颠沛触目皆是，净土行人坚持极乐净土的信仰，在肮脏浑浊不堪入目的世道中，保有了至纯至善的内心世界，成为他们行善乐捐的基本条件；另一方面，净土宗又是一个以信仰为特色的宗教，信众中信念坚定者为数不少，他们大多深明因果之理，一心往生极乐，自然会更注意于"万善同归"的善行，使"自利""利他"在一桩桩具体的善行中得到统一。净土宗行人的这些义举善举，已经开启了当代人间佛教、人间净土的先声。

第十一章

启胜境人间净土

（公元 20 世纪—21 世纪）

- 人间净土思想与实践
- 当代庐山东林寺的净土宗弘传

人间净土是当代佛教界盛行的理念，这一理念，既为佛教内外的高僧、信众和一般民众所接受，又把大乘佛教"即入世即出世""不舍世间、不入涅槃"的悲心大愿发挥得淋漓尽致。当代绝大多数的净土宗修行者，既崇仰皈依、发愿往生阿弥陀佛的西方净土，同时又在积极努力地建设人间净土，为社会的和谐、发展与进步，尽自己的力量。当代的佛教之主流是"人间佛教"，弘扬人间净土的理念，是当代净土宗的重要特点。

人间净土的思想并非当代人的凭空臆造，而是有着源远流长的思想传统。在大乘佛教的经典之中，对这一理念已经有所阐发。大乘佛教认为，十方三世一切佛都有自己的佛土，一切佛土都是净土，作为释迦牟尼佛成佛之地的人间，也同样是净土。例如，在《维摩诘经·佛国品》中，释迦牟尼曾对众弟子和菩萨们说：

229

"若菩萨欲得净土，当净其心，随其心净，则佛土净。"当大弟子舍利弗由于人间世界"秽恶充满"而对佛的话感到怀疑时，释迦牟尼就显出大神通，以足指按地，令舍利弗看到这世界"珍宝严饰，譬如宝庄严佛无量功德宝庄严土"的澄明本相。《法华经》中，释迦牟尼佛也曾"三变净土"，揭示了"净秽不二"的道理。中国的天台宗强调"一念三千"，亦即凡夫的一念之间，就包含着凡圣十种法界，当然也包含着净土；禅宗更是强调净土就在人间，例如《六祖坛经》说，"佛法在世间，不离世间觉"，又说，"菩提只向心觅，何劳向外求玄。听说依此修行，西方只在目前"。在中国佛教的思想传统中，向来就不乏人间净土的要素。

具体到净土一宗，有不少人认为，它是一个以"西方极乐世界"为根本归趣，专重佛力，追求自利的宗派，但这样的理解显然是对于净土宗的极大误解。恰恰相反，净土宗不是宣扬和诱导信众厌弃人间、一味归命于虚幻迷茫的彼岸佛国，而是充满了"人间性"。净土宗的"净土"和基督教、伊斯兰教的"天堂"的最大不同，在于信众往生极乐净土之后，并非永远在那里享福。净土的殊胜福报仅仅是为往生者提供了修学佛法的便利条件，极乐净土的往生者们，在那里修成正果之后，还要按照当年修行的大愿，以净土中的佛菩萨为楷模，"倒驾慈航"再回人间，继续救助众生，尽自己的一切力量，帮助人间的其他众生解脱困苦，增长智慧。因此，净土宗的修行，是从人间出发，最终又回到人间的。

如上所述，人间佛教和人间净土的思想，完全符合佛陀的本怀，在大乘佛教中也有坚实的理论基础，同时完全符合净土宗的理想。但是，人间净土作为一种被广为弘扬的时代理念，则是在中国从传统社会向现代社会转型的过程中被发扬光大的。这主要是因为，传统佛教尽管强调"不毁世间而证涅槃"，大乘菩萨甚至主张"不舍世间，不入涅槃"，但总体来说，它们多少还停留在观念的层次上。绝大多数佛教徒所念兹在兹的仍然是自己的"出世"，或者，为"生死心切"的众生"了生脱死"提供帮助。但是，从传统步入现代之后，虽然"生死"问题仍然困扰着不少现代人，但是，世界各大宗教已经从主要追求出离世间的美好世界，转变为解决现代人的种种心理问题，帮助人们在这个世界过得更加美好，使社会更加健康和谐。时代要求佛教和净土宗必须顺应这一趋势而做出改革和创新，而进行这一改革的，在近代则首推太虚大师。

人间净土思想与实践

1. 太虚大师阐释人间净土思想

太虚（1890—1947 年），俗姓张，乳名淦森，浙江海宁（石门）人。幼年父亲亡故，不久母亲亦去世，五岁随外祖母寓长安镇大隐庵，七岁开蒙，十三岁时充当百货店学徒，十六岁因立志求得神通，在苏州依止士达监院出家，法名惟心。后在天童寺受戒，传戒和尚为中兴天童寺之奇僧、诗僧八指头陀寄禅。太虚以禅录中"话头"默自参究，颇有进益，后入天童寺习禅，并两次前赴西方寺，通读了该寺的《大藏经》，打下了佛学理论与禅修实践的坚实基础。太虚大师早年还曾广泛涉猎《天演论》《大同书》等进步著作，并与"革命僧"云栖交往甚密，还就读于南京杨仁山创立的祇洹精舍，与佛学大师欧阳竟无是同学。后来，太虚大师适应时代的要求，提倡佛教革新，提出了"人间佛教"的思想。他反复主张从思想、制度、经济三方面革新佛教，认为在当代社会，佛教应当"发真切慈悲之意"，但同时也应当"求适宜方便之行"，他曾创立和领导中华佛教总会、武昌佛学院、世界佛学苑汉藏教理院等佛教机构，是近代佛教革新的第一人，并曾访问过日本、欧洲、美国、东南亚各国。太虚大师1947年圆寂于上海玉佛寺，寿五十有九。鲁迅先生也曾评价太虚大师："和易近人，思想通泰"。

1926年，太虚在《建设人间净土论》的论文中，阐述了他建设人间净土的主张，这篇论文，可以看做是中国近代"人间净土"思想的纲领之作。太虚认为，净土思想的产生，即来源于人们心理上的忧愁苦恼，对于人间种种事物的不满足，基于这种忧愁与不满，人们设想了两种解决方案，第一，求生于他方世界，如有神教求生天国，佛教徒求生净土等；第二，积极地建设人类社会，解决种种社会问题，使人间变为净土。而人间净土的思想即来源于后者。

尽管太虚大师以革新佛教著称于世，但他的思想实际上并没有离开佛教思想的主流。大师深入经藏，博览约取，从佛教渊深如海的义理系统中，抉择出适合当代众生根机的人间净土思想。太虚大师人间净土思想的特点可归纳为如下几点：

人间净土的成分——太虚认为，人间净土的成分仍然是"佛、法、僧"三宝，"统观十方虚空中无量清净土，皆以佛、法、僧为成分，故兹建设人间净土，亦以佛、法、僧为成分"。太虚所说的"佛、法、僧"，既包括事实上的佛教、佛法、僧团，也包括"理性之佛、法、僧"，即人人心中本具的德性。三宝的德性就在人间，建设人间净土的主体是现实中活生生的人，具有成佛的潜能，具有三宝的性德。"佛、法、僧德，实为人间本具成分，欲令生发增长，转恶浊人间进为善净之人间，须归依已获成就之佛、法、僧为胜增上缘，摄护不退"，亦即只要凡夫大众皈依已获成就的佛、法、僧，就可以逐渐开发内心本具的德性，使恶浊的人间变为清净的乐土。

人间净土的保持安全之法——西方的政治哲学告诉我们，制度的起源在于保护人的生命、自由、财产等权益，学贯中西的太虚大师，在论述人间净土的时候，也谈到了人间净土如何保护人民的生命财产安全。太虚大师列举了"治标之法"和"治本之法"："治标之法"，即成立世界性的、佛教徒的国际组织，平日组织内部互爱互助，遇到天灾人祸，则由佛教国家联合加以救护，同时，修持真言密咒，"息灾增福，降伏魔怨"，但无论是建立组织，还是诵咒求福，都只是治标不治本的方法；"治本之法"在于通过五戒十善和佛教的修持而改变人心，人如果能不贪心，社会上就不会有严重的劳资纠纷；如果无嗔怒，国际上也不会有战争，于是人间就会进入德礼昌明的理想社会。

人间净土的具体建设——太虚大师认为，人间净土不是停留在纸面上的空想，而应当具体建设一个人间净土的模范。他非常详尽的规划了一个两万人左右的佛教社区，其中有佛寺、村落、中小学、招待所、巡警所等，佛教社区以佛法为指导，以互助互爱的作风陶冶人们的性情，也容纳外人参观游览，宣扬佛教，成为一个在经济上自给自足，同时又能弘扬佛法于世界的模范社区。尽管太虚大师的这一设想，在兵荒马乱的 20 世纪前期没有实现，但当代亚洲的很多佛教社区，却在一定程度上实现了太虚大师的设想。

1930 年，太虚大师应卢作孚先生的邀请宣讲人间净土，又进一步地从建设"良好社会"的意义上提出了建设人间净土的具体要求：第一，发展实业，"实业发达，衣食住行的生活问题方可解决"；第二，兴办教育，"教育为改造思想与发展能力之要素，必教育进步，社会乃有进步"；第三，鼓励艺术，"艺术为实业之升华，由资生之工艺进而为娱乐欣赏、陶神悦性之美术，用以提高其思想与健全身心"；第四，弘扬道德，"道德为教育之根本，由致知之教导，进而为操存、涵养、诚意、正心之德行，乃可保持此良好之社会至于悠久，而永不忘却创造之心"。这四点是建设良好社会的基础，但在这四点之上，还应"依佛法的精神为究竟归趣"。这是因为，从政治、文化、道德的角度建设人间净土，成绩虽大而有限，必须将宇宙人生贯通为一，使每一人皆通于全宇宙，全宇宙又通于每一人，"不离有限而皆成无限"，方能使这一理想社会永远不会退转。

然而，对于净土宗而言，以上所说的"人间净土"，会遇到一个问题——传统上，净土宗常常被认为是一个偏重离世修行的宗教，宣扬的是"厌离秽土""往生极乐"，要求人们像逃出监狱一样一心出离当下的五浊恶世，"非厌离秽土心至极，则不可言至心信乐，欲生我国"[①]。那么，人间净土的思想，与传统的净土宗之间是否是格格不入的呢？太虚认为，人间净土与他方世界的净土并无矛盾抵触。在建设人间净土的时候，人们积极地开发自己本

———————————

① 见唐代窥基《西方要诀科注》。

具的佛性，勤修五戒十善，这本身就是在积累净业资粮。这一看法，上承净土宗六祖永明延寿大师的"万善同归"思想，下启当代人间佛教社会致力于社会福利事业的端倪。太虚大师还指出，传统净土宗的思想对建设人间净土也有不可替代的指导作用，在建设人间净土时，只有以阿弥陀佛（法藏比丘）当年的深心大愿为榜样，舍弃自己的一己私利，普为人世间做慈悲施舍，普为人民离苦得乐而发愿服务于人间，方能"精进坚固，永不退堕"。

"仰止唯佛陀，完就在人格，人圆佛即成，是名真现实"，太虚大师在《真现实论》中的这一著名偈语，深刻地总结了他弘扬人间佛教，倡导建设人间净土的深心本怀。他的弟子和再传弟子，如印顺导师、证严上人等，在他身后，成为人间佛教、人间净土的积极弘扬者和建设者，赢得了佛教内外广泛的崇仰和赞誉。

2. 印顺导师论净土

印顺法师（1906—2005 年），俗姓张，名鹿芹，浙江省海宁县人，他以智慧深广、学识渊博、著述宏富而被称为"印顺导师"，享誉当今世界佛教界，是当代"人间佛教"的代表人物。印顺年轻时，因读《庄子》有感，逐渐契入佛法，但经过四五年的阅读，发现书本上的佛法与佛教界的现实距离很大，于是发愿："为了佛法的信仰，真理的探求，我愿意出家，到外地去修学。将来修学好了，宣扬纯正的佛法。"1930 年，他在普陀山福泉庵礼清念老和尚为师，法名印顺，号盛正。1931 年 2 月，至厦门南普陀寺闽南佛学院求法。1932 年，于佛顶山慧济寺之阅藏楼阅藏三年。1941年，演培法师受太虚大师之命前往四川合江创办法王学院，礼请印顺法师为导师，后改任院长。因法师德学兼备，深受僧俗赞仰，

"印顺导师"之名因此而来。20 世纪 50 年代印顺导师迁居台湾，弘法著述，直至 101 岁以高龄圆寂。印顺曾以《中国禅宗史》一书，获颁日本大正大学的正式博士学位，为台湾佛教界的首位博士。他毕生推行人间佛教，以"为佛教、为众生"为己任，精通三藏佛法，对原始佛教、部派佛教、大乘佛教都有极深刻的研究，学养丰厚，著作等身，被誉为"玄奘以来第一人"。

印顺导师继承了太虚大师的衣钵，是人间佛教的系统阐发者。他提出"立足于根本佛教（原始佛教）之淳朴，宏阐中期佛法之行解，摄取后期佛法之确当者""为佛法而学，为佛法适应于现代而学"的宗旨，认为当代佛教应当着重解决现代人的生命与生活问题，回到佛教重视般若智慧的传统上来，扬弃鬼神化的后期佛教，使佛教成为正信的、智慧的纯正信仰，而非荒诞虚妄的神异迷信。

1951 年冬，印顺导师在香港青山净业林开讲《净土新论》，成为他论述净土思想的代表作之一，后来本文收入《净土与禅》一书，成为系统论述净土宗思想的一部力作。这部著作中，印顺导师以"人间净土"融摄"弥陀净土"，并进一步融摄"十方净土"，吸收了传统净土宗的精髓，同时又有新的创见。

印顺导师认为，净土信仰在佛法中的地位极为重要。"戒律与净土，不应独立成宗"，这并不是否定净土法门的重要，恰恰相反，他引用太虚大师的"律为三乘共基，净为三乘共庇"的说法，认为"净土为大小乘人所共仰的理想界"，是佛教的共同倾向。"净土，即清净的地方，或庄严净妙的世界"，印顺导师把"净"提到了"佛法核心"的高度来加以阐扬，认为佛法的精义在于"净""净是佛法的核心"，净土的含义中既有澄净无染的意义，又有积极地离开错误、罪恶和染污的意义，既包含众生的清净，又包含世界的清净，"净"既是名词也是动词，理智与情感并重，表达了真善美的统一。"唯有智情融合而统一，生活才有意义，才能净化人生而成贤成圣"。不过，小乘行人只要求自己身心清净，而大乘菩萨则志愿于身心与世界同时清净，成就众生，庄严净土。

从历史上来看，净土分为五乘共土（不仅信佛教的人，一般人都可以居住的清净国土，有似于儒家的"大同之世"）、三乘共土（佛教大小乘都尊崇仰慕的净土，如兜率天）和大乘不共土（只有大乘佛教弘扬的净土，如阿閦佛净土、弥勒净土、弥陀净土、药师净土和密宗的香巴拉净土）。印顺导师主要讲了大乘不共土，同时特别讲了阿弥陀佛的净土，他引用古人所说"诸经所赞，尽在弥陀"来强调弥陀净土的地位之重要。这是因为，阿弥陀的amita意为"无量"，观阿弥陀即是观一切佛，"一即一切，一切即一"，阿弥陀佛为人所特别赞叹弘传，这是重要的理由。

接下来，印顺导师又论述了东方阿閦佛净土、兜率天弥勒净土和西方弥陀净土的一致性与和谐性。"阿閦译为不动，表慈悲不嗔，常住于菩提心；依般若智，证真如理，这是重于发心及智证的。阿弥陀译为无量，以菩萨无量的大愿与大行，如《华严经》所说的十大愿行，庄严佛果功德。……所以阿弥陀净土，为佛果的究竟圆满；阿閦净土，为从菩萨发心得无生法忍。"亦即，阿閦佛净土代表菩萨发心和智慧，而阿弥陀佛的极乐净土是菩萨大愿大行感召的胜果。从修行到成佛，如太阳从东到西，菩萨的修行也是如此，最初发心，悟证法性，而成佛之后，则果德圆满，光芒无量。弥勒净土和弥陀净土，也是相互辉映的。"阿弥陀佛如太阳的光明，是永恒的究竟的光明藏；弥勒菩萨如月亮的光明，月

237

亮是在黑暗中救济众生的。西方净土，代表着佛果的究竟的清净庄严，弥勒净土代表着在五浊恶世来实现理想的净土"。

诸佛诸菩萨的净土是和谐一致的，而现实人间则是释迦牟尼佛的佛土，当然也具有本来清净的性质，只是众生由于烦恼根深，不能感应到而已。因此，印顺导师特别对举了"庄严净土"和"往生净土"两种修行之道，认为作为佛教徒，不能一味只希求"往生净土"而不努力"庄严净土"，而应当把"往生净土"和"庄严净土"结合起来——所谓"庄严净土"，就是修大乘佛教的菩萨行，时时刻刻都以利益众生为本分，转浊恶为清净，以纯净的心灵，清净的环境来教化大众，如《维摩诘经》中所说，"直心是菩萨净土""深心是菩萨净土"。西方极乐净土中的阿弥陀佛、观世音菩萨、大势至菩萨，是启发者、领导者、接引者，但往生的净土，本质上仍然是佛、菩萨和众生辗转增上，前后呼应，勤修悲智双运的菩萨行，集一切功德感召而得的净土，因此庄严净土是净土的根本。印顺导师告诫说，没有庄严净土的大愿大行，而一味要求乘愿往生，实际上是把净土看成了神教的"天国"，只有发愿庄严净土，才是大乘佛法的正道。

和太虚大师一样，印顺导师也认为弘扬人间佛教与往生净土并无矛盾，他引《无量寿经》说：上品、中品往生，都需要"庄严佛土"，广修功德，而下品人"发菩提心而外，但凭一念净心相向，于阿弥陀佛，于大乘经，能深信不疑"，然而由于他们不做各种善业，只凭自己的"一念念欲"，因此"力最弱"。所以说，人间佛教与往生净土的理想，"庄严净土"与"往生净土"的修行，两者是相互促进、相辅相成的。

总的来说，印顺大师的这些论述，对净土宗的考订详密，条理清晰，阐发入微，深契佛理。但是，他所强调的若干要点，所抉发的法义，确有和净土宗传统思想不同的地方，差异主要表现在如下几点：

第一，他认为净土法门不一定要持名念佛。印顺认为，持名念佛只是一种方便的法门，它适合于两种情况：一、遇到危急苦痛而无法可想时，可以称念佛名求得加持；二、无力修学高深法门，特开此方便。"从不得已着想，称念佛名，到底知有三宝，也是极为难得的。然从完满的深广的佛法说，就应该不断地向上进步！"①

第二，他从经论中引出"难行道易成佛，易行道难成佛"的结论，与传统的念佛法门"横超三界""下手易而成功高，用力少而得效速"的说法形成了对照。在佛教中，一部分净土学人往往认为净土法门是"易行道"，修成正果较速，而其他法门是"难行道"，得效迟缓。而印顺法师考据的结果是："易行道"只是说它较易施行（例如拜佛、念佛等），而"难行道"也是因为它是舍身舍心为人为法，忍苦忍难，因此比易行道要艰难。但这并不意味着易行道容易成就正果，恰恰相反，难行道反而容易成佛。《大阿弥陀经》说，在秽土修行，一昼一夜，胜于极乐净土中百岁，《维摩经》等大乘经中也有类似说法。印顺还举弥勒菩萨为例，弥勒菩萨在过去世以净土为行，而释迦牟尼佛在过去世以下化众生为行，不断地在生生世世为众生、为菩提而受苦受难，"难行能行，难忍能忍"，弥勒发心比释迦早四十劫，但释迦比弥勒先成佛，这是因为在秽土修行，要经受更多的考验，更能磨炼修行者勇猛精

---

① 见《净土新论》。

进，而度化众生的功德也更大。

由于与传统的净土宗理念有一定差异，印顺导师的这些说法，也招致了部分净土学人的反驳。由于当代佛教信仰的多向发展，少数净土宗信众趋于偏激和原教旨化，在台湾甚至有聚众焚书的现象。对此印顺导师解释说，他的说法"多是依据印度的经论，并不以中国的祖师的遗训为圣教量，照着经论的意趣说，不敢抹煞，也不敢强调。所以与一分净土行者，略有差别"。总体而言，印顺导师并非反对净土法门本身，《净土与禅》对于传统净土宗的扬弃，也自有其严谨的分寸。印顺导师的念佛功夫，也堪称精纯；主持佛七之时的开示，仍然赓续了净土宗的大传统①。印顺导师之所以在《净土新论》中提出一些新的看法，并非对净土宗故意攻击，恰恰相反，他是看到了传统净土宗的某些流弊，有感而发，因病施药。他强调在修习净土法门中，首先要着重于净土正因，同时，也要依止永明延寿大师的《万善同归集》的教导，多集善根，多修净业，因为"不可以少善根福德因缘得生彼国"。

3. 证严上人的人间净土实践

证严上人是印顺导师的依止弟子，是中国佛教史上不世出的优秀尼师。她俗名景云，1937 年出生于台中，因父亲早逝、母亲多病，悟人生之无常而出家。一次她到慧日讲堂恭请《太虚大师全集》，巧遇印顺导师，以一颗谦卑恭敬、姑且一试的心，请求拜印老为师，想不到竟获印老应允，证严法师喜出望外。由于时间紧迫，印老在简单的皈依仪式中对证严法师开示说："你我因缘殊

---

① 见《念佛浅说·念佛三要》。

胜，我看时间来不及了，但是既然出家了，你要时时刻刻为佛教、为众生啊！”并且马上为她取了法名——"证严"，字慧璋，行了简单的皈依礼，即尽速赶到临济寺报名，顺利地受了三坛大戒。经过多年的清修，证严法师已经成为一位深通佛法的尼师，然而，她很少谈高深的佛理教义，其理念是"佛法生活化，佛教人间化"。她从清净心创造清净的环境，清净的国土出发，弘扬人间佛教。她以她的慈悲行愿，把自己的全部生命与心灵，投身于慈悲济人的事业，积极地成就人间净土的功德。尽管没有系统性的净土论著问世，但证严上人的行动证明，她是人间净土的最善弘扬者，是真正的净土大德。

1966 年，证严法师在花莲山上清修，看到一位难产的山地妇人，因为交不起保证金而被医院赶出了大门，就发出宏愿，要建造一座医院，专门给穷苦的人看病，当时她所需要的资金是八亿台币，这对于她来说无疑是一个天文数字，但是，她没有畏惧，反而迎难而上。1966 年 2 月，她和支持她的三十位妇女决定，每日节省五毛钱菜钱，每天多做一双婴儿鞋，就这样每月可集资 1000 多元，开始了济贫救苦的生涯，她提出的口号是"集合五百人就是一尊千手千眼观世音"，筚路蓝缕，开启山林，后来她不仅完成了这个愿望，而且三十多年来，她一共筹集了上百亿台币的善款，而台湾有四百多万人都或多或少地参与了她的慈善活动。在全球有一千多万她的志愿者，慈济功德会从慈善、医疗、教育、文化、国际赈灾、骨髓捐赠到环境保护和小区志工，形成了台湾爱心奇迹的"一步八脚印"。在证严的慈济事业中，有自己的慈济医院、慈济医学院、慈济护专，有从慈济幼儿园到小学、中学、专科学校和大学完整的慈济教育系统，有自己的出版社、电台、电视台……可以说已经自成体系，成为东方的奇迹，人间净土的示范。正如歌手殷正洋在《预约人间净土》歌中所唱的：

> 一朵莲花种在心间，
> 平常心情悲欢随缘。
> 慈爱散播向十方，
> 十方慈爱到眼前。
> 预约一片净土，
> 净土人间，
> 净土在身边。

4. 圣严法师、星云法师论人间净土

除太虚、印顺、证严三位法脉相传的大德之外，人间佛教的代表人物，如圣严法师、星云法师，也曾在自己的著作中弘扬人间净土的观念。圣严法师、星云法师都开示过如何"持名念佛"的法门，这些开示以现代白话讲述，较为清晰易懂，与祖师大德的教法一脉相承，在此不做赘述。同时，两位大师还积极弘扬人间净土的思想，并把它转化成为几十年一以贯之的实践，影响和感化了数百万的佛教内外的人士。

圣严法师（1930—2009 年）是当代高僧、著名的佛教教育家、日本立正大学博士，也是禅宗曹洞宗第五十代传人、临济宗第五十七代传人、台湾法鼓山佛教基金会的创办人。法师所推动的理念是，"提升人的品质，建设人间净土，以教育完成关怀任务，以关怀达到教育目的"。在佛法中，圣严法师属于禅宗，并以禅修的教学闻名于世，但也曾开示过净土宗的念佛法门。对于净土思想

而言，最重要的是他对自性净土的深入阐释，圣严法师认为：

> 我的净土观念，是有层次的不同，而没有一定的方位差
> 别。人间净土是最基本的，然后是天国净土，还有他方佛国
> 净土，最高的是自心清净的自性净土。如果在日常生活中体
> 验佛法，哪怕一个念头与佛法的慈悲与解决烦恼的智慧相应，
> 当下见到的，就是人间净土。也就是说，一念心中有慈悲及
> 智慧，就一念见到人间净土；念念与慈悲及智慧相应，就念
> 念见到人间净土。然后只要有一个人的心念与佛法的慈悲及
> 智慧相应，他就生活在人间净土；如果人人都能够生活在佛
> 法的慈悲与智慧中，当下人人就生活在人间净土。换句话说，
> 凡夫可以见到净土，如果念佛念到一心不乱，也可见净土，
> 参禅参到明心见性也可见到净土；如果既不念佛，也不参禅，
> 而修行五戒十善，或尽责任、奉献社会，能与慈悲心与智慧
> 心相应，也能见到人间净土。①

圣严法师在《法鼓全集》中论述了人间净土的基本理念，可
以说是人间净土思想的系统阐释，而法鼓山佛教基金会的慈善公
益事业，则是人间净土理念的发扬。

星云法师生于 1927 年，原名李国深，江苏省江都人，1938 年
在栖霞山寺出家，为临济宗第四十八代传人，栖霞律学院毕业后，
又到焦山、金山、天宁等名山古刹参学，1945 年进入焦山佛学院
就读。1947 年返宜兴白塔山大觉寺礼祖，受命住持该寺。23 岁时
迁居台湾，26 岁当选"中国佛教会"常务理事。早年主要在台湾

① 见《净土在人间》。

宜兰弘法，1967年依信徒支持在高雄县大树乡创建佛光山，以弘扬"人间佛教"为宗风，树立"以文化弘扬佛法，以教育培养人才，以慈善福利社会，以共修净化人心"的宗旨，致力推动佛教教育、文化、慈善、弘法事业，成为佛教现代化的里程碑。1991年成立国际佛光会，被推为世界总会会长。于五大洲成立170余个国家地区协会，建立美术馆、图书馆、出版社、书局、中华学校、佛教丛林学院及大、中、小学等数十所。星云法师撰有《释迦牟尼传》《星云禅话》《迷悟之间丛书》等几十种著作，被翻译成十余种不同语言，广布世间。

星云法师早年在台湾宜兰弘法时，就曾组织过"宜兰念佛会"，弘扬净土念佛法门，后来又多次宣讲"人间净土"，由此也可见人间佛教中"称名念佛"的修行和"人间净土"的公益事业的有机统一。《净土思想与现代生活》演讲中，星云法师说，当代科技的发展，经济的进步，并没有使得我们的生活自然地变得清净，社会也存在着很多问题，例如环境污染、生态恶化、战争威胁、社会人心败坏等，而建设人间净土就是要面对现实，解决社会问题，净化人心，提升生活品质。法师提问："净土在哪里？"然后开示回答："净土在人间。""佛法在人间，不离世间觉"，故而"最殊胜的净土，应该是人间净土"，人间净土的标准有如下几条：没有杀戮、没有邪淫、没有窃盗、没有毁谤，净土当中人与人之间的关系是不疑惑、不嫉妒、不欺、不侮、不妄语、不骗人、不打、不斗、没有烦恼是非；净土中的生活是安乐的生活，一切能随其所需；在物质建设上也很有成就，人们的品格道德也提升到很高的境界。

这些描述，与传统的净土宗对于净土的称述是大致相同或相似的，但星云法师的另外一些说法，顺应现代化，理念圆融，颇具新意。例如，星云法师提出，"平等包容是我们的净土，自由民主是我们的净土，慈悲喜舍是我们的净土，安住禅心是我们的净土，大乘方便是我们的净土，清净唯心是我们的净土，勤奋愿力是我们的净土，智慧灵巧是我们的净土"，其中，把"慈悲喜舍"与"自由民主"并举，体现了佛教与时俱进的精神。星云法师认为，阿弥陀佛不受时间和空间的限制。一句阿弥陀佛，从内心里流露出来，就是对宇宙世间的亲切悲悯，阿弥陀佛在西方，更在人间。

星云法师强调，要建立人生的净土，一、要实践眼耳鼻舌的净土，"面上无嗔是供养，口里无嗔出妙香；心上无嗔无价宝，不断不灭是真常"。二、要实践行住坐卧的净土，遵守规则，维护秩序，举止安详，进退有礼，一切落落大方，就是行住坐卧的净土。三、要实践人际间的和谐净土，人与人之间要加强沟通交流，增进谅解、同情、友爱、互助，净土即在人我之间。"换心是我们的净土，只要自己换一换心，当下就是净土"。换心就是把"厌烦心换成欢喜心，动摇心换成信仰心""心中无事一床宽，眼内有沙三界窄"，要去掉只顾自己不顾别人的自私心，"化自私而公正，化黑暗而光明，化污秽而清净，化狭小之心而予以扩大，这样的心田识海就是净土"。星云法师所说的人间净土，语言真诚质朴，而又切中人心世事，化神奇于平淡之中，却能阐发净土的妙义。

当代庐山东林寺的净土宗弘传

位于庐山西麓的东林寺，是净土莲宗的发祥之地，从东晋慧远大师（见本书第四章）开基以来，东林寺一直是净土宗的祖庭，在中国佛教界享有崇高的地位。东林寺在庐山群峰环抱之下，四望青翠欲滴，竹林簌簌，小溪潺潺，自然环境特饶佳趣。寺院道风纯正，建筑优雅。此间诸位高僧的业绩，在中国当代净土宗的传承和弘扬史上，写下了光辉的一笔。

尽管东林寺历经晋唐宋明，传承近两千年，但到晚清民国时期，随着中华国运之衰颓，寺院也香火渐稀，趋于破败。1959 年，周恩来总理视察东林，亲自指示："东林寺是中国佛教圣地之一，在历史上有极大的影响，应列为重点文物予以保护。"1961 年，政府复迎请高僧果一上人主持东林，寺院的发展迎来了转折点。

果一上人，生于 1922 年，俗家姓刘，名明益，湖北省松滋县人，父亲是一名朴实的农民，母亲则笃信佛教。刘明益十九岁时从军入伍，参加抗日战争，抗战期间的 1941 年前后，国家正陷于日寇铁蹄的蹂躏之中，他入伍转战各地，看到战争的残酷，农村人民生活的艰困，体悟到了人间的苦海无边，开始有了出家的念头。在抗战胜利之际，至湖北梁山观音禅寺，依圣观和尚剃度出家，法名果一，号道心。在湖北枝江县弥陀寺，专修净土法门，一心念佛。从 1947 年开始，上人四处行脚参访，足迹遍及江浙的各大丛林寺院，还朝礼了普陀山。秋天到庐山，挂单于归宗寺，先后担任过维那、副寺等工作，还服侍过当代禅宗高僧虚云老和尚，亲承教诲。在庐山期间，他经常到东林寺礼佛拜塔，然而，这座昔日香火鼎盛的千年古刹，如今已是衰败不堪，只剩下破屋数间，住着几个非僧非俗的"出家人"，耕种着几亩薄田勉强糊口，看到这种古刹残破的景象，果一发下大愿，如有机缘，一定要复兴东林。

20 世纪 60 年代，果一上人主持东林寺，开始艰难的重建工作，他到东林寺之初，殿宇早已年久失修，大多是断垣残壁，未倒塌的部分也是残破不堪，甚至于屋檐下就是农民的菜园。他带着僧众垦荒，自给自足，并逐渐收回寺院周围的寺产，进一步修葺殿堂。经过果一上人带领信众数年不遗余力的努力，到 1965 年，寺院已经初具规模，大略恢复了旧观。不幸的是，1966 年文化大革命狂飙席卷华夏大地，寺院又被改为药厂，僧人都被赶出寺院，果一上人只好回到九峰茅蓬（在庐山马尾水的九峰寺），自耕自食，度过了十二年最艰苦的岁月，直至 1978 年，政府重新落实宗教政策，果一上人方才重返东林。看到东林寺又复趋于残破，他一切从头开始，再来一一整修，用尽一切办法，向政府请求补助，向四方善信募化，先后修复了慧远祖师塔，佛陀跋陀罗和尚塔、斋堂、莲社、三笑堂、藏经楼等；新建了山门、五百罗汉堂，重新开凿莲池，种植莲花；1989 年大雄宝殿竣工。重建后的东林寺总面积一万余平方米，而寺产已达到两百余亩土地。其中可耕田种植农作物，另有一部分山林地，种植松柏杉竹，使寺中常住达到自给自足的目标。果一和尚作为方丈，以身作则，出坡劳作，身居人先；上殿过堂，从不落后。他一生坚持清修苦行，严于律己，体现了一代高僧大德的风范。

在佛法弘扬方面，果一上人不仅聘请海灯法师、净天法师等到东林寺常住讲经，培养僧才，还发起了成立净宗学会的倡议，并向真禅、明旸、惟贤、海灯及黄念祖、郑颂英等缁素大德征询意见。净土宗文化研究学会于 1992 年成立，由学会发行了《净土》杂志。1994 年 3 月 6 日午后，果一上人在弟子念佛声中示寂，世寿七十三岁，僧腊、戒腊各五十年。"果然成佛而去，一定乘愿再来"，果一上人纪念堂前的这副对联，是上人此生心愿的写照。

果一上人圆寂后，禅门沩仰宗高僧传印长老受命升座，主持东林寺。传印长老俗姓吕，辽宁庄河人，出生于1927年，1954年于江西云居山出家，1955年依虚云老和尚受戒，以禅宗"月印万川"之意，字月川。他是虚云老和尚最后一位侍者，亲蒙老禅师授予沩仰宗法脉，又是中国佛学院最早的本科生之一（1960级）。1981年春，往日本京都净土寺佛教大学进修，1983年12月回国。1984年初，在中国佛学院任教务长，1986年任副院长。1991年8月，在天台山下方广寺专修念佛三年，至1994年出任庐山东林寺方丈。在盛大的升座仪式上，赵朴初先生赠予贺联云："净念一心传，沙界众生皈乐土；高擎三法印，天龙八部护东林。"作为佛教界闻名遐迩的高僧、大教育家，传印长老对东林祖庭的感情十分深厚，他对净土宗教义的研究和念佛法门的修持，解行并重，深造有得。由传印法师继任东林寺住持，受到信徒的一致拥戴。2010年，他当选为中国佛教协会会长。

传印长老著作等身，主题广泛，涉及印度佛教史、中国佛教史、禅宗、戒律等，又有《净土决疑论讲记》等净宗著作传世。作为佛教界的大教育家，传印长老主张理性与信仰的结合，"佛学教育一定要强调佛教信仰，这是不可动摇的最基本要求。信仰还必须是建立在理性基础上的，弘一大师就是这方面的典范，他发现佛教真理后，便义无反顾地投向了真理，并进而通过自己的努力去圆满真理。一句话：三宝命脉必须从正信开始。只要具足对三宝的正信，或僧或俗，都能为佛教作出应有的贡献"。他向媒体表示，对于宗教的宣传应淡化神秘色彩，不可片面夸大，否则必然会导致迷信。对于"念佛感应"这种被很多人视为"神秘"的现象，传印长老提出了"念即是感应"的说法——"我个人认为，什么是感应？感应本身就是你念，念即是感应：就像收音机一样，或像现在的电脑一样，你一按它就来了，你不按它就不来。你念也是一样。你不要追求还有天空出现什么云彩了，出现什么光了，菩萨在天空了。那可危险，那是外道，魔。念就是感应，念本身就是感应。念佛，一念，一句感应，念两句，两念感应。念菩萨，众生礼拜，就是这个道理。念念都是感应，就怕你不念。念本身就是感应，这不可思议，这种信心不可思议。要记住这个，其实理解很简单，但是非常究竟，非常至高无上。"① 长老的观点平和中正，不炫奇异，但是自有打动人心的力量。

接替传印长老荣膺东林寺方丈的是大安法师。大安法师出生于 1959 年，江西南昌人，俗名魏磊，他 1982 年在江西大学就读本科，1985—1987 年于中国人民大学哲学系就读研究生，2000 年任对外经济贸易大学教授。自 1994 年，法师便被中国佛学院特聘为教授，讲授净土宗经论，并于 2001 年 9 月出家，2002 年开始在庐山东林寺主持事务，2011 年 12 月 11 日正式接任东林寺方丈、住持。

① 《2008 年汉传佛教讲经总评》视频笔录。

大安法师温和平易，见者肃然，又善于宣阐佛法妙音，编著了《净土法语大观》等书籍弘扬净土法门，1998 年出版发行的《净土宗教程》一书更是利人无数，是中国佛教界第一部系统而详确阐释净土宗的撰著。该书是大安法师出家之前在中国佛学院讲授净土宗课程时所作，1998 年由宗教文化出版社刊行，2006 年又修订再版。《净土宗教程》兼顾理论与实修，系统地介绍了净土宗的发展历史、祖师谱系、所依经论、弥陀本愿、极乐依正、净土资粮、往生品位等，又结合自然科学、人文知识等来阐释净土思想，确实是契理契机的著述，传印长老在序言中以系统性、精确性、时代性三点概论该书，正得其旨。

大安法师主持下的东林寺弘法活动也开展得有声有色，如举办十天百万佛号闭关活动、昼夜经行、精进佛七、净土文化夏令营、企业家念佛禅修、净宗弘法人才培训班等，此外东林净宗学会、东林慈善功德会、东林莲社、东林印经处、护生会等各自发挥着积极作用。作为新时代的佛法弘传者，大安法师除了亲赴各地开示演说，更注重网络传播的力量，大安法师网络专辑既收录了他的弘法资讯，也提供音频、视频的下载，更有在线答疑为信众们提供直接的帮助；大安法师的博客也总是及时更新，以图文并茂的方式宣扬净土微言大义，所说皆本于佛典经论，不妄作意，不尚虚玄，结合现实，娓娓而平实，广受关注。

目前，东林寺正在修造四十八米阿弥陀佛接引铜像，缁俗信众各尽其力，共襄盛举，有着 1700 多年历史的东林祖庭也会继续焕发生机，接引更多有缘众生入净土之门。

由上可见，净土宗仍然延续着它的法脉。当代有为数众多的高僧大德，仍在弘扬着这看似简单直接，实则三根普被的法门。

20 世纪 50 年代到 80 年代，弘扬净土宗的高僧还有了然法师（1889—1977 年）、广钦上人（1892—1986 年）、妙真法师（1895—1967 年）、道源法师（1900—1988 年）、灵源法师（1902—1988 年）、妙善法师（1909—2000 年）、煮云法师（1919—1986 年）等，大居士有吕碧城、黄念祖、毛惕园、陈海量、郑颂英等。

进入 21 世纪后，弘扬净土宗的高僧大德、佛教居士，更是为数甚多，如山西五台山普寿寺梦参老和尚、苏州灵岩山寺明学法师、四川报国寺昌臻法师、台湾灵岩山寺妙莲法师、香港西方寺永惺法师、安徽宣城弘愿寺净宗法师、江西云居山仁焕法师、云南鸡足山放光寺慈法法师……他们有的是净土宗德高望重的耆宿，有的是年富力强的中青年法师，皆在弘扬净土法门方面做出了自己各具特色的贡献。此外，还有很多著名的佛教居士，也在传扬净土念佛之法，如在海峡两岸享有盛名的南怀瑾先生有《禅净双修调和论》《观无量寿佛经大意》《念佛如何得一心不乱》等作品，叶曼居士则有《阿弥陀经讲记》《叶曼讲净土三经》传世。净土宗的社团也如雨后春笋，蓬勃发展，如净宗学会、庐山东林寺净土文化研究学会等。

当代净土宗的蓬勃发展，得益于东亚经济的蓬勃发展，政治的开明包容，文化的多元共存；与此同时，当代净土宗也以自己的特色，逐渐适应着时代，也感召着时代。当代人间净土思想以它的理论和实践，回应了少数人对净土宗"不问世事，只求自利"的批评。净土宗以"自利利他，自觉觉他""建设人间净土"为号召，对社会的发展、人心的净化、文化传统的传承，皆起到了积极的作用。

人间佛教的思想不仅在中国等东亚国家广泛流传，也影响到欧美等国的佛教界，欧洲一些国家的佛教界从 20 世纪 90 年代以来开始倡导的"参与佛教"（Engagement Buddhism），美国佛教界正在蓬勃发展的"人文佛教"（Humanistic Buddhism），都不啻人间佛教的另外一种反响。可见，弘扬人间佛教，建设人间净土的理念，深远地影响了当代佛教的发展趋势。对于净土宗在全球范围内的传播和发展，本书还将在下面一章中予以介绍。

第十二章

济群生普流寰宇
（全球视角下的净土宗）

- 日本净土宗教
- 西方世界的净土信仰
- 净土宗与普世宗教

世界宗教发展的历史长河，源远流长，浩浩荡荡，如一首壮丽的交响曲。净土宗在其中，谱写了光辉而美妙的旋律，它从印度流传到中国，再从中国流布到东亚各个邻邦。20 世纪以来，随着经济和文化全球化的浪潮，净土宗在全世界都传播开来，成为佛教大花园里耀眼的奇葩。当然，随着传播的广泛，净土宗也在适应着不同地方的文化特点、历史风貌、社会心理，形成了各具特色的分支。

日本净土宗教

在东方世界中，佛教兴盛的国家与地区不在少数，除中国外，还有日本、韩国，盛行南传佛教的斯里兰卡、缅甸、泰国、柬埔

253

寨、老挝，信仰藏传佛教的西藏地区等；若单从净土宗而言，最具生机、最富特色的莫过于日本的净土宗教。

日本是太平洋上的岛国，是中国一衣带水的邻邦，中日友好的历史也十分悠久，特别是在隋唐时期，日本开始系统地向中国学习先进的政治、经济制度和技术、文化知识。佛教作为隋唐时期十分盛行的宗教，也流传到了日本，并且受到了以天皇为首的日本贵族们的尊信，逐渐融合了日本本土的传统信仰，而形成独具特色的日本佛教。

和中国佛教相似，日本佛教也分为禅宗、密宗、净土宗、天台宗等宗派，在日本佛教中，"净土佛教"（包括净土宗、净土真宗、时宗、融通念佛宗等）是很有影响力的宗派。据 1987 年日本政府调查显示，净土佛教的寺院共计 30368 座，其信徒则有 20446912 人之多，大约占日本总人口的 1/5。著名的镰仓大佛便是一尊阿弥陀如来的坐像，为日本三大佛像之一。

1. 早期日本净土信仰

最先将净土信仰传入日本的是最澄（767—822 年），延历二十二年（803 年）天皇批准他为"天台法华宗还学僧"入唐求法，他是"入唐八家"之一。回国后，他创立日本的天台宗，由于中国天台宗祖师智者大师也提倡净土信仰，由最澄携带回来的智者大师著作《观无量寿经疏》《阿弥陀经疏》《净土十疑论》等也逐渐流行于日本。

同为"入唐八家"之一的圆仁（794—864 年）入唐求法时也与净土宗有过密切接触，他曾到五台山巡礼，在竹林寺受传"五会念佛"修持仪轨，归国后在比睿山建常行三昧堂，修持五

254

会念佛，也就是后来所称的"不断念佛"。此外，圆仁的游记《入唐求法巡礼行记》与玄奘《大唐西域记》、法显《佛国记》、马可波罗《马可波罗游记》并称为古代东方四大游记，是珍贵的史料。

圆仁之后有良源（912—985 年）在比睿山横川建常行三昧堂，常举行七日一期的念佛，称为"三七念佛"。良源著有《极乐净土九品往生仪》，细致阐述九品往生。他临终时也合掌西誓："我所修善根，悉资菩提，兼回向众生，命终之后，必往极乐。"口念弥陀，寂然而逝。

另外，觉运（953—1007 年）和空也（903—972 年）对于净土宗的弘扬也起到了推动作用，其中觉运将净土信仰与天台宗、密教融会；而空也则宣扬唱弥陀名号，重视民间的普及。

在早期净土信仰的弘传者中，良源的弟子源信是最不可忽视的一位。源信著有《往生要集》，该书对日本宗教、文学、艺术均大有影响，尤其对日本净土宗的出现起到了激励推动的作用。

《往生要集》辑录经、论、注等一百六十余部经卷中的往生要义，以问答体的形式阐述净土教义，从内容上分成十门：厌离秽土、欣求净土、极乐证据、正修念佛、助念方法、别时念佛、念佛利益、念佛证据、往生诸行、问答料简，其中又以"正修念佛"为重。正修念佛又细分为礼拜、赞叹、作愿、观察、回向，也就是世亲所说五念门，观察门是源信最关注的。观察门重在观想阿弥陀佛，书中更是细分为别相观、总相观、杂略观三种，细致描述观察阿弥陀佛华座、头、发、耳、色身、法身、白毫、光明等。除了上述五种正修方法，还有六种助念方法：方处供养、修行相貌、对治懈怠、止恶修善、忏悔众罪和对治魔事，这些也是佛教修行中经常强调的内容，作为辅助念佛往生的方法也是适宜的。源信并不认为只有念佛才能往生，持戒、施舍、孝道、忍辱、慈心等都是往生的业因。

至于具体念佛（念相）的方法，源信也做了四分：定业、散业、有相业、无相业。定业强调观想念佛，散业则注重称名念佛，有相业兼顾观相念佛与称名，以净土为归，无相业则主张实相念佛，其中无相业又是"最上三昧"。但是，实相念佛虽然殊胜，行之不易，称名念佛又过于简易，不适宜禅者，所以源信最推崇的还是观想念佛。《往生要集》在宣扬净土法门时也强调浊世末代，只有净土念佛易行；源信在他晚年的另一本著作《观心略要集》中将天台禅法引入净土法门，认为阿弥陀佛名号摄空假中三谛、法报应三身、佛法僧三宝及一切法门，表现出对称名念佛的重视。

《往生要集》影响很大，随后奈良三论宗僧人永观、东大寺三论宗真海、真言宗新义派创始人觉鍐、华严学僧凝然、三论宗重誉和义章、天台宗的胜范和良忍等都开始修行净土念佛法门，或著书立说，或开宗立派，日本的净土信仰逐渐流行开来。该书在中国也颇有影响，如明代云栖袾宏《阿弥陀经疏钞》中赞叹之净土十乐就有受该书影响的印迹。

2. 法然上人与日本净土宗

日本净土宗的开山祖师是法然上人（1133—1212 年），他法名源空，又号黑谷上人。法然九岁时，其父漆间时国遭袭击而亡，临死前说这是先世宿业所致，嘱咐法然不要为他报仇，而应该出家为他祈福。法然遵父遗命，随其舅于菩提寺观觉出家。十三岁时他转事比睿山源光，后又随黄圆学习天台三大部，之后改入睿空门下。法然见识不凡，修学精苦，深受睿空赞赏，"法然"之号就是睿空所取，意为"法然具足"，而"源空"是合睿空之师源光之"源"与睿空之"空"而成。从睿空这里，法然了解了源信的《往生要集》，正式接受了净土教义。但是法然并不完全赞同源信的观点，他仔细阅读善导《观无量寿经疏》，认为称名念佛更应乱想凡夫之机，所以法然在四十三岁的时候舍弃过去所学所修，立志另创新宗，弘扬净土教法。

法然在东山大谷弘扬称名念佛法门，并于文治二年（1186年）到京都北边大原的胜林院讲净土教义，在座诸宗名僧三百余人个个信服，会后共修念佛三天三夜，这就是著名的"大原谈义"。建久九年（1198年），应关白九条兼实之请，法然用汉文撰写了《选择本愿念佛集》，简称《选择集》，这也是日本净土宗的根本圣典。该书写出之后，广受争议，再加上其他保守宗派的反对，法然在七十五岁高龄时还被迫还俗，流放土佐国。法然四处行化，后隐居于摄津之胜尾寺四年之久。建历元年（1211年）获准回京，仍住在东山大谷吉水草庵，第二年正月二十五日西逝，临行前两天写下著名的《一枚起请文》，锴定净土宗正义：

> 非中国、日本诸智者所言观念之念佛；亦非学文悟念心之念佛。
>
> 为往生极乐，唯称念南无阿弥陀佛而无疑，思决定往生而称念之外，无别事也。
>
> 但，所谓三心四修者，皆含于称南无阿弥陀佛，决定往生之想念中。
>
> 此外若存深奥，则外于二尊之怜愍，漏于本愿。

欲信念佛之人，纵使能学一代之法，亦成一文不知、愚钝之身，如同无智之辈，勿现智者之相，唯一向念佛。

后代弟子又辑录了《黑谷上人语灯录》十五卷、《拾遗黑谷上人语灯录》三卷等，与《选择集》一起收入《法然上人全集》。《选择集》共分十六章，每章分正文与评述两部分，正文选录净土经论，评述表达法然自己的意见。十六章涉及的内容包括净土教相、往生正行与杂行、弥陀本愿、倡导以念佛为正、念佛利益、净土适应末代之机、具足三心、四种修等，要点在以称名念佛为往生之本。

如果说中国的净土宗还带着学派的特点，能否独立成宗颇受质疑，但日本的净土宗却没有这方面的顾虑，它有自己独立的教义、组织、信徒，这在法然判教的时候便已经奠定了基础。法然也依从圣道门与净土门的分判，认为必须舍弃圣道，归于净土，并把净土宗解释为宗派性的宗，与天台宗、真言宗、华严宗等并列。

法然将净土法门所依经典分成"正"与"傍"，正指的是"三经一论"：《无量寿经》《观无量寿经》《阿弥陀经》《往生论》，这种提法也被中国佛教界接受采用；傍则是指《华严经》《法华经》《大乘起信论》《宝性论》《十住毗婆沙论》《摄大乘论》等涉及往生净土的经论。此外，法然还将中国净土宗分成三流：庐山慧远流、慈愍流、善导流，而以善导流为正宗，慧远流与慈愍流为傍宗。法然开创的净土宗承继的是善导一系的法统，因此他所列的净土宗五祖为昙鸾、道绰、善导、怀感、少康，不包括庐山慧远。

"选择"一词取自支谦所译《大阿弥陀经》，有取舍之义。法然认为极乐净土是阿弥陀佛从二百一十亿佛土中选择最优胜者发愿而成，他又从阿弥陀佛的四十八大愿中选择第十八愿为本愿，称为选择本愿。之所以选第十八愿口称佛号为本愿，首先是因为佛号是万德所归，胜过余行；其次是念佛易修，诸行难修。法然还举出八选择来说明念佛之殊胜：选择本愿、选择赞叹、选择留教、选择摄取、选择化赞、选择付嘱、选择证诚和选择我名。将第十八愿作为最根本的本愿是法然的创造，也是他净土思想的核心。

法然去世之后，弟子们分成五派：以辨长（1162—1238年）为代表的镇西派、以证空（1177—1247年）为代表的西山派、以隆宽（1148—1227年）为代表的长乐寺派、以幸西（1163—1247年）为代表的一念义、以长西（1184—1261年）为代表的九品寺派，后世仅存镇西派和西山派。镇西派自14世纪之后又形成白旗流、藤田流、名越流、三条流、一条流和小幡流六流。西山派则分成西谷流、深草流、东山流、嵯峨流四派，其中西谷流和深草流流传至后世。

日本的佛教宗派有一套完整的组织结构，以现代日本净土宗为例，它作为宗教法人存在，有自己的宗纲、宗规、人员机构设置、教区划分和管理等具体内容。它有自己的总本山，也就是法然上人入灭之处，称为"华顶山大谷寺知恩教院"，简称"知恩院"，知恩院的住持就是净土宗的门主，现任门主是伊藤唯真长老。下有七所大本山：三缘山广度院增上寺、金戒光明寺、长德山百万遍功德院知恩寺、清净华院、终南山光明院善导寺、天照山莲华院光明寺和善光寺大本院，大本山的住持称为法主。净土

259

宗的寺庙有 7 千多所，遍布日本各地，僧侣 1 万余人，国内信众 600 多万，是影响很大的宗派。

3. 亲鸾上人与净土真宗

法然上人创立的日本净土宗基本依从中国净土宗的传统教义，而他的弟子亲鸾创立的净土真宗则表现出更多的革新，独具特色。

亲鸾（1173—1262 年），俗姓藤原，生于京都，自幼父母双亡，九岁在天台宗青莲院慈圆门下剃度出家，后到比睿山修学二十年，也接触了源信的净土教说。但他仍觉烦恼疑惑未断，于是二十九岁时下山，在京都六角堂闭关百日，后在吉水拜访法然上人，听其教诲，完全信服，于是跟随修念佛六年，法然为他改名善信，取善导与源信各一字。后因法然被流放，被牵连的弟子们也难逃厄运，亲鸾便被流放到越后国国府。在那里，亲鸾坚持净土念佛法门，同时娶妻，过上世俗生活，以"秃"为姓，有时自称愚秃，又取世亲、昙鸾各一字，命名"亲鸾"。

蒙赦免后，亲鸾与其妻慧信尼于建保二年（1214 年）隐居笠间郡稻田乡，长达二十年。元仁元年（1224 年），亲鸾写成了《显净土真实教行证文类》六卷，简称《教行信证》，是日后净土真宗的根本圣典。随着朝廷取缔专修念佛，亲鸾与文历二年（1235 年）回到京都，辗转各寺教化答疑。亲鸾晚年时对《教行信证》做了修改，又写了《净土和赞》《高僧和赞》《唯信钞文意》《尊号真像铭文》《净土文类聚钞》《净土三经往生文类》《愚秃钞》《入出二门偈颂》《一念多念文意》《正像末和赞》等。弘长二年（1262 年），亲鸾病逝，敕谥"见真大师"，由其女觉信尼主持葬事，将其骨灰安置于大谷，后迁至吉水之北御影堂。亲鸾庙堂后由觉信尼长子觉惠（1239—1307 年）主持，觉惠又传给长子觉如（1270—1351 年），后逐渐发展成为势力最大的本愿寺教团。

　　亲鸾继承了难行道与易行道的区分，又进一步细化，加上了横竖二出之说，被称为"两双四重"教判。将靠自力的难行道圣道门分成竖出的渐教与竖超的顿教；而靠他力的易行道净土门则分成横出的渐教与横超的顿教，其中渐教又分要门与真门，要门又称福德藏，出于四十八大愿中的第十九愿（至心发愿愿），真门又称功德藏，出于第二十愿（至心回向愿），顿教则对应弘愿门，称为福智藏，对应第十八愿（至心信乐愿）。按照这个层层细分的判教理论，最殊胜的自然要数净土门中横超顿教的弘愿门，这也是净土真宗所要弘传的本愿真实之教。净土真宗以一向专念阿弥陀佛为教旨，所以曾被称为"一向宗"，也被称为"无碍光宗""门徒宗"，在明治五年（1872 年）定名净土真宗，或称真宗。

　　净土真宗的教义体系就概括地表现在圣典《教行信证》书名之中，也就是可以分为教、行、信、证四个部分。教是指教法，尤其指《无量寿经》中的第十八愿。行指修行，称念南无阿弥陀佛，亲鸾主张修行无须回向，因为弥陀会回向给修行者，而修行者不需要再做回向，他力念佛也被称为不回向念佛。信主要指对弥陀本愿的信心，相信弥陀本愿他力，有了这种信心，即使不称念名号也是可以往生的，当然亲鸾也主张称念佛名，以之为报佛恩的方式。证是指修行证果，命终往生，住正定聚，由于真宗信徒是靠他力往生，往生业事已经成办，所以临终不需要正念待佛来迎接，被称为"不来迎"，这也是净土真宗的特色。

　　由上面简介可以看出，净土真宗最具特色的地方是它将他力发挥到了极致，完全依靠弥陀本愿之力往生，这与传统的净土宗是大不一样的，而这也正是净土真宗最被人诟病之处，如中国近代的杨文会居士就曾写文探讨过这个问题。传统的净土宗虽然也说他力，但一般都是自他二力结合，极少谈纯他力信仰。净土真宗在日本极为繁盛，亲鸾的教法应该是应本国之机而产生的。

此外，亲鸾将往生对象的关注点由善人转向恶人，提出"恶人正机"说，以恶人为往生本位。"盖自力为善之人，无依赖他力之心，非为弥陀本愿所摄。然如翻然改悟，弃舍自力之心而依赖弥陀本愿之他力，则必往生真实之报土。烦恼具足之我人，作何种修行皆不能脱离生死。弥陀悯此所发宏愿之本意，正为使恶人成佛"，这种一反常理的说法显示出修行成就的简便可行，对下层普通民众具有极大吸引力，也为净土真宗争取了广泛的信众。

净土真宗后来逐渐发展，形成真宗十派：三门徒派、大谷派、山元派、木边派、出云路派、本愿寺派、佛光寺派、高田派、诚照寺派、兴证派，各有本山和末寺。

4. 融通念佛宗与时宗

融通念佛宗与时宗是日本的另外两种宣扬念佛的宗派，但影响力不及净土宗和净土真宗，在此只稍加介绍。

融通念佛宗的开祖良忍（1072—1132年），十三岁时在比睿山禅那寺出家，学习天台教义，后又受过密教灌顶，天仁二年（1109年）在大原创来迎院，每天读经念佛。据称四十六岁时在念佛三昧中得阿弥陀佛授"融通念佛"的偈文："一人一切人，一切人一人，一行一切行，一切行一行，是名他力往生。十界一念，融通念佛，亿百万遍，功德圆满。"天治元年（1124年），良忍到京都宣传融通念佛，后又四处游方，在修乐寺（今大阪大念佛寺）传法，天承二年（1132 年）逝世于来迎院。

良忍逝世后，其教法也湮没无闻，至第七世法明良尊（1278—1349 年）时该宗初具规模，至江户时代大通尊者融观（1649—1716 年）著《融通圆门章》，融通念佛宗才正式成立，明治七年（1874 年）正式公布宗名，全称融通大念佛宗，略称大念佛宗。因此良忍、法明、融观被称为"融通三祖"，即该宗的元祖、中兴祖、再兴祖。

与其他尊净土三经的念佛宗派不同，融通念佛宗以《华严经》和《法华经》为根本依据，而净土三经只是傍依经典。融通念佛认为一人念佛之功德融通于一切人，口称阿弥陀佛一行具万行，一人念佛与众人念佛融通无碍，众人念佛也与一人融通。人人相通，行行互融，恰如灯灯相照，镜镜相映一样，这显然是受华严宗法界观、四无碍思想的影响而成。该宗也谈他力，但它的他力不是弥陀本愿力，而是众人念佛融通，各得圆满，只要精勤念佛，即使是临终短时间称佛名号，也能得成佛大果。该宗的安心、起行也是在融通中来讲的。总之，融通念佛宗吸收华严、天台、真言宗的教法而形成自己独特之说，它是作为从自力宗向他力宗过渡的桥梁而兴起的。

时宗则是一遍（1230—1289 年）创立的念佛宗派。一遍七岁时出家，十三岁随圣达学净土宗，又由华台为他取名"智真"。一遍跟随圣达学习十余年，后因父丧，还俗回家，又因家族纠纷等，再度出家。文水八年（1271 年），一遍在信浓国善光寺闭关，后又回故乡修称名念佛。文水十年（1273 年），一遍作《十一不二偈》。文水十一年（1274 年），一遍与弟子三人开始"游行"，到各地劝人念佛。凡是接受化，信仰发愿往生净土的人都会得到一块念佛札，这样叫"赋算"。据《一遍圣绘》记载，某日熊野权现在一遍的梦中示现，授他一偈，即"六十万人颂"："六字名号一遍法，十界依正一遍体。万行离念一遍证，人中上上妙好华。"一遍由此得道，改名"一遍"，以六字名号为往生依据，继续游行、赋算。一遍的弘法别具特色，信徒们一边念佛，一边舞蹈，可称为舞蹈念佛。正应二年（1289年），一遍逝世，他也被人称为游行上人、舍圣，留有著作《一遍上人语录》《播州法语录》等传世。

一遍的教法重视六字名号，认为"南无为十方众生之机，阿弥陀是法，佛是能觉之人。六字暂开为机、法、觉三字，终为三重一体"，一遍还将六字名号等同于法性、佛性、真如等。关于念佛，一遍认为"无临终的念佛，临终即平生"，所以不需要等到临终时拼命念佛，平时任时唱念，随时随地念，也不需要计数。一遍的净土思想与宋朝禅净合流之后在中国流行的唯心净土的说法也有近似之处。

时宗的皈依者们称为"时众"，一遍还制定了《时众制诫》作为规范：专仰神明威，勿轻本地德；专修称名行，勿勤杂余行；专信所爱法，勿破他人法；专守知识教，勿恣任我意。15世纪中叶，一遍创立的宗派定名为"时宗"，取自《阿弥陀经》"临命终时"之文。镰仓末年和南北朝时期，时宗曾繁盛一时，有十二流派之分：游行派、一向派、奥谷派、当麻派、四条派、六条派、解意派、灵山派、国阿派、市屋派、天堂派、御影堂派，如今仅七宗尚存。

除日本外，韩国也有净土宗的传承，如唐朝新罗僧人元晓就选著了两卷《无量寿经宗要》解说净土宗义，但在今天的韩国佛教界占主流的还是禅宗。

西方世界的净土信仰

西方世界自有基督宗教作为文化背景，但随着东西方交流的展开，佛教也开始在欧美等西方国家传播。近年来，欧美学术界在佛学研究方面的成就有目共睹，但从宗教信仰方面来看，佛教仍只是极少数人的信仰。西方世界的文化传统、思维方式等与东方世界大有不同，所以在那里流行的佛教也自有特点。此处仅以美国为例，略加介绍。

1844 年亨利·戴维·梭罗（Henry David Thoreau）将法国学者乌金·布诺夫（Eugène Burnouf）所译的《法华经》翻成英文，并将它摘录发表在《新英格兰形而上学》期刊上，这常被视为佛法登陆美国本土的标志。1893 年，在美国芝加哥举行了第一届"世界宗教大会"，这也是标志性的事件，在入会佛教学者达摩波罗（Anagarika Dharmapala）的影响下，美国成立了"摩诃菩提协会"，弘扬南传佛教。

1889 年，日本净土真宗西本愿寺派遣日僧曜日苍龙（Soryu Kagahi）到檀香山等地传播佛教，并在夏威夷建立了首座日本净土真宗的寺院。之后该宗又派遣僧人去旧金山弘法，并于 1914 年在旧金山设立"北美佛教会"，向当地的日侨传教，后改名为"美国佛教会"，成为美国最早的一个主要佛教组织机构。日本佛教在美国的传播因受战争影响曾一度中止，战后又继续开展，净土真宗东本愿寺派、净土宗派、禅宗、日莲宗派、真言宗派都很活跃，尤其是日莲宗。20 世纪五六十年代，美国的佛教信仰以禅宗和日莲宗为主；70 年代，藏传佛教的宁玛派、萨迦派、噶举派等主要教派都在美国传教、建寺，吸引了大批信众；南传佛教的上座部也在华盛顿、洛杉矶等地建寺，开展活动。

中国汉地大乘佛教传入美国的时间较早，19 世纪中叶就混入民间信仰中在旧金山等地传播，之后也陆续出现各种华人庙宇。1929 年太虚大师去欧美巡回演讲，中途还在夏威夷弘法。20 世纪下半叶，赴美弘法的高僧、居士等也大有人在，重要的有：一、宣化上人于 1959 年成立中美佛教总会，后改为"美国法界佛教总会"，又成立四大道场，还于 1975 年在万佛城创办法界大学等；二、沈家祯居士在旧金山发起成立美国佛教会，又在纽约建立大觉寺，之后还成立了世界宗教研究院、国际译经院、庄严寺等；三、圣严法师于 1977 年在纽约成立禅中心，接引中美知识青年，出版英文禅杂志；四、星云法师于 1978 年在加州洛杉矶筹建西来寺，1988 年落成，规模庞大，每周定期举行聚会共修及其他讲经弘法活动，1990 年又成立西来大学；五、1962 年应金玉堂在纽约创办"美东佛教研究总会"，为美国东部首座佛寺，服务华人社区；六、净海与永惺创立的"德州佛教会"等。不少在家居士也积极弘法，如陆宽昱、陈观胜、张澄基、齐思贻、陈健民、巴宙、顾世淦（后出家，法名法严）等人。

美国是一个复杂的移民国家，各种文化碰撞交融，佛教要适应这样的生存环境，必然要做出主动的调适，因此有"新佛教""参与佛教"等提出。在美国的佛教也有移民佛教与输入佛教的不同，移民佛教大多接续原先的宗教传统，在自己的文化圈中活动，输入佛教则是西方文化背景中成长的美国人直接学习佛教再加以传播。在美国，超越宗教色彩、可以亲身体会的禅修应该是佛教中最具吸引力的部分，南传佛教的禅观、藏传佛教独特的禅修方式等都让美国人大感兴趣；而汉传佛教、日本佛教在美国最兴盛的也是禅宗，禅宗在传播时会重视禅修实践，如圣严法师、日本曹洞宗等都成立了禅修中心。此外，由于受自由、民主、平等思想的影响，美国的佛教信仰者们也相对重视佛法中这方面的内容，如女性与佛教、施主和出家人之间的关系等，佛法正定、慈悲、智慧、解行并重的观念容易被接受。总体而言，注重禅修、强调参与、倡导宗教对话是现代佛教要重视的三个方面。

　　具体到净土宗，如上介绍，日本净土信仰的几大宗派都比较活跃，汉地的净土宗影响相对较小，且主要活跃于华人圈子，如净空法师在世界各地倡导成立"净宗学会"，弘扬净土法门，美国洛杉矶、达拉斯等地都有净宗学会，有的有独立会址，有的是家庭聚会，有的则租借场地进行活动。李四龙在《欧美佛教学术史》(2009 年) 中介绍美国汉传佛教时就说："据统计，目前约有 125 家华人佛教组织，半数以上是在加州，约有 1/5 是在纽约。这些机构有些是由僧人管理的寺院或禅修中心，有些则是完全的居士组织。华人佛教徒主要分成两类：没有文化的劳工与受到高等教育的白领，但'念佛'仍是其最主要的修行方法，希求西方极乐世界的信念，超越于信徒之间的社会经济地位。"宋明以来，中国禅宗的修行者们又往往会兼修净土法门；到了美国，禅宗比较受欢迎，净土信仰也随之被接受，出现上述的状况也是完全可以理解的。

净土宗与普世宗教

宗教信仰，由于是个人化信仰和集体行为的统合共融，又不可避免地处于一定的历史文化传统之中，因此，就宗教的"宗"（宗派信仰）而言，不同宗教具有自己的某些独特教义，甚至会发展成宗派性很强的组织；而就处于悠久社会文化传统中的"教"（具体的教化内容）而言，宗教则具有内在的包容性，因为不同文化所要求于社会成员的道德准则往往是十分相似的。概而言之，世界性的大宗教，无非是如鸟窠禅师所说，教人"诸恶莫作，众善奉行"——不同的宗教都教导人们循着友爱、诚实、节制、正确的道路生活。古人有三教合一之说，近代有"五教并尊"（儒、释、道、基督教、伊斯兰教）之议。到了当代社会，宗教多元，并驾齐驱，而尤以历史上的世界三大宗教——佛教、基督教、伊斯兰教，为其中的翘楚。于是，当代的宗教哲学家，基于各种宗教和平并存的形势，提出了"普世宗教"的概念，普世宗教观念，不是如旧时的"三教合一"或"五教并尊"的信仰杂糅，而是力图从各种不同的宗教中概括出它们相似的部分，同时保留它们的合理内核与文化差异，从而为人类社会的和平共处提供信仰的基础和指导。

瑞士著名的宗教思想家汉斯·昆曾提出了"真正的宗教"的两条伦理标准：

1. 积极的标准

只要一种宗教为人性服务，只要它在其信条和道德法则、在仪礼和机构方面从人类身份、意义和价值方面培育人，并且帮助他们获得一种有意义的、富有成果的存在，它就是真和善的宗教。这就意味着：凡是在人的身心、个人和社会人性（生活、完整的人格、自由、正义、和平）诸方面明确地保护、治疗和实现人的存在的事物，因而，凡是人性的、真正人道的事物，都有理由称为"神性"。

2. 消极的标准

只要一种宗教传播非人性，只要它在其信条和道德法则、在仪礼和机构方面从人类身份、意义和价值上妨碍人，并且阻碍他们获得一种有意义的、富有成果的存在，这就是伪和恶的宗教。[1]

基于这两条标准，作为佛教一大宗派的净土宗，显然是"真和善的宗教"，而且，净土宗体现了普世的伦理价值。佛教伦理所提倡的友好对待其他生命乃至自然界、诚实不欺、自我节制的生活、对他人的关心与照顾等，都是净土宗特别强调的"净土资粮"。净土宗行人，如一心往生净土者，大多能勉力而为之，而且往往比一般常人更能勇猛精进，成就斐然。因此，作为普世宗教——佛教中的一支重要力量，净土宗在推进普世价值的实现方面，是不可忽视的。净土宗强调众生平等，念佛往生，不存在种族、地域、文化的差别，也不存在性别、出身和财富、地位的歧视，因此，它不仅适合东方人，也适合世界各个地区的不同人种共同尊信。当然，由于文化的因素，目前净土宗的信奉者确以东方人为主，但极乐净土的大门，始终是向着十方一切众生打

---

① 见《什么是真正的宗教——论普世宗教的标准》。

开的。

　　净土宗的教义，与印度以西的大宗教，如基督教和伊斯兰教，具有更多可以对话之处，这主要是因为，净土宗的极乐净土，与西方人崇尚的天堂之间，存在着一定的相似之处。伊斯兰教中，则若教徒信心虔诚，一心信仰真主安拉，四大天使将在他临终之时接引他上天堂。基督教的信仰中，人一生行事正直合义，不亏缺上帝的荣耀，则临终时，会有天使下凡接引死者，此人的灵魂便上升到天堂。当然，基督教认为天堂也并非永久存在，而是暂时的居所，基督徒最后将生活在上帝末日审判后所造的新天地中"永生享受永恒的荣耀"。同时，在基督教信仰中，死者的罪被耶稣代赎，因此人无须完全消除原罪也可以上天堂，这与净土宗的"带业往生"十分类似。净土宗行人，无须在此生断除烦恼，只需"调伏烦恼"，使心里阴暗牵缠的烦恼种子不至于爆发出来即可以往生极乐世界，即使恶业深重的人，也可以仗阿弥陀佛的慈悲愿力而往生，这样一来，就会消除人因为造作恶业，妄起烦恼而带来的恐惧心理，既有助于宗教信仰的巩固，也有利于现实人生的调适。净土宗的西方极乐净土当然和基督教、伊斯兰教的天堂有所差异，它更像是一所条件优越的佛教大学，信众往生后，会在极乐净土"一生成就"后，再回人间度化苦难众生，这体现了净土的殊胜之处。

　　综上所述，基督教、伊斯兰教和净土宗，都相信有基于信仰的、超自然的力量，接引着虔诚的信徒，在他身体死亡之后，其灵魂到达另一个世界，而这个世界远比我们原来所在的世界更加纯净美好。对于彼岸世界的信仰，带来了此岸世界对于善行和善念的追求，因此，彼岸不仅仅是彼岸，而是构成了此岸世界合乎道德生活的一部分，使人的生命趋于正直和良善。这可以看做是三大宗教的共同特点。但是，净土宗还有它的独特之处，即它宣扬的死后的"后有乐"，是佛为了度化众生而开启的方便之门，佛教所追求最高目标并没有改变，仍然是"究竟解脱之至乐"，大乘佛教并且希望度化十方三世一切众生都能解脱烦恼，同证菩提。净土法门被称为"方便道"或"易行道"，亦即它是佛教徒追求究竟解脱的方便法门，因此，进入极乐净土在一定程度上可以看做是新的开始。从这一点来看，净土宗与其他普世宗教有相似处，可以共存，并且在和平共存的前提下，互相学习对方有益的部分（特别是教团组织、慈善事业方面），同时又有自己的殊胜处，不会混滥于一般的有神教。

结 语

　　本书写到这里也将近尾声，我们已经纵览了净土宗发展的基本脉络，了解了古往今来净宗高僧大德们的行履实践、净土思想，对于现在的净土信仰状况也有了基本的认识。佛法不以言辞取胜，但也不废言说弘化；具体到净土宗，修行方法虽然不难，背后的道理却是不浅，祖师们多以"老实念佛"四字示众，不能不说是慈悲智慧之举；再具体到净土称名念佛法门，说来容易，做来不难，但要坚持念、时时念，则又行之者少。

　　撇开宗教信仰不说，在这样一个喧嚣浮闹、追名逐利、人心躁动的时代，谩骂语、欺诳语、恶毒语、愤怒语、牢骚语、绮乱语等不绝于耳，若以清净佛号之声取代这些伤害他人、毒害自己心灵的恶语，说话者更容易得到内心的平静，听话人能更欢喜，生活的氛围也会随之净化，如此扩充，和谐的世界也是可以期待的。当年五祖少康到新定传法时，诱导孩童念"阿弥陀佛"，以致移风易俗，民风归于淳朴，用的就是这样一种方法吧。期望读者朋友们能从净土法门中合理地吸取营养，提升自己的生命质量，创造更美好的人间净土。

以《西斋净土诗》一首为结语：

佛自凡夫到果头，亲曾历劫用功修。

净邦岂是天然得，大道初非物外求。

先悟色空离欲海，后严福智泛慈舟。

今来古往皆如此，度尽众生愿未休。[①]

---

① 见《净土十要》。

参考书目

（一）藏经典籍

1. 《维摩诘所说经》

2. 《佛说观弥勒菩萨上生兜率天经》

3. 《弥勒下生经》

4. 《药师琉璃光如来本愿功德经》

5. 《阿閦佛国经》

6. 《文殊师利佛土严净经》

7. 《悲华经》

8. 《大宝积经》

9. 《妙法莲华经·观世音菩萨普门品》

10. 《大佛顶首楞严经》

11. 《六度集经》

12. 《华严经》

13. 《大智度论》

14. 《般舟三昧经》

中国净土宗脉络

15. 《十住毗婆沙论》

16. 《大法鼓经》

17. 《入楞伽经》

18. 《文殊根本续》

19. 《乐邦文类》

20. 《鼓音王经》

21. 《不空羂索神变真言经》

22. 《大乘起信论》

23. 《佛说法灭尽经》

24. 《念佛三昧诗集序》

25. 《摩诃止观》

26. 《般舟赞》

27. 《佛说无量清净平等觉经》

28. 《佛说阿弥陀三耶三佛萨楼佛檀过度人道经》

29. 《佛说无量寿经》

30. 《佛说大乘无量寿庄严经》

31. 《佛说观无量寿经》

32. 《无量寿经优婆提舍愿生偈》

33. 《佛祖统记》

34. 《法苑珠林》

35. 《沙门不敬王者论》

36. 《大乘大义章》

37. 《赞阿弥陀佛偈》

38. 《略论安乐净土义》

39. 《无量寿经优婆提舍愿生偈注》

40. 《安乐集》

41. 《观无量寿经义疏》

42. 《观念阿弥陀佛相海三昧功德法门》

43. 《无量寿经义疏》

44. 《佛说观无量寿佛经疏》

45. 《五方便念佛门》

46. 《净土十疑论》

47. 《大乘义章》

48. 《无量寿经义疏》

49. 《净土论》

50. 《释净土群疑论》

51. 《永明道迹》

52. 《增广龙舒净土文》

53. 《天目中峰和尚广录》

54. 《莲宗宝鉴》

55. 《竹窗随笔》

56. 《净土十要》

57. 《灵峰宗论》

58. 《紫柏尊者全集》

59. 《憨山老人梦游集》

60. 《净土警语》

61. 《省庵禅师语录》

62. 《彻悟禅师语录》

63. 《净土圣贤录》

64. 《太上感应篇》

65. 《玉历宝钞》

66. 《了凡四训》

67. 《安士全书》

68. 《观经疏传通记》

（二）著述与整理典籍

1. 吕澂. 印度佛学源流略讲 [M]. 上海：上海人民出版社，2005.

2. 陈扬炯. 中国净土宗通史 [M]. 南京：江苏古籍出版社，2002.

3. 英武，正信. 净土宗大意 [M]. 成都：巴蜀书社，2004.

4. 吴信如. 净土奥义 [M]. 北京：中国藏学出版社，2004.

5. 苏树华. 中国佛教各宗要义 [M]. 北京：中华书局，2007.

6. 望月信亨. 中国净土教理史 [M]. 释印海，译. 台北：正闻出版社，1991.

7. 望月信亨. 净土教概论 [M]. 释印海，译. 新竹：无量寿出版社，1987.

8. 汤用彤. 汉魏两晋南北朝佛教史 [M]. 北京：中华书局，1988.

9. （梁）慧皎. 高僧传 [M]. 汤用彤，校注. 北京：中华书局，1992.

10. （宋）赞宁. 宋高僧传 [M]. 范祥雍，点校. 北京：中华书局，1987.

11. 陈扬炯. 道绰大师传 [M]. 北京：宗教文化出版社，2000.

12. 陈扬炯. 善导大师传 [M]. 北京: 宗教文化出版社, 2002.

13. 陈扬炯. 昙鸾大师传 [M]. 北京: 宗教文化出版社, 2000.

14. (唐) 宗密. 禅源诸诠集都序 [M]. 邱高兴, 校释. 郑州: 中州古籍出版社, 2008.

15. 延寿著. 永明延寿禅师全书: 上、中、下 [M]. 刘泽亮, 点校. 北京: 宗教文化出版社, 2008.

16. 释印顺. 净土与禅 [M]. 台北: 正闻出版社, 1995 年, 修订版

17. 杨文会. 杨文会集 [M]. 北京: 中国社会科学出版社, 1996.

18. 印光. 印光集 [M]. 北京: 中国社会科学出版社, 1996.

19. 印光. 印光法师增广文钞 [M]. 台北: 佛陀教育基金会, 2006.

20. 印光. 印光法师文钞续编 [M]. 台北: 佛陀教育基金会, 2006.

21. 释太虚. 太虚文选 [M]. 向子平, 沈诗醒, 编. 上海: 上海古籍出版社, 2007.

22. 净慧. 虚云和尚全集 [M]. 郑州: 中州古籍出版社, 2009.

23. 李四龙. 欧美佛教学术史 [M]. 北京: 北京大学出版社, 2009.

24. 潘桂明, 吴伟忠. 中国天台宗通史 [M]. 南京: 凤凰出版社, 2008.

25. 释大安. 净土宗教程 [M]. 北京: 宗教文化出版社, 2006.

26. 传印法师. 中国佛教与日本净土宗 [M]. 北京: 宗教文化出版社, 2004.